현장에서 바로 쓰는 실무 매뉴얼 시리즈

보조금·출연금·민간위탁
회계정산실무

2판

공인회계사 강봉준

충남강소기업인협동조합

머리말

보조금·출연금과 민간위탁은 다양한 사업을 포함하고 있어서 일률적으로 정의하기도 어렵고, 특정해서 이야기하기 쉽지 않습니다. 이러한 특성 때문에 보조사업과 민간위탁을 한꺼번에 지칭하는 용어는 없습니다. 요즘 「민관 협업사무」라고도 하는데, 지나치게 공급자인 官 중심의 용어로 보이고, 「민간이전」도 마찬가지입니다. 따라서 이 책은 수요자인 사업자 측면에서 「보조금·출연금·민간위탁」이라고 나열해서 용어를 사용했습니다. 물론 공공위탁도 이 책의 내용에 따라서 사업비를 정산할 수 있습니다.

  이 책은 회계를 잘 모르는 분이 보조금·출연금·민간위탁에 대한 회계정산을 할 수 있도록 도와드리는 것을 목표로 하고 있습니다. 사업을 수행하는 사업자의 정산 담당자가 사업비 예산을 수립하고, 사업비를 집행하고, 정산보고서를 작성할 수 있도록 실무 매뉴얼을 구성했으며, 회계정산 영역을 다음과 같이 세 부문으로 나눠서 구성했습니다.

- 예산 편성
- 집행 실무
- 정산 실무

  이 책의 내용을 풍성하게 하기 위해서 신경 쓴 부분은 다음과 같습니다.

- 곳곳에 「요모조모 뜯어보기」를 두어서 필자의 자투리 지식을 전달할 수 있도록 했습니다.
- 각 절에 「사례탐구」를 두고, 각 보조금지원기관의 「감사결과처분요구서」 내용을 알기 쉽게 서술했습니다.
- 법규의 원문을 참조하는 것이 중요하므로, 서술된 내용의 법규 원문을 해당 내용과 함께 담았습니다.

  이 책은 제목에 있듯이 현장에서 즉시 활용 가능하도록 엮은 실무 매뉴얼이며, 충남강소기업인협동조합이 「실무 매뉴얼 시리즈」로 내놓는 책 가운데 하나입니다. 그러나 회계정산실무는 여전히 회계와 법률에 대한 기본지식을 필요로 한다는 점에서 이 책만으로 정산업무를 수행하기는 쉽지 않습니다. 따라서 회계와 법률에 대한 추가적인 공부를 필요로 합니다.

  필자는 오랜 기간 산업현장에서 공인회계사와 경영컨설턴트로서 활동했으며, 이로부터 얻은 경험과 지식을 정리해서 이 책에 담았습니다. 따라서 이 책의 내용은 필자의 저술이라기보다는 수많은 노련한 현장관리자와 공인회계사·컨설턴트의 의견을 정리한 것입니다. 그러므로 이 책에서 기술한 내용이 이론적 틀에 맞지 않거나 산업현장의 실정에 맞지 않는 내용이 있을 수도 있고, 특정 기관의 내용을 사전 동의 없이 기술하고 있거나 특정한 저작권이나 아이디어를 침범할 수도 있을 것입니다. 이러한 모든 허물은 필자의 부족함 때문이며, 따라서 언제든지 필자에게 연락해 주시면 수정할 것을 약속드립니다.

그러나 최근 특정 기관에서 본 저서와 매우 유사하게 책자를 구성하여 배포하는 행위를 지속하는 것에 대해서 지켜보고 있사오니, 유의하시기를 바랍니다.

2025년 1월
공인회계사 강봉준

차 례 요 약

제 1 부 예산 편성

제 1 장 민간이전 ··· 3
제 2 장 예산편성 ·· 25
제 3 장 보조금 교부 ·· 67

제 2 부 집행 실무

제 4 장 집행기준 ·· 93
제 5 장 일반지출 ·· 121
제 6 장 인건비·인건비성경비 지출 ··· 149
제 7 장 소득유형과 원천징수 ··· 191
제 8 장 구매 및 임차 ··· 211
제 9 장 수익과 부가가치세 ··· 239
제 10 장 보조금 회계처리 ·· 265

제 3 부 정산 실무

제 11 장 정산보고서 작성 ·· 299
제 12 장 부정수급 사전예방과 사후제재 ··································· 321
제 13 장 감사인 검증과 회계감사 ··· 341

참고문헌

차 례

제 1 부 예산 편성

제 1 장 민간이전 ··· 3
  1. 민간이전 ··· 4
    (1) 보조사업과 민간위탁 ··· 4
    (2) 민간위탁이 적합한 경우 ··· 6
    (3) 민간위탁의 특징 ·· 7
    (4) 보조금과 출연금 ·· 9
  2. 중앙행정기관의 민간이전 ··· 10
    (1) 중앙행정기관의 민간이전 ·· 10
    (2) 중앙행정기관의 관련 법규 ·· 11
    (3) 중앙행정기관의 세목 ·· 13
    (4) 중앙행정기관의 국고보조금 현황 ··· 14
    (5) 국가연구개발사업 ··· 15
  3. 지방자치단체의 민간이전 ··· 16
    (1) 지방자치단체의 민간이전 ·· 16
    (2) 지방자치단체의 관련 법규 ·· 17
    (3) 지방자치단체의 세목 ·· 19
    (4) 지방보조금 예산 편성 및 교부 절차 흐름도 ······················· 23
  4. 이해관계자 ··· 24

제 2 장 예산편성 ··· 25
  1. 사업공모와 사업자 유형 ··· 26
    (1) 사업공모 ·· 26
    (2) 사업자 유형 ··· 28
  2. 사업비 예산편성 ··· 30
    (1) 사업계획서 및 사업비예산 작성 ··· 30
    (2) 운영비 교부 불가 ·· 39
    (3) 예비비 편성 불가 ·· 42
    (4) 사례탐구 ·· 43
  3. 사업자 선정 ·· 45
    (1) 사업자 선정 ··· 45

(2) 사례탐구 ……………………………………………………………… 46
　4. 민간위탁 ………………………………………………………………… 48
　　(1) 민간위탁 협약서 작성 ……………………………………………… 48
　　(2) 재정보증 ……………………………………………………………… 58
　　(3) 민간위탁 사무편람 작성 …………………………………………… 60
　　(4) 민간위탁 예산편성 ………………………………………………… 64
　　(5) 재위탁 금지 ………………………………………………………… 65
　　(6) 사례탐구 ……………………………………………………………… 66

제 3 장 보조금 교부 …………………………………………………… 67
　1. 교부신청 ………………………………………………………………… 68
　　(1) 교부신청 ……………………………………………………………… 68
　　(2) 민간위탁의 계약이행보증 ………………………………………… 74
　2. 보조금 교부 ……………………………………………………………… 75
　　(1) 보조금 교부 결정 …………………………………………………… 75
　　(2) 보조금 교부결정서 ………………………………………………… 76
　　(3) 보조금 인식 시기 …………………………………………………… 81
　　(4) 보조금수익은 부가가치세 과세대상인가? ……………………… 83
　3. 거짓 신청에 대한 벌칙 ………………………………………………… 84
　　(1) 거짓 신청에 대한 벌칙 …………………………………………… 84
　　(2) 사례탐구 ……………………………………………………………… 85
　4. 예산변경 ………………………………………………………………… 86
　　(1) 예산변경 ……………………………………………………………… 86
　　(2) 사업폐지 ……………………………………………………………… 89
　　(3) 사례탐구 ……………………………………………………………… 90

제 2 부 집행 실무

제 4 장 집행기준 ………………………………………………………… 93
　1. 용도 외 사용금지 ……………………………………………………… 94
　　(1) 용도 외 사용금지 …………………………………………………… 94
　　(2) 사례탐구 ……………………………………………………………… 96
　2. 별도 계정, 전용 계좌・카드 …………………………………………… 97
　　(1) 전용 계좌 …………………………………………………………… 97
　　(2) 전용 카드 …………………………………………………………… 99
　　(3) e나라도움 전용 카드 ……………………………………………… 100
　　(4) e나라도움 전용 카드 사용제한 업종 …………………………… 101

(5) 사례탐구 ··· 102
　3. 사업기간 내 지출 ··· 103
　　(1) 교부결정 이전 지출 불가 ·· 103
　　(2) 사업기간 종료 후 지출 불가 ······································ 104
　　(3) 보조사업비의 이월 ··· 105
　　(4) 사례탐구 ··· 106
　4. 자기부담금 ·· 107
　　(1) 자기부담금 ·· 107
　　(2) 사례탐구 ··· 109
　5. 보조금관리시스템 ·· 111
　　(1) 국고보조금통합관리망 – e나라도움 ···························· 111
　　(2) 지방보조금관리시스템 – 보탬e ·································· 112
　　(3) 범부처통합연구지원시스템 – IRIS ······························ 113
　6. 이해관계자와 거래 금지 ··· 114
　　(1) 사적 이해관계자와 거래금지 ····································· 114
　　(2) 임직원과 거래 금지 ··· 117
　　(3) 사례탐구 ··· 120

제 5 장 일반지출 ·· 121
　1. 지출결의서 ·· 122
　　(1) 건별 관리 ·· 122
　　(2) 품의서 ··· 123
　　(3) 지출결의서 ·· 126
　　(4) 편철 ·· 127
　　(5) 반납금 여입(회수) ··· 128
　2. 지출증명서류 ·· 129
　　(1) 지출증명서류 ·· 129
　　(2) 부가가치세 과세와 면세 ·· 131
　　(3) 세금계산서와 계산서 ··· 133
　　(4) 사업자등록과 세금계산서 유형 ································· 135
　　(5) 사례탐구 ··· 136
　3. 비목별 지출증빙 ··· 137
　　(1) 개요 ·· 137
　　(2) 인쇄비, 홍보비 ··· 138
　　(3) 여비 ·· 139
　　(4) 식비 ·· 143
　　(5) 민간인 국외연수경비 지급기준 ································· 145

(6) 사례탐구 ··· 146

제 6 장 인건비·인건비성경비 지출 ·· 149
1. 근로와 근로계약 ··· 150
(1) 근로와 근로자 ·· 150
(2) 근로계약과 취업규칙 ··· 153
2. 인건비 ··· 158
(1) 급여 ··· 158
(2) 비과세 ·· 160
(3) 임금대장과 임금명세서 ·· 161
(4) 4대 사회보험 ··· 164
(5) 퇴직급여 ··· 166
(6) 사례탐구 ··· 169
3. 인건비성 경비 ··· 172
(1) 강사수당 ··· 172
(2) 원고료 ·· 179
(3) 회의 참석수당 ·· 183
(4) 자문료·통역료·번역료 ·· 188
(5) 사례탐구 ··· 189

제 7 장 소득유형과 원천징수 ··· 191
1. 원천징수 ·· 192
2. 근로소득 원천징수 ·· 194
(1) 근로소득 원천징수 ··· 194
(2) 일용근로소득 원천징수 ··· 195
3. 기타·사업소득 원천징수 ··· 196
(1) 사업소득과 기타소득 ··· 196
(2) 사업소득 ··· 197
(3) 원천징수 ··· 198
4. 원천징수 신고·납부 ··· 199
(1) 원천징수 신고·납부 ··· 199
(2) 지급명세서와 원천징수영수증 ·· 202
(3) 사례탐구 ··· 207
5. 개인정보 이용에 대한 동의 ·· 208
(1) 개인정보 수집·이용·제공 ·· 208
(2) 보조금의 개인정보 수집·이용·제공 ···································· 209

제 8 장 구매 및 임차 ·· 211
1. 구매·임차 ·· 212
(1) 물품 ·· 212
(2) 보조사업 관련 계약 ······························ 214
(3) 수의계약과 견적서 ································ 218
(4) 중소기업 제품 우선 구매 ····················· 219
(5) 지역개발채권 ·· 220
(6) 임차 ·· 221
(7) 사례탐구 ·· 223
2. 시설공사 ·· 225
(1) 시설공사 ·· 225
(2) 사례탐구 ·· 226
3. 선금 ··· 227
(1) 선금 ·· 227
(2) 채권확보 ·· 228
(3) 사례탐구 ·· 229
4. 중요재산 ·· 230
(1) 중요재산 ·· 230
(2) 중요재산의 범위 ··································· 231
(3) 중요재산 관리 ······································ 232
(4) 지방보조금지원 표지판 설치 ················· 234
(5) 중요재산 처분 제한 ······························ 235
(6) 부기등기 ·· 236
(7) 사례탐구 ·· 237

제 9 장 수익과 부가가치세 ································ 239
1. 수익 ··· 240
(1) 수익 ·· 240
(2) 수익 회계처리 ······································ 241
(3) 과오납 반환 ··· 242
(4) 인센티브(부수수익) 사적 사용 금지······· 243
(5) 사례탐구 ·· 244
2. 수입이자 ·· 246
(1) 수입이자 반환 ······································ 246
(2) 수입이자 계산사례 ································ 248
(3) 사례탐구 ·· 249
3. 부가가치세 환급 ································ 250

(1) 부가가치세 납부세액과 환급세액 ·· 250
   (2) 부가가치세에 대한 회계처리 ·· 252
   (3) 영리법인이 부가가치세를 제외하고 사업비를 지급하는 방법 ············ 253
   (4) 영리법인의 부가가치세 환급은 수익인가? ·· 254
   (5) 민간위탁에 의한 재화·용역공급은 부가가치세 과세대상인가? ········· 259
   (6) 민간위탁 손실 지원금은 부가가치세 과세대상인가? ························· 262
   (7) 사례탐구 ·· 263

제 10 장 보조금 회계처리 ·· 265
 1. 회계기준 ·· 266
 2. 공익법인 회계처리 ··· 268
   (1) 공익법인 ·· 268
   (2) 공익법인의 공익목적사업수익 ··· 269
   (3) 공익법인의 보조금수익 인식 ··· 270
 3. 외감기업 회계처리 - 통합시스템○ ··· 272
   (1) 회계기준 ·· 272
   (2) 보조금 협약 ·· 274
   (3) 보조금·자부담금 입금 ··· 274
   (4) 사업비 집행 ·· 275
   (5) 결산 ·· 276
   (6) 보조금·자부담금 입금과 사업비 집행·반납 ······························· 279
   (7) 결산 및 기술료납부 ··· 281
   (8) 세무조정 ·· 283
 4. 외감기업 회계처리 - 통합시스템× ··· 287
   (1) 보조금·자부담금 입금 ··· 287
   (2) 사업비 집행 ·· 288
   (3) 결산 ·· 289
   (4) 보조금·자부담금 입금과 사업비 집행·반납 ······························· 290
   (5) 결산 및 기술료납부 ··· 292
 5. 일반기업 회계처리 ··· 293
   (1) 회계기준 ·· 293
   (2) 회계처리 - 통합시스템○ ·· 294
   (3) 회계처리 - 통합시스템× ·· 295

제 3 부 정산 실무

제 11 장 정산보고서 작성 ·· 299

1. 정산보고서 작성 ··· 300
   (1) 정산보고서 ·· 300
   (2) 정산보고서 예시(보조금법) ·· 302
   (3) 정산보고서 예시(지방보조금법) ·· 305
   (4) 사례탐구 ··· 307
2. 실적보고서 제출 ·· 308
   (1) 실적보고서 제출 ··· 308
   (2) 실적보고서 양식 ··· 310
   (3) 사례탐구 ··· 311
3. 보조금 금액 확정 ·· 312
   (1) 심사 ·· 312
   (2) 보조금 금액 확정 ··· 313
   (3) 집행잔액과 이자 반환 ·· 314
4. 공시 및 자료보관 ·· 315
   (1) 공시 ·· 315
   (2) 공시 시기 ·· 317
   (3) 공시불이행·허위공시 ·· 318
   (4) 자료보관 ··· 319

제 12 장 부정수급 사전예방과 사후제재 ································ 321
1. 부정수급 ·· 322
   (1) 부정수급 ··· 322
   (2) 부정수급 사례 ·· 323
   (3) 부정수급 사전예방 및 사후제재 ·· 324
2. 사전예방 ·· 325
   (1) 수행 상황 보고 및 점검 ··· 325
   (2) 수행 상황 점검 체크리스트 ·· 326
   (3) 수행명령과 일시정지 ·· 330
   (4) 검사 ·· 330
   (5) 보조사업비 불인정 ··· 331
3. 사후제재 ·· 332
   (1) 보조금 교부 결정 취소 ·· 332
   (2) 사후제재 ··· 333
   (3) 벌칙 ·· 335
   (4) 이의신청 ··· 337
   (5) 공공재정환수법 ·· 338
   (6) 사례탐구 ··· 339

제 13 장 감사인 검증과 회계감사 ··· 341
  1. 감사인 검증과 회계감사 ··· 342
    (1) 감사인 검증과 회계감사 ··· 342
    (2) 감사인 ··· 344
  2. 감사인 검증 ··· 347
    (1) 검증수수료 ·· 347
    (2) 검증업무 ·· 348
    (3) 검증보고서 작성 ·· 351
  3. 감사인 회계감사 ·· 358
    (1) 외부감사인 회계감사 ··· 358
    (2) 다른 법률에 의한 회계감사로 갈음하는 경우 ································ 360
    (3) 재무제표 작성과 작성책임 ··· 362
    (4) 감사인 선임 ··· 365
    (5) 감사인의 이해상충 제한 ··· 368
    (6) 감사보고서 작성 ··· 371
    (7) 감사보고서 제출과 감리 ··· 377

참고문헌

1 예산 편성

제1장 민간이전
제2장 예산편성
제3장 보조금 교부

잠깐 숫자 상식

- 1000년대 초반부터 이탈리아 도시국가는 상업 발달에 힘써서, 이곳으로 돈이 모이게 됩니다. 점차 상공업 계층인 부르주아가 등장하고, 1200년대가 되면 시민문화가 형성됩니다. 1300년대가 되면 이탈리아 도시국가는 무역을 통해서 경제력을 더욱 강화합니다.
- 이러한 시기에 Fibonacci가 1202년에 「Liber Abaci (Book of Calculation)」을 통해 아라비아 숫자를 유럽에 소개합니다. 그러나 인도에서 만들어진 숫자가 아라비아를 통해서 유럽에 전해져서 아라비아 숫자라고 할 뿐이며, 숫자가 만들어진 지역은 인도입니다.
- 1453년에 향신료 무역의 중요 거점인 동로마제국(비잔티움제국)의 콘스탄티노폴리스가 이슬람 세력인 Ottoman에 넘어감에 따라, 유럽은 새로운 무역로를 찾게 됩니다. 1400년대 후반에 포르투갈은 아프리카 남단을 돌아서 인도로 가서 향신료 무역을 시도했으며, 1492년에 스페인의 후원을 받은 Christopher Columbus가 서인도제도에 도착합니다. 이후 포르투갈은 1498년에 Vasco da Gama가 인도에 도착합니다.
- 이렇게 새로운 항로가 개척되는 시기에, 현재까지 가장 오랜 회계책으로 알려진 Luca Pacioli의 「산술, 기하 및 비례총설(1494)」에서 복식부기를 소개합니다.
- 이 시기에 우리가 사용하는 아라비아 숫자도 지금의 모습을 갖췄다고 합니다.

제1장
민간이전

1. 민간이전
2. 중앙행정기관의 민간이전
3. 지방자치단체의 민간이전
4. 이해관계자

제1부 예산편성

1 민간이전

① 보조사업과 민간위탁

「민간이전(民間移轉)」이란 민간이 시행하는 사무, 사업 또는 행사에 대하여 행정기관(중앙행정기관 또는 지방자치단체)이 이를 권장하기 위하여 지원하는 경비를 말한다. 민간이전은 일반적으로 「보조사업」과 「민간위탁」으로 구분한다.

「보조사업」은 중앙행정기관과 지방자치단체의 소관 사무와 관련하여 보조금을 지급하지 않으면 개인 또는 단체가 사업을 수행할 수 없는 경우로서 중앙행정기관과 지방자치단체가 권장하는 사업을 위하여 필요하다고 인정하는 경우에 보조하는 사업이다.

> **보조금 관리에 관한 법률**
> **제2조(정의)** 이 법에서 사용하는 용어의 뜻은 다음과 같다.
> 1. "보조금"이란 국가 외의 자가 수행하는 사무 또는 사업에 대하여 국가(「국가재정법」 별표 2에 규정된 법률에 따라 설치된 기금을 관리·운용하는 자를 포함한다)가 이를 조성하거나 재정상의 원조를 하기 위하여 교부하는 보조금(지방자치단체에 교부하는 것과 그 밖에 법인·단체 또는 개인의 시설자금이나 운영자금으로 교부하는 것만 해당한다), 부담금(국제조약에 따른 부담금은 제외한다), 그 밖에 상당한 반대급부를 받지 아니하고 교부하는 급부금으로서 대통령령으로 정하는 것을 말한다.
> 2. "보조사업"이란 보조금의 교부 대상이 되는 사무 또는 사업을 말한다.

한국채택국제회계기준(K-IFRS) 제1020호(정부보조금의 회계처리와 정부지원의 공시)는 「정부보조금」을 다음과 같이 정의한다.

> **한국채택국제회계기준 제1020호**
> 정부보조금: 기업의 영업활동과 관련하여 과거나 미래에 일정한 조건을 충족하였거나 충족할 경우 기업에게 자원을 이전하는 형식의 정부지원. 합리적으로 가치를 산정할 수 없는 정부지원과 기업의 정상적인 거래와 구분할 수 없는 정부와의 거래는 제외한다.

제1장 민간이전

「민간위탁」은 각종 법령 또는 조례·규칙에서 정하는 중앙행정기관·지방자치단체의 권한에 속하는 사무 중 조사·검사·검정·관리업무 중 주민의 권리·의무와 직접 관련되지 않는 사무로서, 특수한 전문지식이나 기술이 요구되거나 능률성이 요청되는 사무를 법인·단체 또는 그 기관이나 개인에게 맡겨 그의 명의와 책임하에 행사하도록 하는 것 또는 계약을 통해 민간에게 공공서비스 생산·공급 사무를 위탁하여 행정 기능의 효율성과 경쟁력을 높이는 것을 말한다. 대표적인 것으로 「하수처리장 민간위탁」이 있다.

정부조직법
제6조(권한의 위임 또는 위탁) ③ 행정기관은 법령으로 정하는 바에 따라 그 소관사무 중 조사·검사·검정·관리 업무 등 국민의 권리·의무와 직접 관계되지 아니하는 사무를 지방자치단체가 아닌 법인·단체 또는 그 기관이나 개인에게 위탁할 수 있다.

지방자치법
제117조(사무의 위임 등) ③ 지방자치단체의 장은 조례나 규칙으로 정하는 바에 따라 그 권한에 속하는 사무 중 조사·검사·검정·관리업무 등 주민의 권리·의무와 직접 관련되지 아니하는 사무를 법인·단체 또는 그 기관이나 개인에게 위탁할 수 있다.

행정권한의 위임 및 위탁에 관한 규정
제2조(정의) 이 영에서 사용하는 용어의 뜻은 다음과 같다.
  3. "민간위탁"이란 법률에 규정된 행정기관의 사무 중 일부를 지방자치단체가 아닌 법인·단체 또는 그 기관이나 개인에게 맡겨 그의 명의로 그의 책임 아래 행사하도록 하는 것을 말한다.

즉, 「보조사업」은 민간에서 추진하는 사업의 활성화를 목표로 예산을 지원하는 것이고, 「민간위탁」은 중앙행정기관과 지방자치단체가 시행해야 할 서비스를 민간과 협약을 통해서 민간에 위탁하여 운영하는 것을 말한다.

여기에서 보조사업과 민간위탁은 「용역」과 유사한 면이 많다. 용역계약은 행정기관이 당사자가 되어 계약상대방인 사인(私人)과 용역계약을 체결하는 것으로서, 용역은 주로 단순 지원사무를 대상으로 한다. 그러나 보조사업과 민간위탁 그리고 용역을 구분하기는 쉽지 않다. 지역축제 행사를 공개입찰을 통해서 기획사에 맡기면 용역계약이고, 지역의 영농조합법인에 맡기면 민간위탁이며, 지역의 영농조합법인에서 10년간 계속하고 있는 지역축제를 지원하면 보조사업이다.

② 민간위탁이 적합한 경우

행정기관은 법령으로 정하는 바에 따라 그 소관 사무 중 조사·검사·검정·관리 사무 등 국민의 권리·의무와 직접 관계되지 않는 다음 사무를 민간위탁할 수 있다(행정권한의 위임 및 위탁에 관한 규정 제11조).

- 단순 사실행위인 행정 작용
- 공익성보다 효율성이 현저히 요구되는 사무
- 특수한 전문지식 및 기술이 필요한 사무
- 그 밖에 시설관리 등 단순 행정관리 사무

민간위탁 대상 사무를 상세하게 살펴보면 다음과 같다.

- 비권력적 시설관리 등 민간참여로 전문성을 높일 수 있는 기능
   : 물환경센터, 쓰레기 소각장, 분뇨처리장 등
- 민간이 운영할 경우 운영이 활성화되는 기능
   : 문예회관, 체육시설 등 주민이용 개방시설 등
- 비영리 사회단체를 통한 운영·관리가 효율적인 기능
   : 사회복지시설, 청소년수련시설, 작은 도서관, 박물관 등
- 민간이 더 우수한 전문기술을 갖춘 검사·조사 기능
   : 교량안전관리, 공사감리 등

그러나 다음과 같이 민간위탁이 제한되는 영역도 있으므로 유의해야 하며, 시설관리 등 단순 행정사무는 민간위탁이 아니라 용역을 통해 수행한다.

- 주민의 권리·의무 및 의식주 생활에 직접적 영향을 미치는 사무
- 법적 근거 등 합리적 사유가 없는 사회·공익서비스 분야의 사무
- 위탁 시 지나친 수익성 추구로 공공성을 저해할 우려가 있는 사무
- 다른 법령 또는 조례상 「위탁」 용어를 사용한 경우라도 실질적으로 의미가 민간위탁 개념에 적합하지 않은 사무(예: 조례상 편익시설 등의 위탁은 사용수익 허가 사항으로 민간위탁과 구분 운영)

③ 민간위탁의 특징

민간위탁은 명확하게 정의하기 어려워서 유사 개념이 많다. 민간위탁을 유사 개념과 비교하면 다음과 같다. 민간위탁은 특히 실무상 「용역」과 명확하게 구분하기 어려운 점이 많으므로 유의해야 한다.

- 용역
  용역계약은 중앙행정기관·지방자치단체가 당사자가 되어 계약상대방인 사인(私人)과 용역계약을 체결하는 것으로서, 용역은 주로 단순 지원사무를 대상으로 민간부문의 역량을 활용하는 것이라면 민간위탁은 민간의 전문성이 필요한 공공서비스 공급에 민간부문의 역량을 활용하는 것이다. 공공서비스 공급을 위한 전체 과정이나 서비스 공급의 핵심적인 부분을 민간이 수행하는 경우 민간위탁이 적절하고, 공공서비스 공급 과정의 부수적인 사무(일부 사무)를 민간이 수행하는 경우는 용역방식이 적절하다. 따라서 공공서비스 공급의 파급효과가 크고 공익성이 큰 경우에는 용역보다는 민간위탁으로 분류하는 것이 적절하다.

- 사용수익 허가
  사용수익 허가는 행정재산의 사용수익 허가는 허가를 받은 자가 수익을 낼 수 있을 것을 기대하여 행정재산의 사용료를 납부하고 행정재산을 이용하여 수익 활동을 수행하는 것을 말한다. 민간위탁도 시설운용으로 수익을 낼 수 있는 경우에는 사용수익 허가와 유사하나, 사용수익 허가는 허가를 받은 민간이 사적재를 공급하는 것에 비해 민간위탁은 공공서비스를 공급하는 점이 다르다.

- 대행
  대행은 행정기관이 법령상 권한을 그의 명의와 책임하에 행사하되 권한 행사에 따른 실무를 대행기관이 행하게 하는 경우와 대행기관이 그의 명의로 권한을 행사하되 그 법률적 효과가 행정기관이 행한 것으로 간주되는 경우가 있다. 대행은 권한대행과 같이 행정기관 내부의 사무처리 방식에 관해 이용하는 경우가 많다. 민간대행은 민간위탁과 개념상의 책임 소재 여부에 차이가 있으나, 관리·운영 체계가 유사한 경우에는 민간위탁과 구분하는 실익은 크지 않다.

위 유사 개념과 비교했을 때 민간위탁은 다음과 같은 특징을 갖는다.

- 중앙행정기관·지방자치단체의 소관사무
「민간위탁」은 법령이나 조례 등에 규정되어 중앙행정기관·지방자치단체가 시행해야 할 사무를 민간에 위탁 운영한다. 이와 반면, 보조사업은 민간에서 추진하는 사업을 활성화하기 위해서 지원하는 사업이다.

- 공공·공익성
「민간위탁」은 공익 목적을 지니고 서비스 향상을 위해 행정서비스를 제공한다. 이와 반면, 사용수익허가는 사용수익허가를 받은 자가 수익을 기대하여 행정재산 사용료를 납부하고 「사적 서비스」를 공급하여 수익활동을 한다.

- 비 권리·의무성
「민간위탁」은 조사.검사.검정.관리업무 등 권리.의무와 직접 관련되지 아니하는 사무를 담당한다.

- 효율성·전문성 / 지속성·포괄성
「민간위탁」은 효율성이 현저히 필요하거나 민간의 특수한 전문지식·기술을 요하는 사무에 적절하며, 행정서비스 공급이 장기·지속적으로 필요하거나 공급서비스의 전체과정이나 핵심 부분을 위탁 수행하는 경우에 적절하다. 이와 반면, 용역은 단순 지원사무이거나 서비스 공급과정의 부수 사무를 민간이 수행하는 경우에 적절한데, 용역은 중앙행정기관·지방자치단체가 민간 서비스를 구매해서 공급하는 형태이고, 민간위탁은 수탁기관이 행정서비스를 공급하는 형태이다.

- 책임성
「민간위탁」은 위탁사무를 수탁기관에 맡겨 수탁기관의 명의와 책임하에 행사하도록 하는 것이다. 이와 반면, 대행은 행정기관이 그의 명의와 책임하에 권한을 행사하되, 그 실무를 대행기관이 행하게 하고, 그 법률 효과는 행정기관에 귀속시킨다.

> **요모조모 뜯어보기**
>
> 지방자치단체가 사무의 일부를 공공기관·공공단체(주로 지방자치단체의 출자·출연기관)에 위탁하는 것은 「공공위탁」이라고 합니다.

④ 보조금과 출연금

행정 주체가 법령에 따라 설치된 연구기관, 기금, 공단 등 출연 대상 주체에 대하여 특정 목적을 위해 포괄적으로 지원하는 금전급부를 말한다. 보조금은 시설자금이나 운영자금만을 대상으로 할 수 있고 경상경비는 대상으로 할 수 없는 게 일반적이지만, 출연금은 이와 같은 제한이 없기 때문에, 법인·단체의 경상경비를 지원하는 경우에는 출연금을 활용하는 경우가 많다.

[보조금과 출연금 비교]

구분	보조금	출연금
근거법규	보조금 관리에 관한 법률	국가재정법
정의	제2조(정의) 보조금이란 국가 외의 자가 수행하는 사무 또는 사업에 대하여 국가가 이를 조성하거나 재정상의 원조를 하기 위하여 교부하는 보조금, 부담금, 그 밖에 상당한 반대급부를 받지 아니하고 교부하는 급부금으로서 대통령령으로 정하는 것을 말한다.	제12조(출연금) 국가는 국가연구개발사업의 수행, 공공목적을 수행하는 기관의 운영 등 특정한 목적을 달성하기 위하여 법률에 근거가 있는 경우에는 해당 기관에 출연할 수 있다.
개별법 근거	필수 요소 아님	반드시 법률상 지원 근거 필요
집행잔액 처리	사후 정산, 국고 반환 처리	- 국가연구개발사업: 「국가연구개발사업혁신법」에 따라 처리 - 각 공공기관 개별 지침에 따름

지방자치단체의 출연금은 보통 의회의 의결을 받아서 출자·출연기관에 지원하는 자금을 말한다. 이런 출연금은 정산반환이 없었으나, 이제는 정산반납한다.

> **충청남도 공공기관의 출연금·전출금 및 위탁사업비 정산에 관한 조례**
> **제8조(출연금 등의 정산보고 및 정산검사)** ① 도지사는 다음 각 호의 어느 하나에 해당하는 때에는 그 사유가 발생한 날부터 2개월 이내에 공공기관의 장에게 출연금 등의 정산보고서를 제출하도록 하여야 한다.

2 중앙행정기관의 민간이전

1 중앙행정기관의 민간이전

보조금은 「보조금 관리에 관한 법률(보조금법)」에서 예산의 편성, 교부 신청, 교부 결정 및 사용 등에 관한 기본적인 사항을 규정하고 있다. 보조금법에서 보조금을 「국가 외의 자가 수행하는 사무 또는 사업에 대하여 국가가 이를 조성하거나 재정상의 원조를 하기 위하여 교부하는 보조금(지방자치단체에 교부하는 것과 그밖에 법인·단체 또는 개인의 시설자금이나 운영자금으로 교부하는 것만 해당한다), 부담금, 그밖에 상당한 반대급부를 받지 아니하고 교부하는 급부금으로서 대통령령으로 정하는 것」으로 정의한다.

중앙행정기관이 교부하는 보조금인 국고보조금의 규모는 다음과 같다.

[국고보조금 규모(본예산 기준, 단위: 조 원)]

연도	총지출	국고보조금	비율
2024	656.6	109.1	16.6%
2023	638.7	102.3	16.0%
2022	607.7	102.3	16.8%
2021	558.0	97.9	17.5%
2020	512.3	86.7	16.9%
2019	469.6	77.9	16.6%
2018	428.8	66.9	15.6%
2017	400.5	59.6	14.9%
2016	386.7	60.3	15.6%

[출처] e나라도움, 국고보조금 규모.

2 중앙행정기관의 관련 법규

- 보조금 관리에 관한 법률 (보조금법)
  보조금 예산의 편성, 교부 신청, 교부 결정 및 사용 등에 관하여 기본적인 사항을 규정하는 기획재정부의 법률

- 보조금 관리에 관한 법률 시행령 (보조금법시행령)
  「보조금 관리에 관한 법률」에서 위임한 사항과 그 시행에 필요한 사항을 규정하는 기획재정부의 대통령령

- 국고보조금 통합관리지침(기획재정부 공고)
  「보조금 관리에 관한 법률」과 「보조금 관리에 관한 법률 시행령」에서 정한 사항 등의 세부적인 사항을 규정하는 기획재정부의 공고

- 보조사업 실적보고서 및 정산보고서 작성지침 (기획재정부 공고)
  「보조금 관리에 관한 법률」의 정산보고서 작성 방법에 관한 세부적인 사항을 정하는 기획재정부의 공고

- 보조사업 정산보고서 검증지침 (기획재정부 공고)
  「보조금 관리에 관한 법률」과 「보조금 관리에 관한 법률 시행령」의 정산보고서 검증에 관한 세부적인 사항을 규정하는 기획재정부의 공고

- 보조사업자 회계감사 세부기준 (기획재정부 공고)
  「보조금 관리에 관한 법률」과 「보조금 관리에 관한 법률 시행령」의 회계감사에 필요한 사항을 규정하는 기획재정부의 공고

- 보조사업자 정보공시 세부기준 (기획재정부 공고)
  「보조금 관리에 관한 법률」과 「보조금 관리에 관한 법률 시행령」의 정보공시에 필요한 사항을 규정하는 기획재정부의 공고

이외에 부처별로 「국고보조금 관리 규정」을 운영하고 있고, 그 내용이 부처별로 조금씩 다르므로 유의해서 살펴봐야 한다. 부처별 「국고보조금 관리 규정」은 법제처의 국가법령정보센터(law.go.kr)의 「행정규칙(훈령·예규·고시」에서 확인할 수 있다.

제1부 예산편성

📝 요모조모 뜯어보기

보조사업과 민간위탁은 일률적으로 정의되어 있지 않고, 다양한 법령이 규율하는 영역입니다. 따라서 대한민국의 법체계를 먼저 이해하는 것이 필요합니다. 대한민국의 최상위 법규범은 헌법이고, 국회에서 제정하는 성문법인 법률이 있으며, 대통령령과 총리령·부령이 있습니다. 법률·대통령령·총리령 및 부령을 법령이라 합니다.

이외에 행정기관 내부에서 직무수행이나 업무처리기준을 제시할 목적으로 제정하는 행정규칙과 지방자치단체의 자치와 관련하여 지방자치단체가 제정하는 자치법규가 있습니다. 행정규칙은 법령 등에 별도로 정의된 용어는 아니지만, 「상급행정기관이 하급행정기관에 대하여 그 조직이나 업무처리와 절차·기준 등에 관하여 발하는 일반적·추상적 규율」이라고 일반적으로 정의합니다. 「훈령·예규 등의 발령 및 관리에 관한 규정」 제2조는 그 명칭에 관계없이 법령의 시행 또는 행정사무처리 등과 관련하여 발령하는 훈령·예규·고시·규정·규칙·지시·지침·통첩 등을 포함하여 「훈령·예규 등」이라고 하며, 이를 실무상 「행정규칙」이라고 합니다. 대표적인 행정규칙은 훈련·예규·고시인데, 그 정의는 다음과 같습니다.

- 훈령(訓令)
  상급행정기관이 하급행정기관에 대하여 장기간에 걸쳐 그 권한 행사를 일반적으로 지시하기 위하여 발하는 명령

- 예규
  행정사무의 통일을 기하기 위하여 반복적 행정사무의 처리기준을 제시하는 법규문서 외의 문서

- 고시
  법령에서 위임하는 바에 따라 법령 내용을 보충하기 위하여 법규적 사항을 정하거나, 법령에서 정하는 방에 따라 일정한 사항을 일반에게 알리기 위한 문서

③ 중앙행정기관의 세목

중앙행정기관의 320(민간이전)에 대한 민간이전경비 세목별 내용은 다음과 같다.

[중앙행정기관의 320(민간이전)에 대한 세목별 내역]

세목	내용
320-01 민간경상보조	1. 「보조금 관리에 관한 법률」에 의한 보조금 중 민간에 대한 경상적 지원으로 다음을 포함한다. - 민간이 행하는 사무 또는 사업에 대하여 국가가 이를 조성하거나 재정상의 원조를 하기 위하여 교부하는 것으로 자본적 경비를 제외한 보조금 - 국가조성사업 또는 보호사업 중 물가안정 또는 기타 정책 목적에 의하여 원가 이하로 판매함으로써 야기되는 차액보상을 위한 일반적인 생산 장려금 또는 보조금 2. 「복권및복권기금법」에 의한 법정배분금 중 민간에 대한 경상적 지원
320-02 민간위탁사업비	법률에 규정된 국가의 사무 중 일부를 지방자치단체가 아닌 법인·단체 또는 그 기관이나 개인에게 맡겨 그 명의·책임하에 행사하는 경우의 비용
320-07 민간자본보조	1. 「보조금 관리에 관한 법률」에 의한 보조금 중 민간의 자본형성 또는 경제개발을 위하여 지급하는 보조금 2. 「복권및복권기금법」에 의한 법정배분금 중 민간에 대한 자본형성적 지원

[출처] 기획재정부(2024), 2024년도 예산 및 기금운용계획 집행지침.

제1부 예산편성

4 중앙행정기관의 국고보조금 현황

중앙행정기관의 국고보조금 예산을 분야별로 나타내면 다음과 같은데, 사회복지 분야가 단연 높은 비중을 보인다.

[2024년 국고보조사업 분야·부문별 예산 현황]

분야	예산액(억 원)	비중(%)
일반·지방행정	13,121	1.2
공공질서및안전	18,616	1.7
통일·외교	12,930	1.2
국방	472	0.0
교육	8,527	0.8
문화및관광	51,210	4.7
환경	86,263	7.9
사회복지	645,561	59.2
보건	21,245	1.9
농림수산	116,585	10.7
산업·중소기업및에너지	60,881	5.6
교통및물류	35,719	3.3
통신	1,947	0.2
국토및지역개발	17,053	1.6
과학기술	691	0.1

[출처] e나라도움(2024)

5 국가연구개발사업

중앙행정기관이 법령에 근거하여 연구개발을 위하여 예산 또는 기금으로 지원하는 사업을 「국가연구개발사업」이라고 하며, 이를 규정하는 법률이 「국가연구개발혁신법」이다. 「국가연구개발혁신법」은 다른 법률에 우선하여 적용하므로, 「보조금 관리에 관한 법률」에 우선하여 적용하며, 보조금으로 지급하는 국가연구개발사업도 「국가연구개발혁신법」을 우선 적용한다. 다만 「국가연구개발혁신법」에서 규정하고 있지 않은 사항은 「보조금 관리에 관한 법률」을 적용한다.

> **보조금 관리에 관한 법률**
> **제3조(다른 법률과의 관계 등)** ① 보조금 예산의 편성·집행 등 그 관리에 관하여는 다른 법률에 특별한 규정이 있는 것을 제외하고는 이 법에서 정하는 바에 따른다.

> **국가연구개발혁신법**
> **제4조(다른 법률과의 관계)** 이 법은 국가연구개발사업의 추진에 관하여 다른 법률에 우선하여 적용한다.

3 지방자치단체의 민간이전

1 지방자치단체의 민간이전

보조금과 출연금, 위탁금, 보상금을 비교하면 다음과 같다. 이 가운데 일반적으로 보조금과 위탁금을 「민간이전」이라고 한다.

[보조금, 위탁금, 출연금, 보상금]

구분	보조금	출연금	위탁금	보상금
개념	법령 또는 조례에 따라 다른 지자체, 법인·단체 또는 개인 등이 수행하는 사무 또는 사업 등을 조성하거나 이를 지원하기 위하여 교부하는 보조금	지자체가 사업을 직접 수행하기 어려울 때, 공공기관이 사업을 담당하는 것이 효과적일 때 지급되는 경비	지자체 권한에 속하는 사무 중 조사·검사 등 주민의 권리·의무와 관련 없는 사무를 법인 등에 위탁하여 처리하는 경비	지자체의 적법한 행위에 의하여 주민에게 가한 재산상의 손실을 보충하거나, 사회보장적 성격으로 지급되는 경비
근거	지방보조금법 제2조	지방재정법 제18조, 지방출자출연법	지방자치법 제117조, 제168조	각 개별 법령
정산	사후 정산	사후 정산	사후 정산	정산 불필요

[출처] 충청남도(2024), 충청남도 지방보조금 관리지침.

유의할 점은 출연금도 정산을 한다는 것이다. 아래 「충청남도 공공기관의 출연금·전출금 및 위탁사업비 정산에 관한 조례」를 참고하자.

> **충청남도 공공기관의 출연금·전출금 및 위탁사업비 정산에 관한 조례**
> **제8조(출연금 등의 정산보고 및 정산검사)** ① 도지사는 다음 각 호의 어느 하나에 해당하는 때에는 그 사유가 발생한 날부터 2개월 이내에 공공기관의 장에게 출연금 등의 정산보고서를 제출하도록 하여야 한다.

2 지방자치단체의 관련 법규

지방보조금은 그동안 「지방재정법」에서 일반적인 사항만 규정하고 관리기준의 대부분을 조례에 위임해서, 체계적이고 통일적인 관리가 이루어지지 못했다. 이에 행정안전부는 지방보조금에 대한 체계적인 예산편성·교부절차·관리를 위하여 2021년 1월에 지방자치단체가 법인·단체 또는 개인에게 지급하는 보조금 관리에 관한 사항 전반을 규정하는 법률로 「지방자치단체 보조금 관리에 관한 법률(지방보조금법)」과 「지방자치단체 보조금 관리에 관한 법률 시행령」을 제정하고 7월부터 시행했다.

- 지방자치단체 보조금 관리에 관한 법률(지방보조금법)
  지방보조금 예산의 편성, 교부 신청과 결정 및 사용 등의 기본적인 사항을 규정하는 법률

- 지방자치단체 보조금 관리에 관한 법률 시행령(대통령령)
  「지방자치단체 보조금 관리에 관한 법률」에서 위임한 사항과 그 시행에 필요한 사항을 규정하는 대통령령

- 지방자치단체 보조금 관리에 관한 법률 시행규칙(행정안전부령)
  「지방자치단체 보조금 관리에 관한 법률」 및 「지방자치단체 보조금 관리에 관한 법률 시행령」에서 위임한 사항과 그 시행에 필요한 사항을 규정하는 행정안전부령

- 지방보조금 관리기준(행정안전부 예규)
  지방자치단체의 지방보조금 예산이 편성, 운용 관리 등에 대한 기준을 제시하는 행정안전부의 예규

- 비영리민간단체지원법(비영리단체법)
  비영리민간단체의 공익활동을 추진하기 위하여 보조금을 지원하는, 행정안전부의 법률

- 지방자치단체 예산편성 운용에 관한 규칙(행정안전부령)
  회계연도별 지방자치단체 예산편성기준에 관한 사항을 규정하는 행정안전부령

- 지방자치단체 예산편성 운영기준(행정안전부 훈령)
  지방자치단체 예산편성 기준경비에 관한 사항을 정하고, 지방자치단체 세입예산과 세출예산 등의 과목구분과 설정에 관한 사항을 사업예산 체계로 분류·관리하

는 행정안전부 훈령

- 지방회계법
지방자치단체의 회계 및 자금관리에 관한 기본적인 사항을 정하는 법률

- 지방자치단체 회계관리에 관한 훈령
「지방회계법」과 같은 법 시행령에서 위임된 사항과 일반회계·특별회계, 기금의 회계관리에 필요한 사항을 정하는 행정안전부 훈령

- 지방자치단체 조례 및 규정
(예시1) 충청남도 지방보조금 관리조례
(예시2) 충청남도 지방보조금 관리지침

③ 지방자치단체의 세목

지방자치단체의 (307)민간이전과 (402)민간자본이전의 세목은 다음과 같다.

[지방자치단체의 민간이전과 민간자본이전의 세목]

목	세목
307 민간이전	307-02 민간경상사업보조 307-03 민간단체 법정운영비보조 307-04 민간행사사업보조 307-05 민간위탁금 307-09 운수업계보조 307-10 사회복지시설 법정운영비보조 307-11 사회복지사업보조
402 민간자본이전	402-01 민간자본사업보조(자체재원) 402-02 민간자본사업보조(이전재원) 402-03 민간위탁사업비

[출처] 행정안전부(2024), 지방자치단체 예산편성 운영기준. 별표11.

지방자치단체의 「307 민간이전」은 지방보조금과 민간위탁금으로 구분하며, 지방보조금의 세목별 내용은 다음과 같다.

- 307-02 민간경상사업보조
    1. 민간이 행하는 사업에 대하여 자치단체가 이를 권장하기 위하여 교부하는 것으로 자본적 경비를 제외한 보조금
    2. 지방재정법 제17조의 보조제한 사유에 해당되지 않는 경우에 한하여 지원
- 307-03 민간단체 법정운영비보조
    1. 지방재정법 제17조 및 지방보조금법 제6조제2항 따라 운영비를 지원할 수 있는 단체 등에 지원하는 경비로서
    2. 사회복지시설에 대한 운영비 지원은 '사회복지시설 법정운영비보조' 예산에 편성
    3. 지원대상 및 지원범위
    - 지방재정법 제17조 및 지방보조금법 제6조제2항에 따라 법령에 명시적으로

제1부 예산편성

　　　운영비를 지원할 수 있는 경우로서 보조금을 지원할 수 있는 단체
　　- 지원범위는 관련 근거법령에 따른 지원기준과 당해 단체의 비용부담 능력 등에 따라 적정한 수준으로 편성
　　- 운영비 이외에 경상사업비 및 자본사업비는 편성할 수 없음
- 307-04 민간행사사업보조
  1. 민간이 주관 또는 주최하는 행사에 대하여 자본적 경비를 제외한 보조금
  ※1) 단체운영비(사무실 임차료, 상근직원 인건비 등) 지원 불가
  　2) 지방자치단체가 행사를 사실상 주관하여 시행하는 행사의 경우에는 보조금 예산으로 편성 금지
- 307-09 운수업계보조금
  1. 에너지세 개편에 따라 유류세액 인상분 보전을 위해 버스·택시·화물수송사업용 자동차운수업계에 지급되는 보조금
  2. 비수익·결손노선 등 운수업계에 지급되는 보조금
- 307-10 사회복지시설 법정운영비보조
  1. 주민 복지를 위해 법령의 명시적 근거에 따라 사회복지시설에 대하여 운영비 지원 목적으로 편성하는 보조금
  2. 지원대상 및 지원범위는 다른 법령에 특별한 규정이 없는 한 '민간단체 법정운영비보조' 예산의 편성기준에 따름
- 307-11 사회복지사업보조
  1. 주민 복지를 위해 법령 또는 조례상 지원기준에 따라 의무적으로 지출하는 보조금 또는 자치단체가 권장하는 다음 각 호의 사업을 위하여 지급하는 보조금으로 자본적 경비를 제외한 경비
    　　1) 생활이 곤궁한 자의 보호 및 지원 사업
    　　2) 노인·아동·신체장애인·청소년 및 부녀의 보호와 복지증진을 위한 사업
    　　3) 기타 이에 준하는 복지 관련 사업
- 402-01 민간자본사업보조(자체재원)
  1. 민간의 자본형성을 위하여 민간이 추진하는 사업을 권장할 목적으로 민간에게 자치단체 자체 재원으로 직접 지급하는 보조금
- 402-02 민간자본사업보조(이전재원)
  1. 민간의 자본형성을 위하여 민간이 추진하는 사업을 권장할 목적으로 민간에게 국비 또는 시도비를 시도 및 시군구에서 지급하는 보조금

「307 민간이전」 가운데 「307-05」를 「민간위탁금」이라고 하며, 그 내용은 다음과 같다.

- 307-05 민간위탁금
  1. 국가 또는 지방자치단체가 법령 및 조례에 의하여 민간인에게 위탁관리시키는 사업 중 기금성격의 사업비로서 사업이 종료되거나 위탁이 폐지될 때에는 전액 국고 또는 지방비로 회수가 가능한 사업
  2. 지방자치단체가 「지방자치법」 제117조에 따른 위임 또는 위탁, 대행사무에 수반되는 경비로서 위임 또는 위탁, 대행하는 자에게 지급하는 자본형성적 경비 이외의 부담경비

지방자치단체의 지방보조금에 대해서 상세하게 알기 위하여 구체적인 사업 예시를 살펴보자.

[지방보조금 사업 예시]

세목	사업 예시
307-02 민간경상사업보조	• 학교우유급식 지원 • 음식점 좌식개선사업 • 포도봉지 지원사업 • 노인자살예방 멘토링사업 • 화훼 재배환경 개선사업
307-03 민간단체 법정운영비보조	• 새마을지회 운영지원 • 재향군인회 운영지원 • 북한이탈주민정착지원센터 운영 • 소비자상담센터 운영지원 • 노인회지회 운영지원
307-04 민간행사사업보조	• 구민체육대회 개최 • 마당놀이 지원 • 소상공인의날 주간행사 • 백제문화제 활성화 사업 • 전국 여성농민대회 참가
307-10 사회복지시설 법정운영비 보조	• 정신재활시설 운영지원 • 공공형 어린이집 지원 • 장애인거주시설 운영 • 지역아동센터 종사자 처우개선비 • 우수지역아동센터 지원

지방자치단체의 민간위탁금의 구체적인 사업 예시는 다음과 같다.

307-05 민간위탁금	• 건강가정 및 다문화가족지원센터 운영 • 사회복지관 운영 • 노사민정협의회 사무국 위탁운영 • 대천해수욕장 관광지 질서계도 업무 • 어린이 급식관리지원센터 운영

위 예시를 포함하여 일반적으로 민간에 위탁하는 사무는 다음과 같다.

- 노인, 장애인, 여성, 청소년, 아동, 노숙인 등 복지시설에 관한 사무
- 환경기초, 주민편익에 관한 사무
- 문화, 예술, 영상, 관광에 관한 사무
- 체육, 녹지, 공원에 관한 사무
- 의료원, 보건, 건강증진에 관한 사무
- 산업지원, 직업훈련, 교통에 관한 사무
- 공무원 후생복지에 관한 사무
- 그 밖에 위탁사무 기준에 적합한 사무로서 지방자치단체의 장이 필요하다고 인정하는 사무

지방자치단체의 민간위탁 가운데 대표적인 것이 「행사운영」이다. 행사는 자치단체가 직접 주관하고, 예산을 직접 집행하는 것이 원칙이지만, 고도의 전문성이 요구되고 내용이 복잡·다양하여 자치단체가 직접 주관하는 것이 곤란하다고 판단되면 민간에 위탁할 수 있다.

4 지방보조금 예산 편성 및 교부 절차 흐름도

단계별 업무		업무 내용
예산편성	보조금 예산계상 신청 (지방보조금법 제5조)	• 보조사업을 수행하려는 자는 해당 지자체에 사업 신청
	보조금 예산편성 심의 (지방보조금법 제6조)	• 보조금관리위원회의 심의를 거쳐 예산 편성
	보조금 예산 심의·확정 (지방자치법 제142조)	• 지자체 및 의회 등의 예산심의를 통해 보조금 예산 확정
보조사업자 선정	사업자 공모 및 선정 (지방보조금법 제7조)	• 지방보조사업의 목적과 내용 등을 검토하여 사업자 선정
	보조금 교부 신청 (지방보조금법 제7조)	• 보조금의 교부를 받고자 하는 자는 사업계획서 등을 보조금 관리부서에 제출
	보조금 교부 결정 (지방보조금법 제8~12조)	• 보조사업의 타당성, 자기부담금 능력 등을 검토 후 교부 결정 • 지방자치단체의 금고에 지방보조금을 예치하여 교부 • 사정의 변경이나 법령 위반 등에 따른 교부 결정 취소
집행 및 사후관리	보조금 집행 (지방보조금법 제13~16조, 제21~22조, 제24조)	• 수행 상황 보고(보조사업자→지자체) - 법령, 교부 결정 내용 위반 시 수행 명령(지자체→보조사업자) • 보조사업자 준수 사항 - 용도 외 사용금지, 내용 변경·인계 시 승인(지자체), 별도 계정 설정, 재산 처분 제한, 중요재산 현황공시 및 부기등기
	보조금 정산·검사 (지방보조금법 제17~20조, 제29조)	• 지방보조사업 완료 후 「보조사업 실적보고서」제출 - (3억 원 이상) 실적보고서 검증, (10억 원 이상)회계감사 • 관리부서는 실적보고서 토대로 집행 적정성 등 검토 - 심사결과 적합 시 금액 확정, 미흡 시 시정명령
	사후관리 (지방보조금법 제27조, 제30~40조)	• 사후평가 실시: 3년 일몰제 적용(원칙) • 부적정 집행 발견: 부정수급자 명단 공표, 보조금 반환, 사업 수행 배제 및 보조금 교부 제한, 다른 보조금 교부의 일시 정지, 보조금 환수, 제재부가금 및 가산금 징수, 강제징수 등 제재

[출처] 충청남도(2024), 충청남도 지방보조금 관리지침.

4 이해 관계자

보조사업과 민간위탁의 이해관계자는 다음과 같다.

- 보조금지원기관
  행정기관(중앙행정기관 또는 지방자치단체)으로서, 보조금을 교부하는 기관

- 보조사업자
  보조사업을 수행하는 자로서, 다음과 같은 역할을 수행한다.
  - 적법한 방법 및 절차를 통해 교부신청서와 사업계획서 등을 작성하여 제출
  - 보조사업 수행상황을 중앙관서의 장 또는 상위보조사업자에게 보고
  - 사업 완료 시 보조사업실적보고서 제출, 정보공시, 감사보고서 제출, 중요재산에 대한 관리
  - 간접보조사업자 또는 보조금수령자 등에게 보조금을 재교부하는 경우, 보조금 법령 등의 준수 여부에 대한 관리·감독 등

- 간접보조사업자
  보조금을 다시 교부하는 간접보조사업을 수행하는 자

- 보조금수령자
  보조사업자 또는 간접보조사업자로부터 보조금을 지급받은 자로서, 정당한 방법과 절차를 통해 보조금을 수령하여 보조금의 지급 목적에 적합하게 사용하여야 한다.

- 예탁기관
  보조금 관리업무를 위탁 및 예탁받은 기관(한국재정정보원, 한국지역정보개발원)

제2장
예산편성

1. 사업공모와 사업자 유형
2. 사업비 예산편성
3. 사업자 선정
4. 민간위탁

제1부 예산편성

1. 사업공모와 사업자 유형

① 사업공모

보조금을 교부하기 위하여 공모(公募)절차를 거쳐야 하며, 이는 보조금지원기관 홈페이지를 통하여 공고하여야 한다. 소관 사업부서에서 공모 대상사업을 일괄공고 또는 세부사업별 개별공고 등 자체실정에 맞게 공고하되, 대개 연초에 15일 이상 공고한다. 다만, 보조금지원기관의 계획 및 지침과 연계된 사업, 긴급히 추진하여야 하는 사업 등에 대해서는 공고기간을 단축할 수 있으며, 필요시 관련 단체에 보조금 신청안내 공문을 발송하기도 한다. 따라서 사업에 응모하고자 하는 사업자는 기관 홈페이지의 「공고」란을 항상 확인해야 한다.

공모에 부합하는 보조사업자가 없으면, 재공모하여야 한다. 다만 보조금지원기관은 사업의 시급성 등을 고려하여 재공모 접수기간을 조정할 수 있다.

지방자치단체 보조금 관리에 관한 법률
제7조(지방보조금의 교부 신청) ② 지방자치단체의 장은 공모(公募)절차를 통하여 제1항에 따른 지방보조금 교부신청서를 제출받아야 한다. 다만, 다음 각 호의 어느 하나에 해당하는 경우는 그러하지 아니하다.
1. 법령이나 조례에 지원 대상자 선정방법이 다르게 규정된 경우
2. 국고보조사업으로서 대상자가 지정되어 있는 경우
3. 용도가 지정된 기부금의 경우
4. 지방보조사업을 수행하려는 자의 신청에 따라 예산에 반영된 사업으로서 그 신청자가 수행하지 아니하고는 해당 지방보조사업의 목적을 달성할 수 없다고 인정되는 경우
5. 지방보조사업을 수행하려는 자가 지방자치단체의 장인 경우
6. 제1호부터 제5호까지에서 규정한 경우 외에 천재지변이나 그 밖의 부득이한 사유로 인하여 공모방식으로 하는 것이 적절하지 아니하다고 인정되는 경우

충청남도 지방보조금 관리 조례
제19조(지방보조사업자 공모) ① 도지사가 공모방식을 통해 지방보조사업자를 선정하고자 하는 경우에는 다음 각 호의 내용을 포함한 사업자 선정 공고문을 도보나 도 홈페이지 등을 통해 공고하여야 한다.

사업을 공고한 예시는 다음과 같다.

충청남도 공고 제2024-432호

「2024년 소비자권익증진 사업 지원계획」공고

「지방보조금법」제7조제2항 및 「충청남도 지방보조금 관리 조례」제19조에 따라 2024년 소비자권익증진사업에 대한 지방보조금 지원계획을 다음과 같이 공고합니다.

2024. 3. 7.

충청남도지사 김 태 흠

1. 지원대상 및 규모
 가. 사 업 명 : 소비자피해예방 및 정보제공 사업 등 2개 사업(붙임2 참조)
 나. 지원규모 : ₩67,500,000(금육천칠백오십만원)
 다. 지원대상
  ○ 공고일 현재 충청남도에 본부(지부)를 두고 법령에 의해 설치·운영 중인 공모해당 분야의 법인 및 단체
  ○ 공고일 현재 충청남도에 본부(지부)를 두고 공모분야에 주된 활동을 하고 있는 민법에 의한 비영리 법인 또는 비영리 민간단체지원법에 따라 등록된 비영리민간단체
 라. 지원 제외 대상
  ○ 동일단체의 유사·중복 사업 및 특정 정당 또는 선출직 후보를 지지하는 단체나 특정 종교의 교리 전파를 목적으로 하는 행사·사업
  ○ 보조금 지원 대상으로 보기 곤란한 아래의 단체
   - 법인이 아닌 단체로서 대표자 또는 관리인이 없는 단체와 친목단체
   - 공익활동을 주목적으로 하는 법인 또는 단체로서 최근 1년 이상 공익 활동 실적이 없는 단체(사회보장적 시설단체 제외)
  ○ 지방자치단체가 사실상 직접 운영(주관 등)하는 행사
  ○ 성과평가 결과 지원중단 대상으로 결정된 사업
  ○ 동일 또는 유사사업으로 타 기관의 보조(기금포함)사업에 중복 신청하거나 선정된 경우

보조사업은 보조사업별로 보조사업을 수행할 수 있는 보조사업자의 유형을 제한한다. 따라서 보조사업은 비영리법인이나 비영리단체로 사업자 유형을 제한하는 경우가 많으므로, 사전에 확인하는 것이 중요하다.

제1부 예산편성

② 사업자 유형

사업자 유형은 다음과 같이 다양하다. 보조사업에서 특히 중요한 구분은 영리와 비영리의 구분이다. 따라서 사업공모 공고에서 규정하고 있는 사업자 유형을 반드시 확인해야 한다.

[사업자 유형]

유형		영리	비영리
법인	사단	상법상 회사	사단법인
	재단		재단법인
조합		협동조합	사회적협동조합
단체			비영리민간단체 법인으로보는단체
개인		개인사업자	개인

- 상법상 회사
  상법상 회사는 상법에 규정되어 있는 영리법인으로서 주식회사, 유한회사, 유한책임회사, 합자회사 및 합명회사가 있는데, 우리가 아는 대부분 회사는 여기에 해당한다.
- 사단법인
  일정한 목적을 위해 결합한 「사람」을 구성요소로 하며, 주무관청의 허가를 받아서 설립하는 비영리법인이다.
- 재단법인
  일정한 목적을 위해 「재산출연」을 구성요소로 하며, 주무관청의 허가를 받아서 설립하는 비영리법인이다.
- 협동조합
  법적으로 재화 또는 용역의 구매·생산·제공 등을 협동으로 영위함으로써 조합원의 권익을 향상하고 지역 사회에 공헌하고자 하는 사업조직이다.
- 사회적협동조합
  협동조합 중 지역주민들의 권익·복리 증진과 관련된 사업을 수행하거나 취약계층에게 사회서비스 또는 일자리를 제공하는 등 영리를 목적으로 하지 아니하는 협동조합이다.

- 비영리민간단체
  영리가 아닌 공익활동을 수행하는 단체로서, 「비영리민간단체지원법」에 의해서 정부의 인증을 받아서 설립한다.
- 법인으로 보는 단체
  「국세기본법」에 의하여 법인이 아님에도 세법상 법인으로 간주하는 단체로서, 외형상 사단법인 또는 재단법인의 형태를 이루고 있으나 법인설립등기를 하지 않아 법인격을 갖추지 못하였고 구성원들에게 수익을 분배하지 않는 단체이다.
- 개인사업자
  세무서에 사업자등록을 한 개인이다.
- 개인
  세무서에 사업자등록을 하지 않은 개인이다.

2 사업비 예산편성

① 사업계획서 및 사업비예산 작성

보조사업자는 보조사업비 보조비목을 산정하고, 이를 포함한 사업계획서를 보조금 지원기관에게 제출해야 한다. 사업을 신청하기 위한 서식은 규격화된 보조금 공모 신청 서식을 사용해야 한다.

예산은 구체적으로 편성해야 한다. 이를 위하여 일반적으로 사업공모 시 사용가능한 보조비목과 보조세목을 예시하는 경우가 많은데, 예시가 없다면 「보조사업 실적보고서 및 정산보고서 작성지침」의 「별표1. 보조비목 보조세목별 산정기준 등」을 참고하여 결정한다. 별표1은 다음과 같다.

[보조비목 보조세목별 산정기준 등]

보조비목	보조세목	내역
인건비 (110)	보수 (01)	1. 정규직원에 대한 보수 - 봉급, 정근수당, 성과상여금, 정액수당, 초과근무수당, 정액급식비, 명절휴가비, 명예퇴직수당, 연가보상비 2. 연봉제 직원의 경우에는 연봉 월액 3. 성과급 4. 퇴직급 및 퇴직급여 충당금 5. 직급보조비
	기타직보수 (02)	1. 전문 계약직에 대한 보수(상여, 수당 포함) - 사법연수원생, 시보공무원, 청원산림보호원, 수련의, 공중보건의사, 공중방역수의사, 징병전담 의사 등 2. 청원경찰에 대한 보수 3. 각종 위원회 또는 심의회의 비정규직에 대한 보수 4. 기타 법령에 의해 지급되는 비정규직원에 대한 보수
	상용임금 (03)	1. "고등교육법" 및 "공무원교육훈련법"에 의한 강사 등에 대한 보수 2. "별정우체국법"에 의한 별정우체국직원에 대한 보수 3. 무기계약직
	일용임금 (04)	1. 수개월 또는 수일동안 일용으로 고용하는 임시직에 대한 보수 - 일용직보수, 기간제 근로자보수등 2. 공익요원에 대한 보수
	기타인건비 (05)	1. 전문임기제, 사법연수원, 시보공무원이 될 자, 청원경찰, 청원산림보호직, 수련의(인턴, 레지던트), 공중보건의사, 공중방역수의사, 징병전담의, 공익법무관, 경찰대학생 및 경찰간부후보생, 소방간부후보생, 견습직원, 위원회 상근직 등에 대한 보수 2. 강사료, 원고료, 통역료, 번역료, 자문료, 회의참석비, 단순인건비
운영비 (210)	일반수용비 (01)	1. 사무용품 구입비 - 필기용구, 각종용지 등 사무용 제 잡품의 구입비 2. 인쇄비 및 유인비 - 자료 및 보고서, 책자, 각종 양식, 전단 등 업무 수행에 따른 일체의 인쇄물 및 유인물의 제작비 3. 안내·홍보물 등 제작비 - 현수막, 간판 등 행사 안내 및 홍보용 물품의 제작비 - 기관간판, 명패, 감사패, 상패 등의 제작비

		4. 소모성 물품 구입비 　- 재물조사 대상은 제외
		5. 간행물 등 구입비 　- 신문·잡지·관보·도서·팸플릿 등 정기·비정기 간행물 구입비
		6. 비품 수선비 　- 책상, 의자, 캐비넷, 파일박스, 집기, 전산기기, 타자기 등 각종 사무용 비품의 수선비 　* 내용연수를 현저히 증가시키는 대규모 수리비는 시설비 목에 계상
		7. 각종 수수료 및 사용료 　- 물품관리위탁수수료, 업무대행수수료, 외국환 관리규정에 의한 외국환대체송금, 전송금, 우편송금수수료 　- 등기 및 소송료(인지대 및 법정수수료) 등 　- 검정료, 감정료, 시험료, 회계검사수수료 　- 물품의 보관·운송료, 고속도로통행료, 주차 및 차고료, 물품의 운송을 위한 포장비, 상하차비, 선적·하역비
		8. 업무위탁대가 및 사례금 　- 변호료·수임료 및 보수 　- 속기·원고측량 등의 각종 용역 제공에 대한 대가 및 전문가 자문료 　- 현상 모집의 상금, 조직업무에 조력한 자에 대한 사례금 　- 회의참석사례비 및 안건검토비
		9. 공고료 및 광고료 　- TV·신문·잡지 기타 간행물에 대한 공고 및 광고료
		10. 각종 회의비, 전문가 활용비
		11. 행사지원에 따른 경비
		12. 기타 업무수행과정에서 소규모적으로 발생되는 물품의 구입 및 용역제공에 대한 대가
	공공요금 및 제세 (02)	1. 공공요금 　- 우편요금, 전신(전보)·전화요금, 모사전송기 등 회선 사용료 　- 철도화물 운송요금 　- 전기·가스료, 상·하수도료, 오물 수거료 2. 제세 　- 법령에 의하여 지불·부담하는 제세(자동차세 포함) 및 국내부담금, 협회비 기타 계약에 의하여 부담하는 각종 부담금 　- 소송사건에 있어 제공해야 할 공탁금과 국고체당금 　- 임대차 계약에 의한 보증금 및 전세금 　- 보험계약에 의한 각종 보험료 　- 에너지 절약 성과배분계약에 따른 설비투자 상환금
	피복비 (03)	1. 직원 등에게 지급하거나 대여하는 상시착용 피복(작업복 포함), 침구 및 개인장구 구입비 2. 상시피복을 직접 제조하여 지급할 경우에는 피복제조에 소요되는 재료비, 노임, 운반비, 기타 제경비 3. 당직용 침구 구입비
	급량비 (04)	1. 주식비, 부식비, 후식비, 주식 및 부식 취사에 필요한 연료대 2. 주식 및 부식에 소요되는 부대 경비(운반비, 보관비, 공고료) 3. 주부식을 조리하거나 취사하기 위한 조리원 인건비, 소모성 도구 구입비
	특근매식비 (05)	1. 경상 사무를 위한 특근하는 직원에 대한 매식비 　- 기본업무 수행을 위한 특근급식비 　- 각종 훈련에 참여하는 직원에 대한 매식비 　- 현안 업무추진을 위한 특근매식비 　- 급식을 필요로 하나 취사시설이 없어 매식하게 되는 경우의 급식비 　- 소방공무원 화재진압 출동 간식비 　- 야간근무자, 휴일근무자 등 급식비
	일·숙직비 (06)	1. 당직 및 비상근무규정 등에 의한 일·숙직비

제1부 예산편성

	임차료 (07)	1. 임대차계약에 의한 토지, 건물, 시설, 장비, 물품 등의 임차료 2. 장소, 건물 등의 일시 임차료 3. 각종 시설 및 장비의 리스료 4. 물건 보관을 위한 간단한 창고 이용료 5. 버스·승용차 등의 차량 임차료 6. ASP 서비스 이용에 따른 임차료
	유류비 등 (08)	1. 보일러 등 냉·난방시설의 가동에 필요한 연료대 및 부대경비 2. 에너지절약 성과배분계약에 따른 설비투자 상환금
	시설장비 유지비 (09)	1. 건물 및 건축설비(구축물, 기계장치), 공구, 기구, 비품, 기타시설물의 유지 관리비 2. 통신시설 및 기상관측장비(다만, 대체비는 노임, 제비용 포함) 유지비 3. 원동기 등 동력장치, 중장비 등에 소요되는 유류대, 기타 육상 운반구(차량제외) 유지비 4. 시설장비유지관리의 용역비(노무비와 제비용을 포함) * 내용연수를 현저히 증가시키는 대규모 수리비는 시설비 목에 계상
	차량비 등 (10)	1. 차량, 항공기 및 선박 유류대 2. 차량, 항공기 및 선박 정비유지비 3. 차량, 항공기 및 선박 소모품비, 용품비

	재료비
	(11)
		1. 사업용 및 시험연구, 실험·실습 등에 소요되는 소모성재료비
		  - 실험·실습기자재, 시약, 시료 구입비
		  - 직접제작 또는 시공하는 기계·기구, 선박, 기타 공작물 및 건물에 소요되는 재료비
		2. 제품생산에 소비되는 각종 재료비용(재료 소비에 의하여 주요 재료비, 보조 재료비, 매입부품비, 소모공기구비품비로 구분)
		3. 광물 및 기타 특수한 물건의 구입비
		4. 동물, 식물 및 식물종자 구입비
		5. 사료구입비

	복리후생비 (12)	1. 법정 복리비, 복리시설부담금 및 후생비 2. 의료보험, 산재보험, 고용보험, 국민연금 사업자부담금 3. 임시적 재해 보상금 4. 동호회 및 연구모임 지원경비 5. 맞춤형 복지제도 시행경비 6. 소속직원 생일 기념 소액 경비 7. 청사이전에 따른 이주지원비

	시험연구비
	(13)
		1. 국가시험연구기관 및 방위력개선 사업에서 시험연구에 직접 관련된 다음의 경비
		  ① 일용임금(110-03)
		  ② 일반수용비(210-01)
		  ③ 공공요금 및 제세(210-02)
		  ④ 피복비(210-03)
		  ⑤ 임차료(210-07)
		  ⑥ 연료비(210-08)
		  ⑦ 시설장비유지비(210-09)
		  ⑧ 재료비(210-11)
		  ⑨ 여비(220)
		  ⑩ 연구개발비(260)

	일반용역비 (14)	1. 기관의 업무추진 과정에서 전문성이 필요한 행사운영, 채용, 영상자료 제작 등의 일반업무를 용역계약을 통해 대행시키는 비용
	관리용역비 (15)	1. 청사의 시설관리 또는 장비의 유지관리, 전산 운영 등 기관의 운영 과정에 필요한 시설장비의 유지관리 업무를 용역 계약을 통해 외부에 대행시키는 비용
	기타운영비 (16)	1. 의료비(약품·소모성 의료기기 구입, 공상치료비 등) 2. 과(팀) 운영비 3. 자체교육 강사료 및 시험관리비 4. 기타 사업수행과정에서 수반되는 경비
여비 (220)	국내여비 (01)	1. 국내 출장경비로서 각 기관이 정한 기준에 따른 실 소요 경비 2. 인사이동에 따른 이전여비 3. 월액여비 4. 교육여비

	국외여비 (02)	1. 국외 출장경비로서 각 기관이 정한 기준에 따른 실 소요 경비
		2. 외빈초청에 따른 여비(숙식비 및 항공료 등 교통비)
	국외교육여비 (03)	1. 장·단기 공무원 교육훈련 등을 위한 국외훈련여비
업무 추진비 (240)	사업추진비 (01)	1. 사업추진에 특별히 소요되는 간담회비, 접대비, 연회비 및 기타 제경비 - 정례회의 경비, 외빈초청 접대 경비, 해외출장 지원 경비, 행사 경비 등 2. 체육대회, 종무식 등 공식적인 업무추진 소요 경비 - 동호회 취미클럽, 생일기념품, 불우직원지원 등 직원사기 진작을 위한 경비
	기관업무비 (02)	1. 업무협의, 간담회 등 각 부서의 기본적인 운영을 위해 소요되는 경비
직무 수행 경비 (250)	월정직책급 (01)	1. 각급기관의 운영을 위하여 조직을 규정한 법령 또는 직제에 의한 직위를 보유한 자에게 정액으로 지급하는 경비
	특정업무경비 (02)	1. 특정업무담당분야에 근무하는 자에 대한 활동비로 월액액을 지급하는 경비
	교수보직경비 등(03)	1. 교수보직 경비 등
연구 개발비 (260)	연구개발비 (01)	1. 각급기관의 연구 등을 위촉받은 자의 조사, 강연, 연구 등 용역에 대한 반대급부
		2. S/W 개발 경비(감리비 포함)
보전금 (310)	보상금 (01)	1. 사회보장적 수혜금 2. 장학금 및 학자금 3. 의용소방대원지원 경비 4. 자율방범대원운영비 5. 통장이장반장활동보상금 6. 민간인 국외여비 7. 외빈초청여비 8. 사회복무요원 보상금 9. 행사실비보상금 10. 예술단원운동부 등 보상금 11. 기타보상금 12. 이주보상금 13. 재해 및 복구활동 보상금
	배상금 (02)	1. 손해배상금, 국가배상금 2. 망실, 도난, 미회수금의 보전금 3. 법령에 의하여 증인, 감정인, 참고인, 공술인에 대한 실비변상금
	포상금 등 (03)	1. 법령 또는 조례에 의한 모범 직원 산업시찰 경비 2. 생계지원에 필요한 경비 3. 해외 파견 직원의 학자금 4. 영유아보육법 제14조에 의한 보육비 5. 법령에 의하여 반대급부 또는 채권채무의 원인행위 없이 일방적으로 상대방 또는 기관에 대하여 급여하는 포상금, 상여금 및 상금
	기타보전금 (04)	1. 유공자 수당, 학자금, 재난지원금, 기타 사회보장성 지원금 등
민간 이전 (320)	민간경상 보조(01)	1. 국가 외의 자가 보조금을 재원의 전부 또는 일부로 하여 상당한 반대급부를 받지 아니하고 그 보조금의 교부 목적에 따라 다시 교부하는 급부금(지원금)
	민간위탁 사업비 (02)	1. 법률에 규정된 국가의 사무 중 일부를 지방자치단체가 아닌 법인·단체 또는 그 기관이나 개인에게 맡겨 그 명의·책임 하에 행사하는 경우의 비용
	연금지급금 (03)	1. 공무원연금법, 군인연금법에 의한 연금 및 재해보상금 등 제급여 2. 공무원연금법의 적용을 받지 않은 기타직 과 일용직 등에 대한 퇴직금 및 각종 부담금
	보험금 (04)	1. 보험금, 제보험금 등 보험 지급금

제1부 예산편성

	이차보전금 (05)	1. 특정 목적을 위하여 필요한 자금이 일반 대출금리 또는 조달금리보다 낮은 금리로 조성될 수 있도록 하기 위하여 지원되는 경비(환차손 포함)
	구호 및 교정비 (06)	1. 환자·수용자 및 요구호대상자에게 급여 또는 대여하는 　- 피복의 구입비 　- 피복을 직접 제조·지급할 경우에는 피복 제조에 소요되는 재료비, 노임, 운반, 기타 제경비 　- 주·부식물 생산에 필요한 제경비 　- 주·부식물을 조리 및 취사하기 위하여 필요한 소모성 소도구 구입비 　- 치료비 및 시약대 2. 교정시설 관련 부대 경비
	민간자본보조(07)	1. 국가 외의 자가 보조금을 재원의 전부 또는 일부로 하여 상당한 반대급부를 받지 아니하고 그 보조금의 교부 목적에 따라 민간의 자본형성을 위하여 다시 교부하는 보조금
	민간대행사업비(08)	1. 정부가 직접 추진해야 할 사업으로서 법령의 규정에 의하여 민간에 대행시키는 사업의 사업비
	고용부담금 (09)	1. 공무원연금법의 적용을 받지 않은 기타직, 상용직, 일용직 등을 고용함에 따라 사용자인 기관이 부담해야하는 퇴직금 및 사회보험료 등 각종 법정 부담금 2. 국민건강보험법 제 76조에 의해 공무원 및 사립학교 교원의 보험액 중 국가가 납부해야하는 부담금
	기타 부담금 (10)	1. 기타 부담금
자치단체 등 이전 (330)	자치단체 경상보조(01)	1. "보조금 관리에 관한 법률"에 의한 보조금 중 자치단체에 대한 경상적 지원하는 보조금 2. 시도에서 관할 시·군·자치구에 지급하는 자본적 경비를 제외한 보조금 3. 지방자치단체를 통하여 민간에게 지급하는 경상적 지원으로 자본적 경비를 제외한 보조금 4. 교육기관에 대한 경상적 보조금
	자치단체 자본보조(02)	1. "보조금 관리에 관한 법률"에 의한 보조금 중 자치단체에 자본형성 또는 경제개발을 위하여 지급하는 보조금
	자치단체 대행사업비 (03)	1. 국가가 직접 추진하여야 할 사업이나 법령의 규정에 의하여 지방자치단체에 대행시키는 사업비
기타이전 (340)	해외 경상 이전 등(01)	1. 해외교육비 등
	국제화 부담금(02)	1. 국제 부담금
	해외 자본 이전 등(03)	1. 국외교포 또는 외국기관에 지급하는 자본형성 보조금
출연금 (350)	일반 출연금 (01)	1. 법령 또는 조례에 의거 민간 및 법인에게 지원하는 출연금
	연구개발 출연금 (02)	2. 연구개발을 위한 출연금
토지 매입비 (410)	토지매입비 (01)	1. 사무실, 창고, 공장 등의 부지 및 기타 토지 매입비 2. 건물 및 토목공사에 편입되는 토지 및 건물의 보상비와 동공사로 인한 손실(경영권, 광업권, 어업권, 이전비, 이농비 및 실어비 등)에 대한 보상비 3. 1~2로 인한 재산권 변동을 위한 등기 등록비, 감정수수료, 측량수수료 등 부대경비
건설비 (420)	기본조사 설계비 (01)	1. 사업계획을 기초로 하여 기술적, 경제적 타당성 조사 및 교통·환경영향평가와 사업기본계획수립에 소요되는 경비 2. 주요설계 시행지침, 예비설계, 기본설계 및 개략공사비 산정에 소요되는 경비 3. 일괄입찰 또는 대안입찰방식으로 집행방법이 확정된 공사의 발주에 따른 설계보상비 지급에 소요되는 경비
	실시설계비 (02)	1. 기본계획 및 기본설계를 바탕으로 하여 공사현장에서 공사집행이 가능한 설계 작성에 소요되는 경비
	시설비 (03)	1. 건물, 공작물, 구축물, 대규모 기계장치, 기구의 신조 및 동 부대시설에 필요한 경비 2. 전력신호 및 전신전화, 선로시설비와 동 부대경비

		3. 토지정지공사비 4. 조림, 육림 및 병해충 방제에 필요한 경비 5. 도로, 하천 등의 건설 및 개보수비와 이에 따른 소규모 용지보상비 6. 직영공사일 경우에는 공사에 직접 소요되는 재료비·노임·운반비 등 기타 제경비 7. 전신전화가입/가설료, 무선허가신청료 및 검사료 등 8. 건물, 기계, 기구, 선박 및 기타 공작물의 수선비(재료비 포함)와 도장공사비 등 내용연수를 현저히 증가시키는 수리비 또는 대체비
	감리비 (04)	1. 도로, 항만 등 건설공사와 청사 등 건축공사의 현장관리와 품질향상을 위하여 위탁받은 자의 조사·감독·검사 등 감리용역에 소요되는 경비
	시설부대비 (05)	1. 도로, 하천, 항만 등의 건설, 대수선 또는 재산취득 등에 직접 소요되는 부대경비
유형 자산 (430)	자산취득비 (01)	1. 건물 및 공작물(토지를 포함하여 취득하는 경우에 토지매입비가 구분되지 않은 경우는 이를 포함) 대규모 기계, 기구, 차량 및 임목죽 등의 취득비
		2. 차량, 운반구 및 공구·기구 비품
		3. 물건의 성질 및 형상이 변하지 않고 비교적 장기간 사용할 수 있는 기계기구(부속품 포함) 및 사무집기류
		4. 도서관용 등 자본형성적 도서 구입비
		5. 서류함, 책상, 의자, 전화기 등 사무용 집기류의 구입비, 문화 예술품 취득 경비
		6. 자산취득에 직접 소요되는 제세, 수수료 등 부대경비
무형 자산 (440)	무형자산(01)	1. 임대차 계약에 의한 청·관사 보증금 및 전세금
융자금 (450)	융자금(01)	1. 지역개발기금을 일반회계에 융자해 주는 융자금 2. 시도 지역기금이 시군구에 융자해 주는 융자금 3. 비금융공기업, 통화금융기관, 비통화금융기관 등 공공기관 융자금 4. 기타 융자금
출자금 (460)	출자금(01)	1. 법령의 규정에 의하여 출자 할 수 있도록 정해진 단체에 출자한 금액
예치금 및 유가증권 매입 (470)	예치금 및 유가증권 매입 (01)	1. 예치금 및 유가증권 매입
예탁금 (480)	예탁금 (01)	1. 유상으로 빌려주는 자금
지분취득 비 (490)	지분취득비 (01)	1. 토지 등에 대하여 지분을 재산으로 취득하는 자금
정산금 (500)	정산금 (01)	1. 집행실적에 따른 사후정산형 보조사업 등과 같이 보조사업자가 집행비목을 관리할 실익이 없거나 관리되지 않을 경우 처리되는 금액
상환 지출 (510)	국내차입금 상환 (01)	1. 중앙정부부문과 비금융공기업부문인 기업회계 간에 유상으로 빌려온 자금의 원금상환 2. 공공분야가 통화금융기관(예금은행)으로부터 유상으로 빌려온 차입금 원금상환 3. 공공분야가 비통화금융기관으로부터 유상으로 빌려온 차입금 원금상환 4. 공공분야가 기타 민간부문으로부터의 차입금 원금상환 5. 공공분야가 발행한 국공채 원금상환 6. 공공분야가 통화당국인 한국은행으로부터의 차입금 원금상환
	해외차입금 상환 (02)	1. 해외차입금(차관) 원금의 상환 2. 차관을 제외한 해외채무(원금)의 상환
	차입금이자 (03)	1. 중앙정부부문과 비금융공기업부문인 기업회계 간 차입금에 대한 이자 2. 공공분야가 발행한 국공채이자 지급 3. 금융기관 기타 국내차입금에 대한 이자 4. 국제차관에 대한 이자 및 약정 수수료 5. 차관을 제외한 기타 해외채무에 대한 이자 지출
전출금	전출금(01)	1. 일반회계, 기타특별회계, 기금 회계간 전출금

(610)		2. 공공기관 전출금
		3. 법정 및 조례에 따른 자체적인 부담금
	감가상각비 (02)	1. 고정자산중 상각자산에 대한 감가상각비 및 기타 이연자산에 대한 상각비
	당기순이익 (03)	1. 당기손익계산상의 순이익
	예탁금(04)	1. 회계간 예탁금 2. 예치금 포함 여부
	예수금 상환(05)	1. 예수금 원금 및 이자 상환액
반환금 등(710)	예비비 (01)	1. 예측할 수 없는 예산외의 지출 또는 예산 초과 지출액에 충당하기 위한 자금 2. 국가재정법상 독립기관의 특수성을 감안하여 국회법 등의 개별법에 근거하여 편성 운용하는 경비
	반환금 등 기타(02)	1. 보조금반환 원금 및 이자 2. 보조금 이외 반환금 3. 배당금 4. 유형자산처분손실, 자산손상차손 등 잡손금 5. 차기이월 6. 법인세, 자본적 지출 7. 전기오류수정손실, 감가상각비 등

고용노동부「2024년 지역·산업맞춤형 일자리창출 지원사업 시행지침」은 인건비 20% 이하, 직접사업비 65% 이상, 간접사업비 15% 이하로 규정하고 있으므로, 이와 같이 별도의 규정이 있는 경우 규정에 따라서 예산을 편성해야 한다.

또한 예산편성 시 구체적인「산출근거(단가×수량×횟수= 금액)」를 제시하여야 하며, 포괄적으로 예산을 편성하는 것은 안 된다. 즉, 잡비 등 구체적인 사용목적이 나타나지 않는 예산은 편성할 수 없다.

일반적으로 편성·지출할 수 없는 비용은 다음과 같다.

- 동산·부동산·권리의 구입·개발·수선, 시설비·수선비·시설부대비·전신전화설비 등 자본적 경비(컴퓨터, 에어컨 등 내구재 구입, 단체의 홈페이지 구축, 모바일 앱 개발, 판매용 도서 등 권리·자산가치가 생성·증가하는 경비)
- 상근직원 인건비, 단체의 사무실 임차료·공과금·전화요금, 차량유지·관리비(수리비, 보험료 등) 보조사업에 직접 소요되지 않는 단체 운영경비
- 연구기관, 연구소 등 전문기관에 일괄 의뢰하여 사업비로 지출하는 경비
- 기부금, 시상금, 격려금(상품권 등) 등 현금성 지출 경비
- 국제사업의 경우, 사업목적 달성과 직접적인 관련이 없는 단기성 해외 방문경비 및 이벤트성 행사경비
- 사업비를 단체의 창립기념일·총회·대의원회의 등과 연계하여 소요되는 경비

그 밖에 예산편성 시 유의해야 할 사항은 다음과 같다.

- 수당, 복리후생비, 여비 등 보조사업자가 자체적으로 정한 지급규정이 있는 경우 해당 보조비목은 보조금지원기관의 승인을 득한 후 규정에 따라 계상하며, 별도로 정한 규정이 없는 경우에는 정부 및 지방자치단체 예산 편성·집행지침 등을 준용하여 계상한다. 다만, 보조금지원기관이 불가피하다고 인정하는 경우 실제 필요한 경비를 계상할 수 있다. 보조사업자가 정한 규정이란 보조사업을 수행하기 이전부터 적용하던 규정을 말한다.
- 시제품, 시험설비, 제작설치물 등을 보조사업자가 자체 제작하는 경우에는 인건비 및 운영비 등에 계상하여야 하며, 별도의 항목으로 일괄 계상할 수 없다. 다만, 외부기관이 제작할 경우 일괄적으로 적절한 보조비목으로 계상할 수 있다.
- 사업기간이 1년 미만이면, 사무기기·집기 등은 임차하여 사용한다. 다만, 보조금지원기관이 불가피하다고 인정하는 경우 유형자산 비목으로 계상할 수 있다.
- 동일 지출건을 보조금과 자기부담으로 일정 부분씩 나눠서 편성할 수 없다. 즉, 책자 발간 인쇄비를 보조금 인쇄비에 50만 원 계상하고, 자기부담 인쇄비에 50만 원을 계상해서는 안 된다.
- 지출단가에 대한 보조금지원기관의 지침이 있는 경우에는 이를 적용하고, 지출단가에 대한 지침이 없는 경우 조달청 가격 또는 (사)한국물가정보에서 제공하는 물가정보를 참조해서 산정한다.

제1부 예산편성

「충청남도 지방보조금 관리지침」의 예산서 예시는 다음과 같다.

6. 보조사업 재정운영 계획서
   <세입예산>   (단위 : 천 원)

비 목		금 액	세 입 내 용
합 계			
자체수입	소 계		
	협회비		○
	--		○
보조금수입	소 계		
	도비보조금		○
			○

<세출예산>   (단위 : 천 원)

세부사업명	예산항목	세부항목	금액	산 출 기 초
	합계			
	보조금 소계			
	인건비 (수당)	강사료		○단가(원)×수량(명, 부, 회 등) = 천 원
		회의참석비		
		단순인건비		
	홍보비 및 활동비	홍보비		
		인쇄비		
		사무용품비		
		--		
	사업비	임차료		
		식비		
		국내여비		
		--		
	자부담 소계			

※ 예산항목과 세부항목은 사업 특성에 따라 부서에서 변경하여 사용 가능
※ 단체운영비 명목의 지출경비 및 예비비, 잡비 등 사용목적 불분명한 예산 편성 불가
※ 산출기초의 강사료, 원고료, 회의참석수당, 식비 등 지급단가는 「예산편성 운영 세부기준」 및 「민간보조금 원가산정 주요단가 기준, 지출항목별 집행기준, 공무원교육원 강사수당 및 원고료 등 지급기준」적용. 단, 법령 또는 조례 등에 다르게 기준을 제시한 경우에는 예외 가능

② 운영비 교부 불가

보조금지원기관은 「법령」에 명시적 근거가 있지 않으면 보조금을 운영비로 교부할 수 없으므로 유의해야 한다.

- 법령
  법령은 「법률, 대통령령, 총리령, 부령」까지를 말하며, 자치법규인 조례와 규칙은 해당하지 않는다. 다만, 법령의 구체적인 위임에 따라 자치법규로 발하는 경우는 법령의 범위에 포함할 수 있다.

- 명시적 근거
  운영비를 지원할 수 있다고 법령의 조문에 명확히 규정하고 있거나, 명확히 규정하고 있지 않더라도 운영비를 지원할 수 있는 의미가 포함된 규정까지를 포함한다. 운영비 지원 근거로 명확한지 판단이 필요한 경우는 법령 소관 부처에서 관련 규정에 대하여 보조금으로 운영비를 지원할 수 있다고 법령해석을 하는 경우에 지원이 가능하다.

> **지방자치단체 보조금 관리에 관한 법률**
> **제6조(지방보조금의 예산 편성 및 운영)** ② 지방자치단체의 장은 법령에 명시적 근거가 있는 경우 외에는 지방보조금을 운영비로 교부할 수 없다. 이 경우 운영비로 사용할 수 있는 경비의 종목은 대통령령으로 정한다.

보조금으로 운영비를 지원할 수 있는 규정과 그렇지 않은 규정의 예시는 다음과 같다.

구분	규정
운영비 지원 규정이 명확하여 보조금을 지원할 수 있는 경우	~의 설치·운영에 필요한 비용 ~운영에 필요한 경비 ~단체의 설립 및 운영을 지원
운영비 지원 근거로 명확한지 판단이 필요한 경우	~그 활동(시설) 등에 필요한 경비 지원 ~지원·육성에 필요한 비용 지원 ~업무수행에 필요한 경비 ~단체에 필요한 경비(재정) 지원

	~활성화를 위한 예산 등 지원 ~필요한 자금의 일부 지원 ~의 관리에 드는 경비 지원
보조금으로 운영비를 지원할 수 없는 경우	• 사업비 보조인 경우 ~사업수행에 필요한 비용 ~에 필요한 복장 및 장비를 지원 ~시설의 설치.관리 및 개선비용 지원 • 법령의 구체적인 위임 없이 조례 또는 규칙으로 정한 경우

따라서 운영비는 다음 법령해석에서 살펴볼 수 있듯이, 명시적 규정이 없으면 보조금으로 교부할 수 없다. 다음 법령해석을 살펴보자.

법령해석 사례
안건번호 16-0279. 노동부-지역 노동단체에 운영비를 교부하기 위한 법령의 명시적 근거

1. 질의요지
○ 그동안 조례를 근거로 시·도 소유 건물 또는 직접 임차한 타인 소유 건물을 지방자치단체에서 지역 노동조합 등 노동단체의 운영사무실로 무상제공하는 사례가 있었음.
○ 노동단체에 대한 운영비 교부와 관련하여 「노사관계 발전 지원에 관한 법률 시행령」 제3조 등이 「지방재정법」 제32조의2제2항에 따른 운영비 교부의 법령상 명시적 근거에 해당하는지 대하여 행정자치부가 고용노동부에 질의함에 따라 고용노동부에서 이를 명확히 하기 위하여 법제처에 법령해석을 요청함.

2. 회답
노사관계발전법 제3조제1항은 지방자치단체로 하여금 노사관계 발전을 위한 국가의 시책에 협조하여야 하고, 지역 노사민정 간 협력 활성화를 위하여 노력하여야 한다는 포괄적인 책무를 규정하고 있는 추상적·선언적 규정이라 할 것이므로 해당 규정은 지역 노동단체의 운영비에 대한 지방교부금 교부의 명시적 근거가 될 수 없다고 할 것입니다.
「근로복지기본법」 제4조는 국가 또는 지방자치단체가 근로복지정책을 수립·시행하는 경우에 근로복지정책의 기본원칙에 따라 예산 등의 지원을 하여 근로자의 복지증진이 이루어질 수 있게 노력하도록 하는 포괄적인 책무를 규정하고 있는 추상적·선언적 규정이라 할 것이므로, 지역 노동단체의 운영비에 대한 지방교부금 교부의 명시적 근거가 될 수 없다고 할 것입니다.

법령에 명시적 근거가 있으면 인건비, 사무관리비, 임차료 및 특별히 필요하다고 인정하는 경비로 사용가능하다. 다만, 특정사업의 추진에 따라 그 사업 기간 동안 직접 소요되는 경비는 운영비가 아니고 직접사업비에 포함한다.

> **지방자치단체 보조금 관리에 관한 법률 시행령**
> **제3조(운영비 사용 경비의 종목)** 「지방자치단체 보조금 관리에 관한 법률」(이하 "법"이라 한다) 제6조제2항 전단에 따라 법령에 근거하여 지방보조금을 운영비로 교부하는 경우 그 운영비로 사용할 수 있는 경비의 종목은 다음 각 호와 같다. 다만, 각 호의 경비가 지방보조사업을 수행하는 데 직접 드는 경비인 경우는 제외한다.
> 1. 인건비
> 2. 사무관리비
> 3. 임차료
> 4. 그 밖에 지방자치단체의 장이 다른 지방자치단체, 법인·단체 또는 개인 등이 수행하는 사무 또는 사업 등의 기본적인 운영을 위하여 특별히 필요하다고 인정하는 경비

③ 예비비 편성 불가

운영비를 편성할 수 없지만, 예비비도 편성할 수 없다. 긴급재난 대책을 위한 보조금 이외에는 보조금에 대한 예비비 계상을 할 수 없다.

> **지방재정법시행령**
> **제48조(예비비 사용의 제한)** 업무추진비·보조금(긴급재난대책을 위한 보조금을 제외한다)에 대하여는 법 제43조의 규정에 의한 예비비의 계상을 할 수 없다.

4 사례탐구

- 사업계획서의 사업비 산출내용에 구체적인 산출내용을 기재하지 않고, '문화공연 1식', '주먹밥행사 1식' 등으로 기재하여 보조사업 내용 및 금액 산정의 적정 여부를 확인할 수 없다.

- 교부신청서를 제출하면서 항목별 산출기초를 '전년도 집행참고', '전년대비 물가상승률 고려' 등으로 기재하여 산출기초가 산정되지 않아 보조사업에 소요되는 경비의 적정성을 파악할 수 없게 사업계획서가 제출되었음에도 이에 대한 보완 등 조치 없이 보조금 ○○백만원을 2년간 교부처리 함.

- 보조사업자는 실제 소요될 인건비를 산정하여 예산안을 편성한 것이 아니라 총 위탁사업비의 70%에 해당하는 금액을 기준으로 하여 전담인력 3명을 기준으로 예산계획을 제출하였다.

- 보조사업자는 일반관리비를 세부항목별로 예산 편성을 하지 않고 총금액으로 설정했으며, 비품사용, 수탁업체 인원 출장비, 교육비 등으로 지출했다.

- 보조사업자는 예산편성 당시 지급수수료를 책정하지 않았는데 카드수수료를 지출했다. 당시 지급수수료 항목을 예상하지 못해 예산안 편성이 이루어지지 않았으며 이 때문에 초과지출이 발생했다.

- 보조사업자는 전담인력 7인 기준으로 사업계획을 보조금지원기관에 제출했으나 예산 제약으로 실제 3인의 인건비만 지급하고 나머지 4인은 결과적으로 무상으로 일한 것으로 처리했다. 향후에는 수탁사업의 규모·내용·기간 등을 고려하여 실제 투입가능한 적정인원을 산정하여 예산의 범위 내에서 해당 인력의 인건비를 지출할 수 있도록 전담인력 운용계획을 수립해야 한다.

- 보조금지원기관이 조례에 「시장이 필요하다고 인정하는 경우에는 예산의 범위 안에서 운영비의 일부를 지원할 수 있다」고 부적정하게 규정했다.

- 법령에 명시적 근거가 없는 경우에는 ○○○ 상근직원에 대한 인건비를 지급해서는 안 됨에도, 「○조례」에 따라 민간경상사업보조로 상근직원 ○명에 대한 인건비 ○○백만원을 부적정하게 지원했다.

제1부 예산편성

- 지방보조금 예산으로 '환경정화사업'의 인건비를 지급하는 것이 가능한지 여부
  ⇒ 「지방자치단체 보조금 관리에 관한 법률」제6조제2항에 따라 법령의 명시적 근거가 있는 경우가 아닌 한 지방보조금을 운영비로 교부할 수 없다. 여기서 '운영비'란 일반적으로 조직이나 기구 따위의 경영에 소요되는 경비로서 그 법인 또는 단체의 기본적인 업무수행에 필요한 인건비, 여비, 시설운영비, 재료 및 장비 구입비 등이 이에 해당한다. 다만 법인 또는 단체의 운영비가 아닌 특정 보조사업의 추진에 따라 그 사업의 목적달성을 위하여 그 사업기간 동안 직접 소요되는 인건비, 재료비, 임차비 등은 '운영비'에 포함되지 않는다. 따라서 보조사업자의 보조금 집행항목이 '인건비'라 하여 일률적으로 운영비에 해당한다는 판단을 할 수 없으며 그 집행경비가 법인 또는 단체의 기본적인 업무 수행에 필요한 운영경비인지 아니면 특정 보조사업 추진에 직접 소요되는 사업경비인지를 기준으로 판단하여야 할 사항으로 이는 '환경정화사업'의 계획 및 내용, 보조금 집행계획, 보조사업자(사회적협동조합)의 성격 등을 종합적으로 고려하여 해당 지방자치단체에서 판단해야 한다.

3. 사업자 선정

1 사업자 선정

보조사업자를 선정할 때에는 재무안정성, 자기부담 능력, 사업능력, 사업관리체계의 적정성 등을 고려하여 선정한다. 이때 보조사업 수행대상에서 배제되거나 보조금 교부를 제한받은 경우와 보조금 중복수급인 경우는 제외하여야 한다. 특히 중복수급을 방지하기 위하여, 보조금지원기관은 보조사업자의 중복수급 여부와 수급자격의 적격여부를 보조금시스템을 통해 확인·점검할 수 있다.

사업자가 선정되면 사업자에게 통보하고, 다음과 같은 사항이 포함된 협약서를 체결한다.

- 수탁자의 의무
- 위탁내용
- 위탁기간
- 예산지원액
- 협약내용을 위반했을 경우 의무이행 등

제1부 예산편성

② 사례탐구

- 보조사업자를 선정하면서 홈페이지 또는 공보 등을 통해서 사업자를 공모하지 않고, 별도의 공모 절차 없이 읍면동 수요조사를 통하여 보조사업자를 선정했다.

- 보조사업자 선정 공고에 부합하는 보조사업자가 없으면 재공모를 하거나 사업비를 반납해야 함에도, 별도 규정 없이 내부검토 평가점수가 가장 높은 사업자를 선정했다.

- ○진흥원이 주관하는 사업에 참여하려는 기관은 신청일 또는 이후 현재 국세, 지방세 체납 사실이 없는 경우에만 사업에 참여할 수 있도록 되어 있다. 그러나, 주식회사□는 ○진흥원의 3개 과제를 선정할 당시 근로소득세를 체납하고 있었고, 신청일 이후 같은 해에도 ○○천원을 체납하고 있었다. 주식회사◇은 사업자로 선정될 당시까지 건강보험료와 국민연금보험료 총 ○○백만 원을 체납하고 있었다. 주식회사▷도 국민연금 보험료를 체납하고 있는 등 사업신청서 선정일까지 총 ○백만 원을 체납하고 있었다. 그런데도, ○진흥원은 주식회사□ 등이 '지원업체 참여제한 체크리스트'에 "신청일 또는 현재 국세 또는 지방세 체납 사실이 없다"라고 기재하여 참여 신청서를 제출하였는데도, 신청일 기준 국세 등 체납 여부를 실제로 확인할 수 있는 별도의 서류를 제출받지 아니한 채 이를 그대로 받아들여 위 업체를 보조사업자로 선정하였다.

- ○○사업소에서는 ○○ 지원사업 보조사업 공모 시 접수기간을 ○월 ○일 도착분까지 유효하다고 공고하고도 ○○사업자가 접수기한 이후 제출한 사업계획서를 정상 접수처리하여 보조금을 부적정하게 지원하였고, 이에 접수기한을 준수하지 않은 ○○사업자를 보조사업자로 선정함으로써 정상적으로 기한을 준수하여 신청한 □□□□사업자가 후순위로 탈락하게 되는 결과를 초래하였다.

- ○○지원사업 사업을 공모하면서 동일·유사사업으로 타기관에 중복 제출한 경우 지원을 제외한다고 공고하고, □□부서로부터 동일 신청단체의 동일한 사업에 대한 회신을 받고도 지방보조금심의위원회 심의 시 '타기관·단체 유사보조금 기금 등의 지원 여부' 항목에 '해당없음'으로 제출하여 총 3건의 동일(유사) 사업에 보조금 △△백만 원을 지원하였다.

- 농업법인을 농림축산식품분야 재정사업 자금지원대상자로 선정할 경우에는 당

해 법인의 구성원에 부적격자가 있는지 또는 총출자금이 1억 원 이상, 농업법인 중 영농조합법인은 농업인인 조합원이 5인 이상인지 여부를 철저히 확인한 후 선정하도록 되어 있다. ○군 ○과에서는 농업법인 총 출자금 1억 원 이상 조건을 충족하지 못한 ○영농조합법인을 '2018년 친환경농산물 ○ 지원사업' 대상자로 선정하여 보조금을 교부하였고, ◇과에서는 농업경영체 등록을 하지 않은 농업회사법인 ㈜○을 '2020년 농촌○ 활성화 ○지원사업' 대상자로 선정하여 보조금을 교부하는 등 보조사업 지원요건을 충족하지 못하였는데도 보조사업 대상자로 선정하여 보조금을 교부하였다.

4 민간위탁

① 민간위탁 협약서 작성

민간위탁 사업자를 선정하면, 민간위탁 협약서를 작성한다.

충청남도 사무의 민간 위탁 및 관리 조례
제11조(협약체결) ① 도지사는 수탁기관이 선정되면 수탁기관과 사무의 위탁에 관하여 협약을 체결하여야 한다.
② 협약서에는 수탁자의 의무, 위탁내용, 위탁기간, 예산지원액, 협약내용을 위반했을 경우 의무이행 등 필요한 사항이 포함되어야 한다.
③ 도지사는 수탁기관과 협약을 체결했을 때에는 사무위탁사실을 홈페이지와 공보에 게재하여야 한다.
④ 일반사무의 위탁기간은 3년 이내로 하고, 행정재산의 관리위탁기간은 「공유재산 및 물품관리법 시행령」 제19조제2항에 따라 5년 이내로 한다.

서울특별시의 「민간위탁 위·수탁 협약서(시설형)」 예시는 다음과 같다. 특히 고용노동부의 「민간위탁 노동자 근로조건 보호 가이드라인 실무 매뉴얼(2021)」을 참조하여 고용승계 등 노동자를 보호하기 위한 조항을 포함해야 한다.

서울특별시 ○○○○ 사무 위·수탁 협약서(표준안)

서울특별시(이하 "시"라 한다)와 △△△△△(이하 "△△"이라 한다)는 「○○○○에 관한 법률」 제○○조, 「공유재산 및 물품관리법」 제27조, 「서울특별시 ○○○○ 조례」 제○○조, 「서울특별시 공유재산 및 물품관리 조례」 제21조, 「서울특별시 행정사무의 민간위탁에 관한 조례」 제11조의 규정에 의하여 ○○○○ 사무의 위·수탁에 관하여 다음과 같이 협약을 체결한다.

제1조(목적) 이 협약은 "시"가 _ _ _ _ 의 목적을 위해 _ _ _ 에 관한 사무를 "△△"에게 위탁함에 있어 "시"와 "△△"의 권리·의무 등 필요한 사항을 규정함을 목적으로 한다.

제2조(기본원칙) "시"와 "△△"은 상호협력하여 위탁사무의 효율성을 높이고, 서울 시민의 공공복리가 증진될 수 있도록 노력하여야 한다.

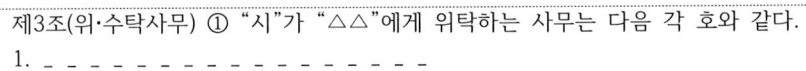

제3조(위·수탁사무) ① "시"가 "△△"에게 위탁하는 사무는 다음 각 호와 같다.
1. ----------------
2. ----------------
3. ----------------
② "△△"가 제1항에 의하여 사무를 위탁받음으로써 관리하는 재산(위·수탁 시설, 장비 등)은 붙임 1과 같다.
③ 제1항의 위·수탁사무 중 조정이 필요한 경우 "시"와 "△△"이 협의하여 위 . 수탁 사무의 범위를 조정할 수 있다.

제4조(위·수탁기간) ① 이 협약에 의한 사업의 위·수탁기간은 20○○년 ○월 ○일부터 20○○년 ○월 ○일까지로 한다.
② 제1항에도 불구하고 불가피한 사유가 있는 경우 "시"와 "△△"이 협의하여 사업기간을 조정할 수 있으며, 위탁기간 연장은 1회에 한하여 90일 범위내에서 연장할 수 있다.

제5조(수탁재산의 관리) ① "△△"은 수탁재산(수탁기간 중 신·증축, 개·보수, 구입 등을 통하여 취득한 시설, 장비 등도 포함하며 이하 같다)을 관리·운영함에 있어 선량한 관리자로서의 주의의무를 다하여야 하고, 수탁사무 외의 용도로 사용해서는 아니 된다.
② "△△"은 이 협약 체결 후 수탁재산 신·증축, 개·보수, 주요 장비의 구입·폐기 등 수탁재산의 현황에 변경을 가하고자 하는 경우 사전에 "시"의 승인을 얻어야 한다. 그 밖의 사유로 인하여 수탁재산의 현황이 변경된 경우 "△△"은 이에 관하여 "시"에 즉시 보고하여야 한다.
③ "△△" 또는 제3자의 책임있는 사유로 수탁재산에 손해가 발생하는 경우 "△△"는 "시"에게 그 손해를 배상하여야 한다. 다만, 천재지변 등 불가항력의 경우에는 그러하지 아니한다.
④ "△△"은 이 협약 체결 후 "시"에서 시설물이나 장비 등을 설치 또는 구입(신·증축, 개·보수 포함)하거나, 그 밖의 사정으로 수탁재산에 변경이 있는 경우 대장에 기록하고 관리하여야 한다.
⑤ 이 협약 체결 후 수탁사무와 관련하여 "시"의 예산 또는 사무로 인하여 발생한 수입금으로 "△△"이 설치하거나 구입(신·증축, 개·보수 포함)하는 시설물 및 시설물 및 장비 등은 지체 없이 "시"에게 기부하고, 수탁재산에 포함하여 대장에 기록하고 관리하여야 한다.
⑥ "△△"은 천재지변 등 긴급을 요하여 부득이한 경우 "시"의 승인 전에 필요한 조치를 하고 사후에 보고할 수 있으며, 이 경우 "시"는 "△△"의 조치에 대하여 보완 등의 조치를 요구할 수 있다.
⑦ "△△"은 수탁사무와 관련하여 지적재산권을 취득한 경우 그 권리(위탁시설의 홈페이지 또는 운영 프로그램 개발 등을 포함함)를 "시"에게 귀속시켜야 한다. 다만, "시"는 해당 지적재산권의 활용에 있어 시민에게 공개·공유하여 활용하는 방식을 우선적으로 고려해야 한다.
⑧ "△△"은 수탁재산에 대한 매수청구권 등 일체의 권리를 주장할 수 없으며, 수탁재산을 제3자에게 권리설정, 양도, 전매, 대여, 교환하거나 그 관리를 위탁할 수 없다.
⑨ "△△"은 수탁재산에 대하여 정기적으로 점검(안전점검 포함)하여야 하며 그 계획 및 결과를 "시"에 제출하여야 한다.

제6조(중장기 성과관리계획) ① "△△"은 사업내용과 경영환경 등을 고려하여 당해 연도를 포함한 협약기간 내의 중장기 성과관리계획을 "시"와 협의를 거쳐 수립하고 협약 체결일로부터 3개월 이내에 제출하여야 한다.
② 제1항의 중장기 성과관리계획상 성과목표는 구체적으로 설정하여야 하며 "△△"은 성과목표 달성을 위해 최선을 다하여야 한다.

제1부 예산편성

제7조(사업계획) ① "△△"은 다음 연도 사업 및 운영계획서를(이하 '사업계획서'라 함) 전년도 ○월말까지 "시"에게 제출하여 승인을 받아야 한다. 단, 당해 연도(최초 연도) 사업계획서는 이 협약 체결일로부터 15일 이내에 제출하여야 한다.
② 사업계획서에는 위탁사무의 서비스 목표 수준을 명확히 설정하고, 목표 달성 여부를 측정할 수 있도록 성과목표를 구체적으로 설정하여야 한다.
③ 제1항의 사업계획서에는 "△△"의 사업수행에 필요한 기구·인력운용 및 시설 안전관리 계획을 포함하여야 하며, 기구·인력 운용 계획에는 노동자의 채용·급여·복리후생 등 노동조건을 포함하여야 한다.
④ "시"는 당해 연도 예산의 범위 안에서 제1항의 사업계획을 승인하되, "△△"의 사업계획서에 대하여 수정·보완을 요구할 수 있다.
⑤ "△△"은 부득이한 사유로 사업계획을 변경하고자 하는 경우 사전에 상호간 변경 협의를 거쳐야 한다.
⑥ "△△"는 제5항에 따라 변경한 사업계획서에 대하여 "시"의 서면 승인을 받아야 한다.
⑦ "△△"은 제1항의 사업계획서에 따른 연간 업무 달성 및 진척도, 전반적인 현황에 대하여 당해 사업연도의 종료일로부터 ○○일 이내에 "시"에게 보고하여야 한다.

제8조(사업의 수행) ① "△△"은 제7조에 의한 사업계획에 따라 사업을 수행하여야 하며, 사업의 목적을 달성할 수 있도록 최대한의 능력을 발휘하여 사업을 성실하게 수행하여야 한다.
② "△△"은 수탁사무의 종류별 처리부서·처리기간·처리과정·처리기준·구비서류·서식과 수수료 등을 구분하여 사무편람을 작성하고 "시"의 승인을 얻어 비치하여야 한다. "△△"은 사무편람을 개정하고자 하는 경우에도 "시"와 사전에 협의하고, 이에 대하여 승인을 얻어야 한다.
③ "△△"은 사업을 수행함에 있어 사무 처리를 지연거나 부당하게 하여서는 아니 되며, 이용자와 참여자 등에게 불필요한 서류를 요구하거나 부당하게 비용을 징수하는 행위를 하여서는 아니 된다.
④ "△△"은 사업을 수행함에 있어 사업목적에 맞는 자에게 공정한 기준과 절차에 따라 참여의 기회를 제공하고, 부당하게 차별하여서는 아니 된다.
⑤ "△△"은 사업을 수행함에 있어 특정 종교·정당의 명칭을 사용하거나 종교적·정치적 활동을 할 수 없으며, 소속 노동자, 이용자와 참여자 등 모두에 대하여 종교·정치 성향을 이유로 차별하여서는 아니 된다.

제9조(중대재해 예방) "△△"은 ＿＿ 사무를 수행함에 있어 중대재해처벌법 상 의무를 확인하고, 종사자의 안전·보건상 유해 또는 위험 방지 및 관련 시설 이용자의 생명, 신체의 안전을 위해 다음 각 호의 조치를 하여야 한다.
1. 재해예방에 필요한 인력·예산·점검 등 안전보건관리체계의 구축 및 그 이행에 관한 조치
2. 재해 발생 시 재발방지 대책의 수립 및 그 이행에 관한 조치
3. 중앙행정기관·지방자치단체가 관계 법령에 따라 개선, 시정 등을 명한 사항의 이행에 관한 조치
4. 안전·보건 관계 법령에 따른 의무이행에 필요한 관리상의 조치

제10조(자부담 계획의 이행) ① "△△"은 수탁기관 선정시 제안한 연도별 자부담 계획을 성실히 이행하여야 한다.
② "△△"은 자부담계획에 따른 연도별 집행계획을 구체적으로 수립하여 매년 ○월 말일까지 제출

하여 "시"의 승인을 받아야 한다.

제11조(노동약정 이행 등) ① "△△"은 소속 노동자가 업무를 성실히 수행할 수 있도록 노동 관계 법령을 준수하고, 노동약정에 따른 급여·복리후생·교육 등의 의무를 성실하게 이행하여야 한다. 이를 실행하기 위한 민간위탁 노동자 근로조건 보호 확약서를 작성하여 협약 체결 시 "시"에 제출하고 그 사본을 업무 공간 내에 게시하여야 한다.
② "시"는 "△△"이 이 협약에 명시된 노동자 근로조건 보호 관련사항을 위반한 경우 협약을 해지할 수 있다.
③ "△△"은 특별한 사정이 없는 한 이 협약 체결 전에 수탁사무와 관련하여 고용된 노동자를 우선 고용함으로써 고용승계 비율이 80% 이상이 되도록 하여야 하고, 위탁기간 중에도 특별한 사정이 없는 한 고용을 유지하여야 한다.
④ 제3항의 특별한 사정이라 함은 다음 각 호의 경우를 의미한다.
1. 사회통념상 고용 승계가 어려운 객관적인 사유가 있다고 판단되는 경우
2. 사무의 성질상 고용승계가 어려운 다음 각 목의 사유에 해당하는 경우
가. 위탁사무의 수요 및 필요에 따라 사무의 일부 축소, 분리, 내용 변경 등이 되는 경우
나. 고용승계를 하는 경우 민간의 전문성 활용 등을 달성할 수 없다고 인정되는 경우
3. 수탁기관의 관리자에 해당하거나 고도의 전문성이 요구되는 사무 종사자의 경우
4. 기타 "시"와 "△△"이 협의하여 정하는 경우
⑤ "△△"가 특별한 사정에 해당하지 않는 경우에도 불구하고 노동자의 고용승계 및 유지 의무를 이행하지 아니할 경우, "시"는 위·수탁기간 만료시 "△△"에게 동일한 사무를 다시 위탁하지 아니할 수 있다.
⑥ "△△"은 수탁사무 수행범위 조정시, 협약해지시, 협약기간 만료시 현 노동자의 의사를 존중하여 "시"의 위탁업무를 수행하게 될 수탁기관에게 고용승계가 될 수 있도록 최대한 협조하여야 한다.
⑦ "△△"은 이 협약을 이행함에 있어 수탁사무 관련 노동자의 정규직 비율을 25% 이상이 되도록 유지하여야 하며, 상시·지속적 업무에 종사하는 기간제노동자를 정규직으로 전환하도록 노력하여야 한다.
⑧ "△△"은 근로계약 체결 시 가급적 수탁기간과 동일하게 근로계약기간을 설정하도록 노력하여야 한다.
⑨ "△△"은 임금체불 등을 예방하기 위하여 수탁사무와 관련한 "노무비전용계좌"를 신한은행 또는 우리은행에 개설하고, 보조금통합관리시스템을 사용하여야 한다.
⑩ "△△"은 분기별로 임금 지급 및 집행사항을 확인할 수 있는 임금지급명세서를 "시"에 제출하여야 한다.
⑪ "△△"은 '위탁기관·수탁기관·수탁기관 노동자' 간 소통 및 애로사항 청취를 위해 소통창구를 마련하여 운영할 수 있다.

제12조(인권보호) ① "△△"은 위탁사무 수행 중 발생한 인권침해나 차별에 대하여 「서울특별시 인권기본조례」에 따라 서울시 시민인권침해구제위원회 조사를 받거나 조사를 요청하고 구제받을 수 있다.
② "△△"은 위탁사무 수행 중에 발생한 노동자의 인권문제와 관련하여 행정청의 출석요구가 있는 경우에는 이에 적극 협조한다.
③ "△△"은 노동 수행과 관련하여 노동자의 인권 증진과 보호를 위해 최대한 노력하고, 직장 내 폭언, 폭행 및 성희롱 등 각종 비위행위를 금지한다. 이를 위해 전 직원을 대상으로 필수교육(성희

롱예방, 인권, 청렴)을 실시하여야 한다.

제13조(노동자의 공개모집 채용) ① "△△"은 수탁사무와 관련하여 노동자를 신규로 고용하려는 경우에는 직위와 관계없이 공개모집을 통해 선발하여야 한다. 다만, 적격자심의위원회 등을 통해 참여인력을 "시"에 제안하는 경우, "시"의 사전검토와 승인을 거쳐 특별채용할 수 있다.
② "△△"은 모법인 소속 임원, 기관장 및 인사담당자 등 채용 관련 업무에 사실상 영향력을 행사할 수 있는 자의 가족을 공개모집 절차 없이 채용할 수 없다.
③ "△△"은 자격을 갖춘 누구에게나 응모기회를 제공하여 경쟁을 통해 수탁사무에 적합한 자를 선발할 수 있도록 신규 노동자의 채용을 "시"의 홈페이지(www.seoul.go.kr) 또는 서울일자리포털' 중 1개, 민간취업포털사이트 2개 이상 총 3개 이상의 매체에 공고하여야 한다.
④ "△△"은 노동자를 신규로 고용하려는 경우에 이에 관한 내용을 "시"에 사전에 통지하여야 하고, "시"가 제2항에서 규정한 매체에 채용 공고의 게시 여부를 확인하여 시정을 요구할 경우에 "△△"은 특별한 사정이 없는 한 반영하여야 한다.
⑤ "△△"은 제2항에 따른 공고를 할 경우에 최소 15일 이상 공고하여야 한다. 다만, 긴급한 업무 처리 등 불가피한 사유가 있는 경우에는 "시"의 승인을 거쳐 공고기간을 7일 이상 15일 이하로 단축할 수 있다.
⑥ "△△"은 채용심사위원 구성시 외부위원을 과반수 선임하여야 하며, 이 경우 퇴직 후 2년이 경과하지 않은 자, 비상임 이사 등 기관과 이해관계가 있거나 기타 공정한 심사를 기대하기 어려워 사실상 내부인으로 간주될 수 있는 자는 외부위원으로 위촉할 수 없다.(서류, 면접 등 전형 종류와 상관없이 정성적 평가인 경우는 채용심사위원 과반수 외부위원 선임)
⑦ "△△"은 수탁사무 종사자 채용 시 채용지원자와 가족관계 또는 근무경험관계(예: 동일부서), 사제지간 등 이해당사자로서 공정을 기대하기 어려운 특별한 관계에 있는 사람이 채용심사위원으로 참여하지 않도록 채용심사위원의 제척·기피·회피제도를 운영하여야 한다.

제14조(관계법령 등의 준수) ① "△△"은 사업을 수행함에 있어 「○○○○에 관한 법률」, 「공유재산 및 물품관리법」, 「중대재해 처벌 등에 관한 법률」, 「산업안전보건법」, 「서울특별시 ○○○○ 조례」, 「서울특별시 행정사무의 민간위탁에 관한 조례」 및 관계 법령과 "시"의 조례, 규칙을 준수하여야 한다.
② "△△"은 업무상 개인정보에 관한 사항을 취급하는 경우 「개인정보 보호법」 등 관계 법령을 준수하여야 한다.

제15조(사업비 지급 및 집행) ① "시"는 사업에 소요되는 경비(이하 "사업비"라 한다)를 "△△"에게 분기별 또는 월별로 지급하되, 그 금액은 "시"의 예산과 "△△"의 사업계획, 소요경비 산출내역 및 사업집행 결과 등을 고려하여 "시"가 타당하다고 판단하는 범위 내로 정한다.
② "△△"은 사업비를 "시"가 정하는 목적과 용도에 따라 사용하여야 하며, 지방재정법 및 서울특별시 회계관리에 관한 규칙 등 관계 법령을 준수하여 관리·집행하여야 한다.
③ "△△"은 사업비 관리를 위하여 수탁사무와 관련하여 별도의 신한은행 또는 우리은행 계좌를 개설하여 보조금통합관리시스템을 사용하는 등 수탁재산과 고유재산을 분리하여야 하고, 회계책임자를 임명하여 이를 관리하여야 한다.
④ "△△"은 제1항의 규정에 의하여 "시"로부터 사업비를 지급받고자 하는 경우 집행 1월 전에 관련 사업계획, 소요경비 산출내역 등을 기재한 서면으로써 "시"에게 청구한다.

제16조(수입금의 징수·처리) ① "△△"은 수탁사업의 수행과 관련하여 이용자 등에게 관련 법령

및 조례 등에서 정하는 소정의 이용료·수수료·비용 등을 징수할 수 있다.
② "△△"은 제1항의 규정에 의하여 이용료·수수료·비용 등을 징수하고자 하는 경우 징수대상·징수방법·징수금액 산정기준 등에 대하여 "시"와 사전에 협의하고 이에 대하여 승인을 받아야 한다.
③ "△△"이 제1항의 규정에 의하여 징수한 이용료 등의 수입금은 "시"의 승인을 받아 사업 운영 경비로 사용할 수 있다.
④ "시"는 "△△"가 수탁재산을 효율적으로 관리하는 등 이용료 등의 수입금이 증대된 경우, 증대된 수입(_____를 의미한다) ○○% 또는 ○○천원을 "△△"의 수입으로 할 수 있도록 승인할 수 있다.
⑤ "△△"은 징수한 수입금에 대하여 사업비 등 다른 수탁재산과 구별하여 별도의 계좌를 개설하고 관리하여야 하며, 그 수입·집행계획 및 그 정산내역서를 제7조에 정한 사업계획서와 함께 "시"에게 제출하여야 한다.

제17조(정산 및 반납) ① "△△"은 사업비 및 수입금에 대하여 매 분기별 또는 회계연도별로 발생이자 및 부수입을 포함한 정산서(주요 지출증빙서류를 포함한다)를 작성한다. 분기별로 정산서를 작성하는 경우 당해 분기 종료 후 15일 이내에 제출하고 회계연도 종료 후 20일까지 "시"에 사업비와 수입금 잔액 및 기타 수익을 반납하여야 한다. 회계연도별로 정산서를 작성하는 경우 회계연도 종료 후 회계연도 15일까지 제출하고, 회계연도 종료 후 20일까지 "시"에 사업비와 수입금 잔액 및 기타 수익을 반납하여야 한다.
② 제1항에도 불구하고 관계법령에 정산 및 반납시기가 별도로 규정되어 있거나, 사무의 특성상 회계연도 내에 정산 및 반납이 불가능한 경우에는 "시"와 협의하여 기간을 변경할 수 있다.
③ "△△"은 위·수탁기간이 만료되거나 협약이 해지되는 때에는 만료일 또는 해지일로부터 15일 이내에 발생이자 등 부수입을 포함한 사업비 정산서(주요 지출증빙서류를 포함한다)를 작성하여 "시"의 승인을 받은 후 사업비 잔액과 수입금을 지체 없이 반납하여야 한다.
④ "△△"은 제2조에 따른 위·수탁사무가 서울특별시 행정사무의 민간위탁에 관한 조례 제15조에 따른 회계감사 대상 사무인 경우, 사업연도 종료 후 3개월 내에 위탁사무의 결산서를 작성하여 "시"가 지정하는 회계법인이나 공인회계사의 회계감사를 받고 제출하여야 한다.
⑤ "△△"은 위·수탁기간이 만료되거나 이 협약이 해지되는 경우 수탁사무와 관련하여 자기가 채무자로 되어 있는 채무를 모두 변제하고, 이러한 내역을 기재한 확인서를 "시"에 즉시 제출하여야 한다.
⑥ "시"는 "△△"이 제출한 사업비 정산서에 대하여 타당하지 않다고 인정되는 부분에 대한 보완·시정 등을 요구할 수 있으며, "△△"은 정당한 사유가 없는 한 이에 따라야 한다.

제18조(지도·점검) ① "시"는 위탁사무와 관련한 협약내용 이행여부, 예산집행 및 재산관리 실태, 노동환경 등 "△△"의 업무 전반에 대하여 지도·점검한다.
② "시"는 사전에 특정한 시기를 지정하여 위탁사무 전반에 걸쳐 연2회 이상 정기적인 지도·점검을 하며, 이 경우 정기 재물조사와 병행하여 실시할 수 있다.(그 시기는 매년 ○월 ○주, ○월 ○주로 한다) 또한, "시"가 필요하다고 인정될 때에는 수시로 운영실태에 대해 지도·점검할 수 있으며, 수탁기관은 사전점검을 실시하여 "시"의 지도·점검 실시 2주전까지 그 결과를 통보하여야 한다.
③ "시"는 필요한 때에는 사업과 관련된 일체의 문서, 자료 및 기타 필요한 정보의 제출을 "△△"에게 요구하거나 "시"의 소속직원 또는 "시"가 지정하는 자로 하여금 "△△"의 업무상황·관련서류 또는 시설 등에 대하여 검사 또는 평가하게 할 수 있다. 이 경우 "△△"은 이에 따라야 한다.
④ "시"는 "△△"의 사업과 관련한 사무처리가 관계법규 등에 위배되거나 부당하다고 인정되는 때

제1부 예산편성

에는 이에 대한 시정을 요구하거나 직접 시정조치를 할 수 있다. 이 경우 "△△"은 정당한 사유가 없는 한 이에 응하여야 한다.
⑤ 제4항에 따라 시정조치를 할 경우 "시"는 문서로 "△△"에 통보하고 사전에 의견진술의 기회를 주어야 한다.
⑥ 제4항에 따른 지도·점검 결과 "△△"의 위탁사무의 처리가 중대하고 명백하게 위법하거나 부당하다고 인정되는 경우에는 수탁사무를 정지하거나 협약을 해지 또는 해제(이하 "해지 등"이라 한다)할 수 있다. 협약의 해지 등에 대해서는 제24조 규정에 의한다.
⑦ "시"는 "△△"과의 위수탁기간 만료시 "△△"에게 다시 동일한 사무를 위탁하고자 하는 경우 지도·점검 결과를 심사자료로 활용할 수 있다.

제19조(종합성과평가) ① "시"는 제3조에 따른 위·수탁사무가 서울특별시 행정사무의 민간위탁에 관한 조례에 따른 종합성과평가 대상 사무인 경우 위·수탁기간의 만료 90일 전까지 종합성과평가를 실시하여야 하며, "△△"은 최대한 협조하여야 한다.
② 제1항의 평가점수가 전체 배점의 75% 미만인 경우, "시"는 "△△"와 재계약하지 아니한다.

제20조(협약이행의 보증) ① "△△"은 위·수탁기간 동안 최초 사업연도를 포함하여 매년마다 이 협약의 이행을 보증하기 위하여 매 사업연도 ○○월 ○○일까지 "시"가 지급하기로 한 연간 총사업비의 100분의 10이상에 해당하는 금액을 협약보증금으로 납부하거나, 보험업법에 의한 이행보증보험에 "시"를 피보험자로 가입하여 그 보험증권 원본을 "시"에 제출한다. 다만, 최초 사업연도의 경우 협약 체결일로 부터 ○○일 이내에 이행보증금을 납부하거나 이행보증보험증권 원본을 "시"에게 제출하도록 한다.
② "시"는 "△△"이 이 협약상의 의무를 이행하지 아니하는 경우 제1항의 협약보증금을 "시"에 귀속시킨다.

제21조(보험가입) ① "시"는 "시"가 소유 또는 임차한 시설에 대해 손해보험이나 공제에 가입하여야 한다.
② "△△"은 이 협약의 체결과 동시에 이용자들의 안전사고에 대비하여 손해보험(배상책임보험)에 가입하고 협약체결일로부터 ○○일까지 "시"에 그 보험증권 사본을 제출하여야 한다.

제22조(지위이전, 제3자 위탁 금지) ① "△△"은 이 협약 또는 사업에 관한 지위를 제3자에게 이전하거나 수탁업무를 제3자에게 다시 위탁 또는 용역하게 할 수 없다.
② "△△"은 이 협약 또는 사업에 관한 권리를 제3자에게 양도할 수 없고, 그로 인한 의무를 제3자에게 인수하게 할 수 없다.
③ 제1항에도 불구하고 "△△"은 이 사업의 본질적 내용을 구성하지 아니하는 한도 내에서 "시"로부터 사전 승인을 받아 그 일부 사무를 제3자에게 위탁하거나 용역을 하게 할 수 있다. 이 경우 제3자의 위탁 또는 용역으로 인하여 발생하는 모든 결과에 대하여 "△△"가 책임을 진다.

제23조(민·형사상 책임) ① "△△"은 이 협약 및 사업과 관련하여 발생하는 사건·사고·손실에 대하여 민·형사상의 모든 책임을 진다. 다만, "△△"이 귀책사유 없음을 입증하는 경우에는 그러하지 아니 한다.
② "△△"의 귀책사유로 "시"가 제3자에게 이 협약 및 사업과 관련된 손해배상을 한 경우 "△△"은 이로 인하여 발생한 "시"의 손해(소송대리인 선임비용 및 기타 방어를 위해 소요된 비용을 포함함)를 즉시 "시"에게 배상하여야 한다.

제24조(협약의 해제 또는 해지) ① "시" 또는 "△△"이 이 협약에 대하여 해지 등을 하고자 하는 경우 3월 전까지 그 사유를 기재한 문서로써 상대방에게 통보하여야 한다.
② "시"는 다음 각 호의 1에 해당하는 때에는 이 협약에 대하여 해지 등을 할 수 있다.
1. "△△"과 해지 등을 하기로 합의한 경우
2. "△△"이 이 협약 및 관련 법령을 위반하여 이 협약을 계속 유지하기 어려운 사정이 있는 경우
3. "△△"이 정당한 사유 없이 "시"의 시정조치 요구에 응하지 아니하거나 불성실하게 응하여 위·수탁 사무의 원활한 수행을 기대하기 어려운 경우
4. "△△"이 "시"의 동의 없이 "시"의 재산을 손괴하거나 수탁목적 이외의 용도로 사용하는 등 선량한 관리자의 주의의무를 중대하게 위반하여 위·수탁협약이 존속되기 어려운 경우
5. "△△"이 사업을 수행함에 있어 다수의 민원을 야기하는 등 각종 사건·사고에 연루되어 사업수행에 심각한 지장을 초래하거나, 성희롱·성폭력을 비롯한 인권침해와 그로 인한 2차 피해의 방조, 회계부정, 부당노동행위 등으로 사회적 물의를 일으킨 경우
6. "△△" 또는 그 임직원이 사업비를 횡령하거나, 수탁받은 사무 및 이 협약의 이행과 관련하여 유죄의 확정판결을 받은 경우
7. "△△"이 수탁기관 선정과정에서 거짓 또는 위·변조된 서류를 제출하거나 담합 행위를 한 경우
8. "△△" 또는 그 임직원이 위·수탁 및 이 협약의 체결 및 이행 과정에서 관계 공무원 등에게 뇌물을 제공한 경우
9. "△△"의 부도, 회생절차 개시, 파산, 해산, 영업정지, 등록말소 등으로 인하여 더 이상 이 협약의 이행이 곤란하다고 판단되는 경우
10. "△△"이 이 협약 이행과 관련하여 「최저임금법」 제6조 제1항, 제2항이나 「근로기준법」 제43조를 위반하여 「최저임금법」 제28조나 「근로기준법」 제109조에 따른 유죄의 확정판결을 받은 경우(다만, 지체 없이 시정된 경우 에는 그러하지 아니할 수 있다)
11. 정상적인 협약관리를 방해하는 부정행위가 있는 경우
12. 천재지변, 전쟁 또는 사변, 그밖에 이에 준하는 사유로 이 협약을 계속 유지할 수 없는 경우
③ "시"는 제2항 각호의 사유로 "△△"과의 이 협약에 대하여 해지 등을 하고자 하는 경우 사전에 문서로써 "△△"에게 통보하고, 의견진술의 기회를 주어야 한다.
④ "△△"은 제2항 각호의 사유로 인한 이 협약의 해지 등에 대하여 "시"에게 손해배상을 청구할 수 없다.

제24조의2(협약의 해제 또는 해지 후 조치사항)
① "시"와 "△△"는 이 협약을 해제 또는 해지하는 경우 다음 각 호의 조치를 하여야 한다
1. 조례 제13조에 따른 지원의 취소 및 환수
2. 조례 제14조에 따라 징수된 사용료 등의 환수
3. 위탁사무의 수행 및 "△△"의 운영과 관련하여 위법한 사항이 있는 경우 관계 법령에 따른 처분 및 관련기관 고발 등 조치
4. 위탁 취소에 따른 시민의 피해 최소화 또는 업무 정상화 등에 필요한 조치

제25조(수탁재산 등의 원상회복) ① "△△"은 위·수탁기간이 만료되거나 협약의 해지 등이 있는 경우 다음 각 호의 사항을 이행하여야 한다.
1. 수탁재산(수탁기간 중 취득한 시설, 장비 등도 포함한다. 이하 같다) 점검의무: 협약의 효력이 상실되는 날의 O개월(해지 등의 경우에는 O일)전에 "시" 또는 "시"가 지정하는 자와 공동으로 수탁재산에 대한 점검을 실시한 후, 협약의 효력이 상실되는 날에 수탁재산을 "시"에게 인도하여야

제1부 예산편성

한다.
2. 수탁재산 보수의무: 제1호에 의한 점검결과 수탁재산의 정상적인 기능유지를 위하여 수리 또는 보수가 필요하다고 인정되는 경우에는 "△△"의 비용으로 그 수리 또는 보수를 완료하여 원상회복하여야 한다. 단, 원상회복이 불가능한 경우에는 "시"와 미리 협의하여 그로 인하여 "시"에게 발생하는 손실을 즉시 보상한다.
② 제1항에 따라 인도한 본 수탁재산을 "서울시"가 정상적으로 유지관리 및 운영을 할 수 있도록 하기 위하여, "△△"은 "시" 또는 "시"가 지정하는 자에게 수탁재산의 유지관리 및 운영 등에 필요한 사항을 설명·교육하고, "△△"이 이용한 유지관리 및 운영에 관한 요령 등의 자료를 제공하며 필요한 협력을 하기로 한다.
③ 수탁기간이 만료되거나 협약의 해지 등이 있는 경우 "△△"은 위·수탁사업과 관련하여 "△△"가 관리하고 있는 일체의 문서, 자료 및 기타 필요한 정보를 "시"에 즉시 반환한다.

제26조(비밀유지의무) "△△"은 이 협약을 위한 준비절차, 협약의 체결, 이행을 비롯한 이 협약의 이행과 관련하여 취득한 "시"의 비밀사항, 위·수탁사무와 관련된 그 밖의 정보 일체를 이 협약의 이행을 위한 목적 외에 다른 목적으로 이용하지 아니하고, 위 정보 등을 제3자에게 제공하거나 누설하여서는 아니 된다.

제27조(협약의 해석) ① 이 협약에 명시되지 아니한 사항은 「○○○○에 관한 법률」, 「서울특별시 ○○○○조례」, 「서울특별시 행정사무의 민간위탁에 관한 조례」, 기타 관계 법령 및 "시"의 조례, 규칙을 따른다.
② 제1항에 의한 규정이 없거나 이 협약의 해석에 대하여 "시"와 "△△"의 해석이 다를 경우에는 상호 협의에 의한다.
③ 제2항의 규정에 의한 협의가 원만히 성립되지 아니하여 이 협약과 관련하여 소송을 제기하는 경우 그 관할법원은 "시"의 소재지를 관할하는 법원으로 한다.

제28조(협약의 효력 등) ① 이 협약은 제3조의 규정에 의한 위·수탁이 개시되는 날부터 위·수탁기간이 만료되는 날 또는 제24조의 규정에 따라 협약의 해지 등의 효력이 발생하기 전까지 효력이 있다. 다만, 위·수탁기간이 만료된 후에도, 민·형사상의 사건·사고가 발생하는 경우 그 사건·사고로 인한 판결 및 배상 등이 종결될 때까지, "시"가 지급한 사업비에 대한 정산이 완료되지 아니하는 경우 그 정산이 완료되는 때까지, 지도·점검 또는 감사와 관련하여 필요한 경우 그 지도·점검 또는 감사가 종료될 때까지 관계된 규정에 한하여 그 효력이 있다.
② 제1항에도 불구하고, 제26조에 정한 비밀유지의무는 이 협약에서 정한 위.수탁기간이 만료되거나 협약의 해지 등의 효력이 발생한 후에도 그 효력이 유지된다.
③ "△△"은 이 협약 체결 후 법인 명칭이나 대표자 변경 등 경영상 변동사항이 있는 경우 지체 없이 "시"에 보고하여야 한다.

이 협약의 체결을 증명하고 제반 의무를 성실히 수행하기 위하여 협약서 정본 2부를 작성하고, "시"와 "△△"이 서명 날인 각각 1부씩 보관한다.

20○○년 ○월 ○일

"시" 서울특별시(서울특별시 중구 세종대로 110)

시 장 ○○○

"△△" △△△△△(서울특별시 ○○구 ○○로 ○○)	대표자 ○ ○ ○

주) 이 표준안은 시장이 필요하다고 인정하는 경우 위탁사무의 특성에 맞게 조항을 삽입하거나 수정할 수 있다.

[출처] 서울특별시 행정사무의 민간위탁 관리지침(2023)

2 재정보증

민간위탁은 협약서 외에 회계관계직원에 대한 재정보증보험을 요구하기도 한다.

국고금 관리법
제45조(회계 관계 공무원의 재정보증) ① 수입징수관, 재무관, 지출관, 선사용자금출납명령관, 출납공무원, 그 밖에 대통령령으로 정하는 회계 관계 공무원은 대통령령으로 정하는 재정보증이 없으면 그 직무를 담당할 수 없다.

지방회계법
제50조(회계관계공무원의 재정보증) ① 회계관계공무원(「회계관계직원 등의 책임에 관한 법률」 제2조제2호나목에 해당하는 사람을 포함한다)은 재정보증이 없이는 그 직무를 담당할 수 없다.

회계관계직원 등의 책임에 관한 법률
제2조(정의) 이 법에서 "회계관계직원"이란 다음 각 호의 어느 하나에 해당하는 사람을 말한다.
  1. 「국가재정법」, 「국가회계법」, 「국고금관리법」 등 국가의 예산 및 회계에 관계되는 사항을 정한 법령에 따라 국가의 회계사무를 집행하는 사람으로서 다음 각 목의 어느 하나에 해당하는 사람
     가. 수입징수관, 재무관, 지출관, 계약관 및 현금출납 공무원
     나. 유가증권 취급 공무원
     다. 선사용자금출납명령관
     라. 기금의 회계사무를 처리하는 사람
     마. 채권관리관
     바. 물품관리관, 물품운용관, 물품출납 공무원 및 물품 사용 공무원
     사. 재산관리관
     아. 국세환급금의 지급을 명하는 공무원
     자. 관세환급금의 지급을 명하는 공무원
     차. 회계책임관
     카. 그 밖에 국가의 회계사무를 처리하는 사람
     타. 가목부터 카목까지에 규정된 사람의 대리자, 분임자(分任者) 또는 분임자의 대리자
  2. 「지방재정법」 및 「지방회계법」 등 지방자치단체의 예산 및 회계에 관계되는 사항을 정한 법령에 따라 지방자치단체의 회계사무를 집행하는 사람으로서 다음 각 목의 어느 하나에 해당하는 사람

가. 징수관, 재무관, 지출원, 출납원, 물품관리관 및 물품 사용 공무원
나. 가목에 규정되지 아니한 사람으로서 제1호 각 목에 규정된 사람이 집행하는 회계사무에 준하는 사무를 처리하는 사람
3. 「감사원법」에 따라 감사원의 감사를 받는 단체 등의 회계사무를 집행하는 사람으로서 다음 각 목의 어느 하나에 해당하는 사람
  가. 관계 법령, 정관, 사규(社規) 등에 규정된 사람
  나. 관계 법령, 정관, 사규 등에 따라 임명된 사람
  다. 가목 또는 나목의 대리자, 분임자 또는 분임자의 대리자
4. 제1호부터 제3호까지에 규정된 사람의 보조자로서 그 회계사무의 일부를 처리하는 사람

충청남도 회계관계공무원 재정보증 조례

제3조(재정보증) ①도지사는 회계관계공무원이 임명되었을 때에는 그 임명된 날로부터 30일 이내에 재정보증을 설정하여야 한다.
②재정보증방법은 보증보험으로 한다.
③제2항에 의한 재정보증은 도지사를 피보험인으로 하고 회계관계공무원을 피보증인으로 보험회사를 보증인으로하여 보증보험회사와 보험계약을 체결함으로써 이루어진다.
④재정보증기간은 1년으로 한다. 다만, 직위포괄계약으로 보험계약을 체결할 경우에는 재정보증기간을 3년으로할 수 있다.
제4조 (재정보증금 한도액) 제2조의 규정에 의한 회계관계공무원의 재정보증한도액은 1,000만원 이상으로 한다.

3 민간위탁 사무편람 작성

민간위탁의 수탁기관은 「사무편람」을 작성해야 하며, 위탁기관의 승인을 받아야 한다.

> **충청남도 사무의 민간 위탁 및 관리 조례**
> **제18조(사무편람)** ① 수탁기관은 수탁사무의 종류별로 처리부서·처리기간·처리절차·처리기준·구비서류·서식과 수수료 등을 구분하여 명시한 사무편람을 작성·비치하여야 한다.

민간위탁의 수탁기관이 작성해야 하는 「사무편람」은 대개 수탁기관의 기존 사무편람을 민간위탁 사업의 성격에 맞게 수정하여 사용한다. 일반적으로 운영규정, 인사복무규칙 및 여비규칙 등을 포함한다.

제2장 예산편성

운영규정, 인사복무규칙 및 여비규칙을 포함한 「사무편람」의 구성 예시는 다음과 같다.

[운영규정 예시]

구분	내용
제1장 총칙	제1조 목적 제2조 명칭 제3조 임무 제4조 사업
제2장 운영위원회	제5조 운영위원회 제6조 구성 제7조 기능 제8조 회의 제9조 운영위원의 임기
제3장 조직의 구성	제10조 센터장 제11조 성원 제12조 부서 및 직책 제13조 회의
제4장 자문위원회	제14조 자문위원회
제5장 사무처리	제15조 사무처리 제16조 비품관리
제6장 회계처리	제17조 집행의 원칙 제18조 결재절차 제19조 회계담당자 제20조 수입지출의 절차 제21조 수입금 예치
제7장 문서관리	제22조 문서 처리의 원칙 제23조 문서의 성립 및 효력 발생 제24조 기안 제25조 결재 제26조 문서 수발 제27조 접수문서의 처리 제28조 직인 날인 및 간인 사용 제29조 문서의 보존 제30조 기밀유지
부칙	제1조 시행일 제2조 준용규정

[인사복무규칙 예시]

구분	내용
제1장 총칙	제1조 목적 제2조 적용범위 제3조 신분보장 제4조 균등대우 제5조 근로조건 변경의 원칙
제2장 채용과 근로계약	제6조 채용 제7조 근로계약
제3장 근무시간 및 휴게	제8조 근로 및 휴게시간 제9조 초과근무 제10조 결근 및 조퇴 등 제11조 현지 출·퇴근 제12조 출장
제4장 임금	제13조 생활임금의 보장 제14조 임금의 지급 제15조 임금의 구성 제16조 기본급 제17조 제수당 제18조 상여금 제19조 퇴직급여
제5장 휴일 및 휴가	제20조 유급휴일 제21조 휴가의 종류 제22조 연차휴가 제23조 보건휴가 제24조 출산전후휴가 제25조 공가 제26조 병가 제27조 경조휴가 제28조 여름휴가 제29조 특별휴가 제30조 보상휴가 제31조 휴가기간 중의 공휴일
제6장 휴직 및 복직	제32조 휴직 제33조 복직 제34조 면직
제7장 징계	제35조 징계의 사유와 종류 제36조 징계의 절차
제8장 교육	제37조 업무능력 향상교육 제38조 법정교육의 실시와 준수 제39조 교육훈련 시간
부칙	제1조 시행일 제2조 준용규정
별표	1. 기본금(호봉) 2. 경력환산 기준표 3. 업무수당 4. 경조휴가

[여비규칙 예시]

구분	내용
제1장 총칙	제1조 목적 제2조 여비의 종류 제3조 여비의 계산 제4조 여비지불 및 정산 제5조 여비지급의 제한
제2장 국내여비	제6조 지급기준 제7조 운임 제8조 자가용 차량을 이용한 경우의 운임 제9조 일비, 식비, 숙박비 제10조 근무지 내 국내 출장 시의 여비
제3장 국외여비	제11조 국외여비
부칙	제1조 시행일 제2조 경과조치
별표	1. 국내 여비 지급표

4 민간위탁 예산편성

기획재정부의 「2024년도 예산 및 기금운용계획 집행지침」에 따르면, 민간위탁사업비(320-02목)의 위탁경비의 산정에서 「개별 법령에 별도의 기준이 있는 경우를 제외하고는 「예정가격 작성기준」(기획재정부 계약예규)에 따라 소요비용을 산정」토록 하고 있다. 여기에서 「예정가격 작성기준」은 단가가 매우 낮아서 수탁기관에서 사업수행에 어려움을 겪곤 한다. 따라서 「개별 법령」에 별도의 기준이 있으면, 그 기준을 우선 적용한다.

2024년도 예산 및 기금운용계획집행지침
10. 민간위탁사업비(320-02목)
나. 위탁경비의 산정
  ㅇ 개별 법령에 별도의 기준이 있는 경우를 제외하고는 「예정가격 작성기준」(기획재정부 계약예규)에 따라 소요비용을 산정토록 하고, 수입을 수반하는 외부위탁 사업의 경우에는 관련 예상 수입액을 공제하여 예정가격을 산출한다.

5 재위탁 금지

민간위탁은 특별한 규정이 없는 한 제3자에게 재위탁할 수 없으며, 사업의 「일부」에 대해서 「사전승인」을 받아야 재위탁할 수 있다. 그러나 이러한 경우에도 사무의 본질적인 부분을 위탁하는 것은 허용되지 않는다.

충청남도 사무의 민간 위탁 및 관리 조례
제13조(수탁기관의 의무) ⑤ 수탁기관은 위탁받은 사무를 다른 법인·단체 또는 그 기관이나 개인에게 다시 위탁할 수 없다. 다만, 위탁받은 사무의 일부에 대해 도지사의 승인을 받은 경우에는 그러하지 아니하다.

서울특별시 행정사무의 민간위탁에 관한 조례
제15조(수탁기관의 의무) ⑥ 수탁기관은 위탁받은 사무를 다른 법인·단체 또는 그 기관이나 개인에게 다시 위탁할 수 없다. 다만, 위탁받은 사무의 일부에 대해 시장의 승인을 받은 경우에는 다시 위탁할 수 있다.

한편, 수탁기관은 부분적으로 필요한 서비스를 구매하는 용역계약을 체결하는 경우가 있는데, 수탁기관이 계약상대자와 체결하는 수입지출의 원인이 되는 계약이라는 관점에서 볼 때 용역과 「위탁사무의 일부 재위탁」의 실질적인 구분이 용이하지 않다. 서울특별시는 이를 다음과 같이 구분한다.

2023 서울특별시 민간위탁 사무 예산·회계 및 인사·노무 운영 매뉴얼
위탁사무의 제3자 재위탁(일부 위탁 포함)과 용역 구분의 기준
① 양적기준: 용역개별계약금액이 50%를 초과하는 경우와 개별용역계약이 다수일 경우 그 합계가 50%를 초과하는 경우
- 개별 용역계약금액이 전체 위탁비 금액(수탁기관 세출예산) 중 사업비[1]의 50%를 초과하는 경우와 같이 대부분의 위탁업무가 용역으로 이루어질 경우 수탁기관의 책임 하에 위탁업무를 수행한다고 보기 어려움

1) 사업비는 전체 위탁사업비(수탁기관 세출예산) 중 인건비, 운영비 등을 제외한 금액을 의미

② 질적기준(보조지표로 사용): 해당 용역이 1회성으로 비경상적으로 발생한 경우 또는 단순지원사무 및 부수적인 사무가 명확한 경우

제1부 예산편성

6 사례탐구

- 민간위탁을 위한 위탁운영계획서 중 자기부담금 승낙서, 고용승계 확약서의 서약자가 법인대표가 아닌 다른 사람이 날인하여 제출하였으며, 수탁기관이 비영리법인에는 해당하나 본 사업이 정관으로 정한 목적의 범위에 해당하지 않아서 수탁기관으로 부적절했다.

- 민간위탁 사업의 수탁기관을 선정하기 위한 공고를 하면서 신청자격을 ○○도 또는 ○○시에 주된 사무소를 둔 단체로 자격을 제한하였음에도, 주사무소를 타도에 둔 법인을 부적절하게 수탁기관으로 선정했다.

- 민간위탁 사업의 수탁기관을 선정하면서, 평가는 사단법인에 대해서 실시하고 실제 위탁계약은 사단법인이 아닌 분사무소장(사단법인의 지회장)과 부적절하게 체결했다.

- 민간위탁 사업자가 자기의 명의와 책임하에 사업을 수행하더라도, 사무가 위탁되어 처리됨을 표시하기 위해서 수탁기관 명칭과 함께 별도로 공식명칭을 부가하여 표시하는 것이 바람직하다. 예를 들어 「○○광역시립병원을 위탁받은 의료법인△△의료재단□□병원」이라고 표시한다.

제3장
보조금 교부

1. 교부신청
2. 보조금 교부
3. 거짓 신청에 대한 벌칙
4. 예산변경

제1부 예산편성

1. 교부신청

1 교부신청

사업에 선정된 사업자는 교부신청서를 제출하여야 하는데, 그 첨부서류에 입출금계좌와 전용카드가 있으므로 다음의 서류를 먼저 준비하여야 한다.

- 입출금계좌 개설
- 전용카드 발급
- 자기부담금 예치

보조금 계좌를 개설한 후 자기부담용 계좌에 자기부담금을 예치하고 자기부담금을 예치한 계좌사본을 보조금 지급신청 시 제출한다. 보조사업자가 자기부담금을 조달하지 못하면 교부결정 후에도 교부결정 취소 또는 환수될 수 있다. 또한 계좌에 연계된 보조금 전용(e나라도움 전용) 신용카드 또는 체크카드를 발급받는다. 전용카드는 복수로 발급받을 수 있다.

> **요모조모 뜯어보기**
>
> 보조금 신청 당시 보조금 관리 계좌 사본을 제출하여야 하고, 자기부담 금액도 보조금 계좌에 예치하여 1개의 계좌로 관리하여야 합니다. 그런데 사업기간이 1년여에 이르는 보조금의 경우, 신청 당시부터 민간단체가 1년치 자기부담 예산을 마련하여 보조금 계좌에 예치하기에는 현실적인 어려움이 많습니다. 이런 경우 자기부담 금액을 분할해서 납부할 수 있을까요? 보조금교부기관의 승인이 있으면 가능합니다. 예를 들어 총 사업비가 10억 원이고 재원분담비율이 50:50인 경우, 보조금 2억 원을 지급하면 자기부담도 2억 원을 납부하면 됩니다.

사전준비할 서류가 준비되면 교부신청서를 제출하여야 한다. 보조금지원기관은 보조금을 필요로 하는 사유를 주장하는 자에게 교부결정을 해 주는 것이며, 교부신청을 하지 않는 자에게까지 교부결정해 주는 것은 아니다. 따라서 보조금의 교부신청은 보조금지원기관에게 보조금의 교부를 필요로 하는 사유를 설명하는 절차로서, 보조사업의 내용과 사업 수행능력을 보조금지원기관에게 인식시킬 수 있어야 한다.

교부신청서에 신청자의 성명 또는 명칭과 주소, 보조사업의 목적과 내용, 보조사업 총 경비 및 교부신청 금액, 자기부담액, 보조사업 기간, 기타 보조금지원기관이 정하는 사항 등을 기재한다. 특히 교부신청 금액은 세부 산출내역을 포함해야 한다. 교부신청서는 다음 서류를 포함한다(보조금법시행령 제7조, 지방보조금법시행령 제5조).

- 보조금 교부신청서
  1. 신청자의 성명 또는 명칭과 주소
  2. 보조사업의 목적과 내용
  3. 보조사업에 드는 경비와 교부받으려는 보조금의 금액
  4. 자기가 부담하여야 할 금액
  5. 보조사업의 착수 예정일과 완료 예정일
  6. 그 밖에 중앙관서의 장(또는 지방자치단체의 장)이 정하는 사항
- 사업계획서(보조금 지원심의내용 반영 작성)
  1. 신청자가 경영하는 주된 사업의 개요
  2. 신청자의 자산과 부채에 관한 사항
  3. 보조사업의 수행계획에 관한 사항
  4. 교부받으려는 보조금 금액의 산출기초
  5. 보조사업에 드는 경비의 사용방법
  6. 보조사업에 드는 경비 중 보조금으로 충당되는 부분 외의 경비를 부담하는 자의 성명 또는 명칭과 부담하는 금액 및 부담하는 방법
  7. 보조사업의 효과
  8. 보조사업을 수행함에 따라 발생할 수입금액에 관한 사항
  9. 그 밖에 중앙관서의 장(또는 지방자치단체의 장)이 정하는 사항
- 청구서(보조금 전용계좌 사본 첨부)
- 보조사업자 관리카드
- 청렴이행서약서
- 결제전용카드(보조금 신용·체크카드) 사본

제1부 예산편성

고용노동부 「2024년 지역·사업맞춤형 일자리창출 지원사업 시행지침」의 「국고보조금 지급신청서」 양식은 다음과 같다.

국고보조금 지급신청서

☐ 보조사업자 개요

기 관 명		대 표 자	
소 재 지			
사업자번호		계 좌 번 호	
예산집행기관	부서명/담당자(전화) :		

☐ 2024년도 사업비 현황

(단위: 천원)

사 업 명	사업기간	총사업비	국고보조비	지 방 비	자체부담
계					

☐ 보조금 지급신청내역

(단위: 천원)

총 지원 예정액 (A)	기 수령액 (B)	기 집행액 (C)	잔 액		지원 신청액
			(A-C)	(B-C)	

☐ 비고

위와 같이 2024년 지역·산업맞춤형 일자리창출 지원사업 국고보조금 신청합니다.

붙임 사업자등록증 및 통장계좌 사본 각 1부. 끝.

2024년   월   일

신청인 :   (인)

「지방자치단체 보조금 관리에 관한 법률 시행규칙」 별지 제1호 서식의 지방보조사업 관리카드는 다음과 같다.

지방보조사업 관리카드

1. 지방보조사업명

관리번호	□ - □ - □ - 20□□ - □□□□ (※ 사업형태-사업자 유형-보조형태-보조사업 최초시작연도-연번 순으로 작성합니다.)
지방보조사업명	

* 사업형태(국가직접지원: N, 시·도비보조: C, 전액 자체보조: I), 사업자 유형(민간: P, 공공단체: O, 자치단체: L), 보조형태(운영비: O, 사업비: B), 보조사업 최초연도(20□□), 연번(순서대로 부여합니다)

2. 지방보조사업자

성명/단체명	상호/대표자	사업자 등록번호	주소	전화번호

3. 사업 개요

사업기간		총사업비(백만원)	
사업목적			
주요내용			

4. 지방보조사업자가 최근 5년간 지원받은 지방보조금 현황 (단위: 백만원)

보조사업 지원연도	계	국고보조금	시·도 보조금	시·군·구 보조금	자부담
계					

※ 연차적으로 지원되는 지방보조금의 경우 연도별(2017년, 2018년, 2019년, 2020년, 2021년 등)로 작성합니다.
※ 국고보조금은 국가가 지방자치단체를 거치지 않고 직접 자금을 교부하는 경우를 말합니다.

5. 최근 5년간 지방보조사업 수행현황 (단위: 백만원)

보조사업 지원연도	보조단체명	주소	대표자	보조금	반환액		보조금 사용내역
					정산 반환액	취소 반환액	

※ 연차적으로 지원되는 지방보조금의 경우 연도별(2017년, 2018년, 2019년, 2020년, 2021년 등)로 작성합니다.
※ 반환액은 「지방자치단체의 보조금 관리에 관한 법률」 제19조제2항에 따라 지방보조금액이 확정됨에 따른 정산 반환액과 같은 법 제31조에 따라 지방보조금 교부 결정이 취소됨에 따른 지방보조금 반환액으로 구분하여 작성합니다.

6. 성과평가 결과

평가항목 보조사업연도별	사업계획단계 (15점)	관리 단계 (25점)	성과 단계 (60점)	성과평가 결과		
				평가연도	총점수	결정
					점	
					점	

※ 1. 성과평가 결과는 성과평가 대상인 지방보조사업에 대해서만 작성합니다.
  2. 평가항목별 세부 평가기준은 각 지방자치단체별로 자율적으로 결정한 평가기준을 반영합니다.
  3. 결정란에는 그 내용을 '계속지원 가능', '지원 축소', '지원 중단'으로 구분하여 작성합니다.

제1부 예산편성

　개인 또는 단체 등 민간에 대한 보조금 교부 결정 시 보조사업자로부터 보조금 청렴 이행 서약서를 작성하여 제출하도록 의무화하였다.

○○○ 지방보조사업 청렴 이행서약서 (예시)

위 보조사업과 관련하여 ○○도(시)로부터 교부받은 지방보조금의 사용에 있어 교부조건 및 사업계획과 관계 법령에 규정된 절차에 따라 공정하고 투명하게 집행하겠으며, 귀 ○○도(시)에서 요구하는 청렴 활동에 적극 협조하겠습니다.

아울러, 교부받은 보조금의 사용과정에서 관련된 직원들은 이유 여하를 막론하고 귀 ○○도(시)의 사전 승인 없이 임의로 변경하여 사용하거나 교부 목적 이외에 사용하지 않도록 하겠으며, 이를 위반할 시에는 지방재정법 등 관계 법령에 따라 아래와 같이 처벌 받을 수 있음을 충분히 이해하고 이에 책임질 것을 서약합니다.

< 벌칙 규정(지방보조금법 제37조부터 제40조) >

○ 부정한 방법으로 지방보조금를 교부받은 지방보조사업자 등에 대한 벌칙(제37조부터 제40조)

제37조(벌칙) 거짓 신청이나 그 밖의 부정한 방법으로 지방보조금을 교부받은 자 또는 그 사실을 알면서 지방보조금을 교부한 자는 10년 이하의 징역 또는 1억원 이하의 벌금에 처한다.

제38조(벌칙) 다음 각 호의 어느 하나에 해당하는 자는 5년 이하의 징역 또는 5천만원 이하의 벌금에 처한다.
　1. 제13조를 위반하여 지방보조금을 다른 용도에 사용한 자
　2. 제21조제2항을 위반하여 지방자치단체의 장의 승인 없이 중요재산에 대하여 금지된 행위를 한 자

제39조(벌칙) ① 제14조 또는 제15조를 위반한 자는 2년 이하의 징역 또는 2천만원 이하의 벌금에 처한다.
② 다음 각 호의 어느 하나에 해당하는 자는 1년 이하의 징역 또는 1천만원 이하의 벌금에 처한다.
　1. 제16조제3항을 위반하여 관련된 자료를 보관하지 아니한 자
　2. 제16조제5항에 따른 정지명령을 위반한 자
　3. 제17조 또는 제29조제1항을 위반하여 거짓 보고를 한 자

제40조(양벌규정) 법인의 대표자나 법인 또는 개인의 대리인·사용인, 그 밖의 종업원이 그 법인 또는 개인의 업무에 관하여 제37조부터 제39조까지의 어느 하나에 해당하는 위반행위를 하면 그 행위자를 벌하는 외에 그 법인 또는 개인에게도 해당 조문의 벌금형을 과(科)한다. 다만, 법인 또는 개인이 그 위반행위를 방지하기 위하여 해당 업무에 관하여 상당한 주의와 감독을 게을리하지 아니한 경우에는 그러하지 아니하다.

2023. . .
　　　　　　　□□□단체　　대표　　　　　　　　(서명)
　□□□단체　지방보조금　책임관리자　직책　　성명　(서명)
　□□□단체　지방보조금　실무책임자　직책　　성명　(서명)

보조금 신청은 공문에 의하여야 한다. 「행정업무의 운영 및 혁신에 관한 규정 시행규칙 별지 제1호서식」의 기안문 예시는 다음과 같다.

행 정 기 관 명
수신 (경유) 제목
        발 신 명 의　　[직인]
기안자　직위(직급) 서명　　　검토자　직위(직급) 서명　　　결재권자　직위(직급) 서명 협조자 시행　　처리과명-연도별 일련번호(시행일)　접수　　처리과명-연도별 일련번호(접수일) 우　　도로명주소　　　　　　　　　　　/ 홈페이지 주소 전화번호(　)　　　팩스번호(　)　　　　/ 공무원의 전자우편주소　/ 공개 구분
비고(이 난은 서식에 포함하지 아니한다) - 문서를 작성할 때 "행정기관명", "발신명", "기안자", "검토자", "결재권자", "직위(직급) 서명", "처리과명-연도별 일련번호(시행일)", "도로명주소", "홈페이지 주소", "공무원의 전자우편주소", "공개 구분"의 용어는 표시하지 아니하고 그 내용을 적는다.

2 민간위탁의 계약이행보증

민간위탁은 계약이행보증보험증권을 제출해야 한다. 지방자치단체의 민간위탁은 대부분 「지방자치단체를 당사자로 하는 계약에 관한 법률」을 적용하며, 이에 계약금액의 100분의 10 이상을 현금이나 계약이행보증서로 납부하도록 하고 있다. 이에 소요되는 비용은 민간위탁이 시행되기 전에 발생하므로, 사업비로 사용할 수 없고 민간위탁기관이 부담해야 한다.

서울특별시 행정사무의 민간위탁에 관한 조례

제13조(운영지원) ② 시장은 제1항에 따라 예산을 지원하는 경우에는 수탁기관으로 하여금 협약의 이행을 보증하게 하여야 하며, 이행의 보증방법 등에 관하여는 「지방자치단체를 당사자로 하는 계약에 관한 법률」을 준용할 수 있다.

지방자치단체를 당사자로 하는 계약에 관한 법률

제15조(계약보증금) ① 지방자치단체의 장 또는 계약담당자는 지방자치단체와 계약을 체결하려는 자로 하여금 계약보증금을 내도록 하여야 한다. 다만, 다른 지방자치단체, 공공기관 및 지방공기업 등 대통령령으로 정하는 계약상대자에 대하여는 계약보증금의 납부를 면제할 수 있다.
② 제1항에 따른 계약보증금의 금액·납부방법, 그 밖에 필요한 사항은 대통령령으로 정한다.
③ 지방자치단체의 장 또는 계약담당자는 계약상대자가 계약상의 의무를 이행하지 아니하면 그 계약보증금을 해당 지방자치단체에 귀속시켜야 한다. 다만, 제1항 단서에 따라 계약보증금의 납부를 면제한 경우에는 대통령령으로 정하는 바에 따라 계약상대자로 하여금 계약보증금에 해당하는 금액을 해당 지방자치단체에 내도록 하여야 한다.

지방자치단체를 당사자로 하는 계약에 관한 법률 시행령

제6조(계약사무의 위임 및 위탁 절차 등) ⑦ 사무의 위탁에 따른 이행보증에 관하여는 제51조를 준용하여 보증하게 할 수 있다.

제51조(계약의 이행보증) ⑤ 지방자치단체의 장 또는 계약담당자는 공사를 제외한 물품·용역 등의 계약을 체결하는 경우에는 계약보증금으로 계약금액의 100분의 10 이상을 내게 해야 한다.

제52조(계약보증금 납부방법) ① 계약보증금은 현금 또는 제37조제2항 각 호에 규정된 보증서 등으로 내게 하여야 한다.

2   보조금 교부

1 보조금 교부 결정

보조금지원기관은 교부신청서가 제출된 경우, 교부 여부를 결정하여 신청자에게 통지한다(보조금법 제19조, 지방보조금법 제10조). 교부결정 시 보조금액에 대한 상당 비율의 자체 부담이나, 법령 및 예산이 정하는 보조금의 교부 목적 달성에 필요하다고 인정되는 조건을 붙일 수 있다. 보조금 교부 시 붙일 수 있는 교부조건의 예시는 다음과 같다.

- 보조사업에 의해 수익 발생이 예상되는 경우, 보조금의 교부 목적에 위배되지 않는 범위 내에서 수익금의 전부 또는 일부에 해당하는 금액을 직접 사용토록 하거나, 당해 자치단체에 반환하게 하는 조건을 붙일 수 있다.
- 보조금 교부조건 설정이 사업부서마다 다를 수 있으므로, 일반적인 조건 이외에 특수조건을 부여할 수 있다.
- 「지방자치단체 회계관리에 관한 훈령」에 따라 지방계약법령에서 정한 절차에 따라 계약을 체결하여 이행하도록 한 경비에 대해서는 특별한 사유가 없는 한 법령에서 정한 계약 절차를 이행하도록 보조금 교부조건에 명시할 수 있다.

보조금 교부는 반드시 보조금 전용계좌로 입금하여야 하고, 정당한 자에게 지급하여야 하며, 최소 2차례 이상으로 나눠서 교부하는 것이 원칙이다(국고보조금 통합관리지침 제17조제1항).

교부를 결정한 후에 발생한 사정의 변경으로 특히 필요하다고 인정할 때에는 보조금의 교부 결정 내용을 변경하거나 그 교부 결정의 전부 또는 일부를 취소할 수 있다. 다만, 이미 수행된 부분의 보조사업에 대해서는 그러하지 아니하다. 보조금의 교부 결정 취소 사유는 보조금의 교부 결정을 한 후에 발생한 천재지변이나 그 밖의 사정 변경으로 인하여 보조사업의 전부 또는 일부를 계속할 필요가 없어진 경우 등에 한정한다(보조금법 제21조, 지방보조금법 제11조).

제1부 예산편성

2 보조금 교부결정서

지방보조금의 보조금 교부결정서(예시)는 다음과 같다.

지방보조금 교부결정서

수신: ○○○ (지방보조사업자)

1. ○○ 사업추진을 위한 지방보조금을 다음과 같이 교부를 결정합니다.

☐ 지방보조사업명 :
☐ 지방보조사업자 :
☐ 지방보조금 교부결정액 : 금   원(   )
☐ 지방보조금 교부내역 (단위: 천 원)

세부사업명	예산액	기 교부액	교부요청액	금회교부결정액	잔액	비고

☐ 예산과목 : ○○회계

분야	부문	정책사업	단위사업	세부사업	통계목

☐ 사업개요
  ○ 사업기간:
  ○ 사업규모:

| 사업명 | 총사업비 | 국비 | 지방비 | | 재정융자 | 수익자부담 |
			시도비	시군구비		

  ○ 지방비 보조비율: %(도비: %, 시군비: %, 자기자금 부담액: %)
  ○ 사업내용:
      - 사업목적 및 사업별 핵심 내용을 기술

2. 위의 교부결정에도 불구하고, 「지방자치단체 보조금 관리에 관한 법률(이하 "지방보조금법")」제11조에 해당하는 경우, 지방보조금 교부 조건을 위반한 경우 및 다음 각 목에 해당하는 경우에는 지방보조금 교부결정의 전부 또는 일부를 취소할 수 있습니다.
가. 허위의 신청이나 기타 부정한 방법으로 지방보조금을 교부받은 경우
나. 지방보조금을 다른 용도에 사용한 경우
다. 지방보조사업자가 법령의 규정, 지방보조금의 교부조건의 내용 또는 법령에 의한 충청남도지사(이하 "도지사"라 한다)의 처분에 위반한 경우
라. 해당 지방보조금 지원과 직접 관련된 전제 조건이 사후에 충족되지 아니하는 경우
마. 동일 또는 유사한 사업계획으로 다른 기관 또는 지방자치단체부터 중복하여 보조금

을 받은 경우
바. 도지사의 승인 없이 임의로 사업의 전부 또는 일부를 중지하였을 때
사. 지방보조사업에 소요되는 경비 중 지방보조금 등으로 충당되는 부분 외의 경비를 조달하지 못하는 경우
아. 지방보조사업계획서에 예정된 토지 또는 시설물 등을 사용할 수 없는 사유 등으로 지방보조사업 추진이 사실상 곤란한 경우

3. 지방보조금을 부정수급한 자에게는 다음의 제재 및 벌칙을 부과할 수 있습니다.
가.「지방보조금법」제32조에 따른 수행배제
나.「지방보조금법」제35조에 따른 제재부가금
다.「지방보조금법」제30조에 따른 명단공표
라.「지방보조금법」제37조 및 제38조에 따른 벌칙

4. 교부조건

[일반사항]
1. 지방보조사업자등은「지방보조금법」과「지방보조금법 시행령」,「지방보조금 관리기준(행안부 예규)」,「충청남도 지방보조금 관리 조례」,「충청남도 지방보조금 관리지침」, 그 밖에 보조사업과 관련된 개별 법 및 개별조례 등(○○법, ○○시행령, ○○조례, ○○ 규정) 교부조건 등에 따라 보조사업을 수행하여야 합니다.
2. 지방보조사업자는 법령, 보조금 교부결정의 내용 또는 도지사의 처분에 따라 성실히 지방보조사업을 수행하여야 하며, 지방보조금은 보조사업 목적인「○○○○」사업비 이외의 용도로 사용할 수 없습니다.
3. 지방보조사업자는 자부담 예산에 대한 집행을 전제로 하여 지방보조금 지급이 결정된 것이므로 자부담을 조달하지 못할 경우에는 교부결정 후에도 교부결정 취소 및 환수할 수 있으며, 교부신청서상의 자부담액을 우선적으로 집행하되 지방보조사업에 전액 집행하여야 하며 타당한 사유 없이 감액 집행한 경우에는 정산 시 동률의 지방보조금을 감액 조치할 수 있습니다.
4. 지방보조사업자는 교부받은 지방보조금에 대하여 별도의 계정을 설정하고 자체 수입 및 지출과 명백히 구분하여 계리하여야 합니다.
5. 지방보조사업자는 교부신청 시 제출한 지방보조사업 추진계획에 따라 효율적이고 투명하게 집행을 하여야 합니다.
6. 지방보조사업의 수행과정에서 수익(이자 포함)이 발생한 경우 지방보조금의 교부목적에 위배되지 아니하는 범위내에서 발생된 수익금의 전부 또는 일부에 해당하는 금액을 반환하여야 합니다.

[지방보조사업 집행]

제1부 예산편성

1. 지방보조사업자는 아래의 경우 도지사에게 서면으로 보고해야 한다.
   가. 지방보조사업이 개시되거나 완료되었을 때
   나. 보조사업자가 해산하거나 파산한 때
   다. 사업수행 단체의 대표자가 변경되었을 때
2. 지방보조사업자는 아래의 경우에는 도지사의 승인을 받아야 합니다.
   가. 사정변경으로 지방보조사업의 내용을 변경하거나 지방보조사업에 소요되는 경비의 배분을 변경(사업 안 내역사업 변경 포함)하고자 하는 경우. 다만, 사업계획에 포함된 항목 간 변경사용 등 경미한 사항의 경우에는 목적사업의 범위내에서 승인없이 변경가능
   나. 지방보조사업을 다른 지방보조사업에게 인계하거나 중단 또는 폐지하고자 하는 경우
   다. 지방보조금에 의하여 취득하거나 그 효용이 증가된 중요재산을 양도·교환 또는 대여하거나 담보로 제공하고자 하는 경우
3. 지방보조사업자는 도지사의 요구에 따라 연1회 이상(또는 월별) 사업의 수행실적을 보고하여야 합니다.
4. 지방보조사업자가 시공 및 구매계약을 체결하는 경우 지방계약법령 등에 따라 계약을 체결하고 집행하여야 하며, 이를 이행하지 않은 경우 지방보조금을 반환하여야 합니다.
* 「지방자치단체 회계관리에 관한 훈령(행안부 훈령)」을 준수하여 집행
** 지방계약법령 등에 따라 계약을 체결할 경우 도지사가 계약을 대행할 수 있음
5. 지방보조사업자는 지방보조금 사업별로 전용통장을 개설(법인일 경우 법인 명의로, 비법인은 단체명과 대표자 성명이 함께 들어간 명의)하고 그 통장과 연계하여 지방보조금 결제 전용 지방보조사업비 카드를 발급하여 지방보조금을 집행하여야 합니다. 다만, 지방보조사업비 카드를 사용할 수 없는 불가피한 경우에는 현금영수증과 세금계산서를 발급받아 지방보조금 교부신청 시 신고한 지방보조금 통장에서 계좌로 입금할 수 있습니다.
* 유흥업소 등 지방보조사업비 카드사용이 제한되는 업종에서의 지방보조금 사용은 정당한 집행으로 인정받을 수 없음

< 지방보조사업비 카드를 이용할 수 없는 불가피한 경우 >
◇ 인건비, 공공요금 및 산간오지·벽지 등으로 신용카드가맹점이 없는 경우
◇ 출장 현지에서 체크카드의 마그네틱이 손상되어 사용할 수 없는 경우
※ 이 경우에는 세금계산서를 받아 계좌입금을 원칙으로 한다.

6. 지방보조금 지출 시에는 증빙서류와 함께 지출결의서를 작성하여 대표자의 결재를 득한 후 지출하여야 하며, 사업비를 일괄 인출하여 사후 정산할 수 없습니다.
7. 지방보조사업자는 세제 관련 법령에 의하여 원칙적으로 계약대상자가 적법하게 발급한 세금계산서 등을 첨부하여야 합니다.
8. 민간단체법정운영비보조와 사회복지시설법정운영비보조 이외의 지방보조금 예산에서 보조단체 상근직원의 인건비, 단체 사무실 임대료 및 공과금 등 운영비를 지출할 수

없습니다.
* 다만, 특정 보조사업의 추진에 따라 그 사업기간 동안 직접 소요되는 인건비, 재료비 등은 '운영비'에 포함되지 않음
9. 지방보조금과 관련된 제반 규정에 위반되는 사실이 발견된 때에는 도지사는 시정을 명하거나 현지조사를 할 수 있습니다.
10. 지방보조사업자는 지방보조금을 지원받아 취득하거나 지방보조금 지원으로 그 효용가치가 증가한 토지 등 부동산에 관한 소유권 등기에는 부기등기를 하여야 합니다.
11. 「충청남도 지방보조금지원 표지판 설치에 관한 조례」에 따라 당해 사업은 ○○표지판 설치 대상이며, 설치에 드는 비용은 자부담으로 처리합니다. 설치는 사람들이 보기 쉬운 장소에 설치하고, 설치기간, 표지판의 규격 및 재질, 관리카드 작성제출 등 관련 규정을 준수하여야 합니다.

[지방보조사업 정산]
1. 지방보조사업자는 지방보조사업을 완료하였을 때, 폐지의 승인을 받았을 때 또는 회계연도가 끝났을 때에는 그때로부터 2개월 이내에 지방보조사업 실적보고서(지방보조사업 정산보고서 포함)를 제출하여야 하며, 정당한 사유없이 실적보고가 지연될 경우 이후 지급될 지방보조금의 삭감 및 공모사업자 선정 제외 등의 제재를 받을 수 있습니다.
2. 지방보조사업자는 지방보조사업에 대한 해당 지방보조금의 총액이 3억원 이상인 경우에는 정산보고를 외부 검증기관(「주식회사 등의 외부감사에 관한 법률」 제2조제7호 및 제9조에 따른 감사인)에서 검증받아야 합니다.
* 국고보조사업에 포함이라 할지라도 해당 보조사업에 대한 지방보조금 총액이 3억원 이상인 경우에는 정산보고 검증대상임.
3. 지방보조사업자는 같은 회계연도 중 교부받은 지방보조금의 총액이 10억원 이상일 경우 「주식회사 등의 외부감사에 관한 법률」 제2조제7호 및 제9조에 따른 감사인이 해당 회계연도를 기준으로 작성한 감사보고서를 도지사에게 제출해야 합니다. 다만, 2년 이상 계속하여 지방보조금을 교부받고 직전 회계연도에 감사보고서를 제출한 경우에는 해당 회계연도에 대한 감사보고서의 작성·제출을 생략할 수 있습니다.
4. 지방보조사업자는 지방보조금 전용통장 사용으로 지방보조금 이자발생 현황을 명확히 파악할 수 있도록 하여야 하며, 지방보조사업 완료 후 정산 확정시 사용잔액 및 이자를 함께 반납하여야 합니다.
5. 다음의 정산잔액은 소정의 절차를 거쳐서 즉시 반납하여야 합니다.
    가. 이미 교부된 지방보조금과 이로 인하여 발생한 이자를 더한 금액이 확정된 교부금액을 초과한 경우 그 초과액
    나. 집행증명서류가 집행내역과 일치하지 않을 경우에 그 차액
6. 지방보조사업자는 지방보조사업의 수행과 관련된 계산서, 증거서류, 첨부 서류 등 사용내역을 증명하는데 필요한 서류를 자체규정에 따라 구비하여야 하고, 당해 지방보조사업 종료연도부터 5년간 이를 보존하여야 합니다.

제1부 예산편성

7. 도지사는 지방보조금 교부결정 시 지방보조사업자가 지방보조금을 교부받은 후 원칙적으로 지방보조금의 이월은 허용되지 않으나 도지사가 인정한(당해 회계연도) 경우에만 이월할 수 있습니다.
8. 지방보조금으로 취득한 중요재산의 관리
   가. 교부받은 지방보조금으로 취득한 중요재산은 사업이 완료된 후 재산 처분의 제한을 받습니다.
   나. 교부받은 지방보조금으로 취득한 재산에 대하여는 지방보조금 정산 시 재산목록을 제출하여야 합니다. 또한 중요재산 관리대장을 비치하고 목적에 맞게 관리하여야 하며, 변동현황을 주기적으로 보고하고, 그 처분 등에 있어서는 도지사의 승인을 받아야 합니다.

<(예시) 중요재산 현황>

사업명	보조사업자	취득자산명	규격 및 모델명	취득연도	단가(원)	수량	취득가액(원)	설치(시설)주소

<(예시) 부기등기 관리 내역>

사업명	보조사업자	대상부동산	물건명칭	면적(㎡)	사후관리기간	취득(말소)일	말소사유

[지방보조사업 부정수급 대응]
지방보조금을 거짓 신청이나 그 밖의 부정한 방법으로 교부받거나, 교부목적과 다르게 사용 또는 법령 등에서 정한 교부 목적 등을 위배한 사실이 확인되는 경우에는 법령이 정하는 바에 따라 지방보조금 교부 결정취소, 지방보조금 반환, 제재부가금 징수 및 지방보조사업 수행배제 등의 조치를 취할 수 있습니다.

20 . . .

충 청 남 도 지 사

[출처] 충청남도 지방보조금 관리지침(2024)

요모조모 뜯어보기

보조금 교부결정서에 흔히 「內示내시」라는 용어를 사용합니다. 「예산내시」는 예산이 확정되었음을 알리는 것입니다. 최근에는 「교부 내시」 보다 「교부 결정」이라는 알기 쉬운 용어를 많이 사용합니다.

3 보조금 인식 시기

e나라도움을 사용하면, 보조금이 국가 명의의 예탁계좌에 입금되었다가, 보조사업자의 신청에 따라 보조사업자의 계좌로 이체된다. 이때 보조금 교부통지를 받은 시점 또는 e나라도움 예탁계좌에 보조금이 입금된 시점에 인식하는지, 아니면 보조사업자가 보조금을 지출한 시점에 인식하는지를 결정해야 한다.

회계처리는 「보조금을 사용한 시점이 속하는 사업연도」에 보조금을 인식한다(금융감독원 질의회신 2010-018, 산업기술혁신사업R&D정부출연금회계처리guide). 세무상 보조금의 익금 귀속시기도 보조사업자의 계좌로 이체된 때로 본다. 이는 보조금이 입금된 위탁계좌는 국가 소유의 것일 뿐 실질적인 소유권 등이 보조사업자에게 있다고 보기 어렵고, 보조사업자가 보조금을 실제 수취하기 위해서는 일련의 추가절차를 구비하여야 하므로, 보조금이 보조사업자 예금계좌에 입금된 시기를 익금 귀속시기로 본다(조세심판원 심판결정례 조심2023부3494). 이는 법인세법 제40조에 각 사업연도의 익금과 손금의 귀속 사업연도는 「그 익금과 손금이 확정된 날」이 속하는 사업연도로 한다는, 권리의무 확정주의를 채택하기 때문이다.

제1부 예산편성

금융감독원 질의회신
[2010-018] 연구개발 관련 국고보조금에 관한 회계처리
[질의]
○ A기업(연구개발 주관기관)은 지식경제부산하 B전담기관(이하 '전담기관')과 '산업기술촉진법'에 따른 지식경제기술혁신사업을 수행하기 위해서 협약서를 체결하고 연구개발과제를 수행하고 있으며 해당 연구비를 국고 지원받고 있음

○ 2010년부터 국가연구개발비의 부정사용을 방지하기 위해 '실시간 통합연구비관리시스템'(이하 'RCMS')이 도입되었으며 RCMS는 전담기관이 관리

○ RCMS(Real-time Cash Management System) 도입 이후에는 전담기관 명의 은행계좌(전담기관 RCMS계좌)로 민간부담금(A기업 부담금, 예 20%)과 정부출연금(국고보조금, 예 80%)이 전액 입금된 후 연구비 청구시 주관기관에 이체

- A기업이 실제 연구비를 사용하였다는 증빙을 첨부하여 전담기관에 연구비 지급을 신청하면 전담기관은 집행내역을 검토 후 A기업 명의 은행계좌로 이체함

- 연구과제 종료후 연구비를 미사용하면 민간부담금 지분 해당분은 반환받음

(질의) 상기 RCMS의 도입에 따른 국고보조금의 인식시점은?

[회신]
○ 귀 질의의 경우 A기업이 국고보조금의 지급요건을 충족하는 연구비를 사용하였다면 관련 협약서 등에 따라 국고보조금을 지급받을 수 있는 권리가 발생되므로 동 연구비 등을 사용한 시점이 속하는 사업연도에 해당 국고보조금을 인식하는 것이 타당함

조세심판원 심판결정례
조심2023부3494 (2024.06.19.)
[제목]
청구법인이 국가로부터 받는 국고보조금이 국가 명의의 예탁계좌에 입금되었다가 청구법인의 신청에 따라 청구법인의 계좌로 이체되는 경우, 국고보조금의 익금 귀속시기를 청구법인의 계좌로 이체된 때로 볼 수 있는지 여부 등

(결정요지)
국고보조금이 입금된 위탁계좌는 국가 소유의 것일 뿐 실질적인 소유권 등이 청구법인에게 있다고 보기 어렵고 청구법인이 국고보조금을 실제 수취하기 위해서는 일련의 추가절차를 구비하여야 하는 것으로 보이는 점 등에 비추어 국고보조금이 청구법인 예금계좌에 입금된 시기를 익금 귀속시기로 봄이 타당함

4 보조금수익은 부가가치세 과세대상인가?

부가가치세는 재화 또는 용역의 공급에 대해서 부과하는데, 「재화 또는 용역의 공급과 직접 관련되지 아니하는 국고보조금과 공공보조금」은 부가가치세 과세대상이 아니다(부가가치세법 제29조 5항 4호). 따라서 보조금 수령에 대해서 부가가치세가 부과되지 않는다.

그러나 민관이 공동으로 추진하는 국고보조사업에서 민간기업이 용역을 공급하고 그 사업성과물이 지방자치단체에 귀속하면, 보조금을 사업비로 지급받았다고 보고 부가가치세를 과세하기도 한다.

부가가치세법
제29조(과세표준) ⑤ 다음 각 호의 금액은 공급가액에 포함하지 아니한다.
4. 재화 또는 용역의 공급과 직접 관련되지 아니하는 국고보조금과 공공보조금

세법해석례
사전-2022-법규부가-1001[법규과-163]
[제목]
국고보조사업에 참여한 민간기관이 지급받는 보조금의 부가가치세 과세여부 등

[답변내용]
국토교통부와 ○○시(이하 "○○시")가 "2022년 지역거점 스마트시티 조성사업"(이하 "협약사업") 추진을 위하여 협약을 체결하고 이와 관련하여 ○○시·○○시 △△구·◎◎공사·민간참여기관이 체결한 협약에 따라 민간참여기관이 ○○시로부터 협약사업과 관련된 보조금(이하 "보조금")을 사업비로 지급받는 경우로서
1. 민간참여기관이 협약사업에 대한 단위사업을 수행하고 보조금이 사용되어 도출되는 사업성과물은 ○○시에 귀속되는 경우 「부가가치세법」 제11조제1항에 따라 ○○시에 용역을 공급하는 것으로서 부가가치세가 과세되는 것이며, 이 경우 부가가치세 과세표준은 같은 법 제29조에 따라 민간참여기관이 해당 단위사업을 수행함에 있어 ○○시로부터 지급받는 보조금 전부가 되는 것입니다.
2. 이 경우 민간참여기관은 ○○시를 공급받는 자로 하여 「부가가치세법」 제32조에 따라 세금계산서를 발급하는 것입니다.

3 거짓 신청에 대한 벌칙

① 거짓 신청에 대한 벌칙

보조금을 거짓 신청하면, 「보조금 관리에 관한 법률」과 「지방자치단체 보조금 관리에 관한 법률」에 의거하여 10년 이하의 징역 또는 1억 원 이하의 벌금에 처한다. 또한 법인과 개인 모두에 대한 양벌규정을 두고 있다.

보조금 관리에 관한 법률

제40조(벌칙) 다음 각 호의 어느 하나에 해당하는 자는 10년 이하의 징역 또는 1억원 이하의 벌금에 처한다.
 1. 거짓 신청이나 그 밖의 부정한 방법으로 보조금이나 간접보조금을 교부받거나 지급받은 자 또는 그 사실을 알면서 보조금이나 간접보조금을 교부하거나 지급한 자
 2. 제26조의6제1항제1호를 위반한 자

제43조(양벌규정) 법인의 대표자나 법인 또는 개인의 대리인, 사용인, 그 밖의 종업원이 그 법인 또는 개인의 업무에 관하여 제40조부터 제42조까지의 어느 하나에 해당하는 위반행위를 하면 그 행위자를 벌하는 외에 그 법인 또는 개인에게도 해당 조문의 벌금형을 과(科)한다. 다만, 법인 또는 개인이 그 위반행위를 방지하기 위하여 해당 업무에 관하여 상당한 주의와 감독을 게을리하지 아니한 경우에는 그러하지 아니하다.

지방자치단체 보조금 관리에 관한 법률

제37조(벌칙) 다음 각 호의 어느 하나에 해당하는 자는 10년 이하의 징역 또는 1억원 이하의 벌금에 처한다.
 1. 거짓 신청이나 그 밖의 부정한 방법으로 지방보조금을 교부받거나 지급받은 자 또는 그 사실을 알면서 지방보조금을 교부하거나 지급한 자
 2. 제28조의4제2항제1호를 위반한 자

제40조(양벌규정) 법인의 대표자나 법인 또는 개인의 대리인·사용인, 그 밖의 종업원이 그 법인 또는 개인의 업무에 관하여 제37조부터 제39조까지의 어느 하나에 해당하는 위반행위를 하면 그 행위자를 벌하는 외에 그 법인 또는 개인에게도 해당 조문의 벌금형을 과(科)한다. 다만, 법인 또는 개인이 그 위반행위를 방지하기 위하여 해당 업무에 관하여 상당한 주의와 감독을 게을리하지 아니한 경우에는 그러하지 아니하다.

2 사례탐구

- ○○과 □□는 대표자와 구성원이 같고 사무실도 같은 동일한 단체임에도 보조금지원기관의 4개 부서에서 민간경상보조사업비를 각각 지원받아 동일 장소 및 시간에 사업을 추진하면서 사업비 일부를 중복하여 수령했다. 이에 중복 수령한 보조금 전액을 환수했다.

- 동일한 사업 계획에 대하여 서로 다른 부처로부터 보조금을 각각 수급했다.

- 「○○강 역사문화, 생태체험 특화단지 조성사업」과 「○○강 역사 이야기촌 조성 사업」으로 중복해서 수급했다.

- ○○기금을 활용한 과제를 수행하면서 중소기업 기술개발 과제를 중복 수행했다.

- A시 재난지역 선포 후 가구당 보상금 지급 시 아빠, 엄마, 아들이 3중으로 수급했다.

- 중소기업 기술개발 지원사업을 수행하는 자가 이미 개발된 제품의 사업계획서를 허위로 제출하는 수법으로 보조금을 횡령했다.

- 대법원, 2015두50580, 2017. 7. 11. 청년인턴지원금 반환처분 취소 등
甲 주식회사가 청년취업인턴제 사업에 실시기업으로 참여하여 26명의 인턴을 채용하고 '청년인턴지원금'을 교부받은 후 그중 11명을 정규직으로 전환하고 7개월 이상 고용을 유지하여 '정규직전환지원금'을 지급받았는데, 인턴들의 임금을 부풀려 '청년인턴지원금'을 지급받았다는 이유로 지방고용노동청장이 보조금 관리에 관한 법률 제30조, 제31조에 따라 '청년인턴지원금' 및 '정규직전환지원금' 반환명령을 한 사안에서, '청년인턴지원금'과 '정규직전환지원금'은 별개의 보조금이어서 甲 회사가 인턴들의 임금을 부풀려 '청년인턴지원금'을 과다하게 지급받은 뒤 인턴들 중 일부를 정규직으로 전환했더라도 '정규직전환지원금'의 지급요건을 갖추었다면 '정규직전환지원금'에 관하여는 '거짓 신청 또는 그 밖의 부정한 방법으로 보조금을 지급받은 경우'에 해당한다고 볼 수 없다.

4 예산변경

1 예산변경

보조사업자는 사정의 변경으로 보조사업의 내용 또는 보조금과 자기부담 간 소요되는 경비의 배분을 변경하려면 보조금지원기관의 승인을 받아야 한다. 보조금지원기관의 승인이 필요한 사항은 다음과 같다(보조사업 실적보고서 및 정산보고서 작성지침 제6조제2항).

1. 보조비목 및 보조세목의 신설
2. 보조비목 간의 전용

다만, 사업계획에 포함된 항목 간 변경사용 등 보조금지원기관이 정하는 경미한 사항의 경우에는 목적사업 범위 내에서 승인 없이 변경 가능하다(지방보조금법 제14조). 일반적으로 경미한 사항이란, 총 보조사업비의 10% 미만이면서, 동일 항목(보조비목) 내 세부항목(보조세목) 간 30% 이하 예산변경이 해당하는데, 보조사업별로 규정이 다르므로 유의해야 한다. 고용노동부의 「2024년 지역·산업맞춤형 일자리창출 지원사업 시행지침」은 다음과 같이 세부내역을 정의한다.

> < 동일한 사업계획 내에서 예산 변경 기준 >
> - 세항목내 예산변경은 허용(사업수행기관은 지방자치단체에 10일 이내 사후 통보 → 지방자치단체는 10일 이내 관할 고용노동(지)청에 통보)
> - 항목 내 세항목간 예산변경은 누적하여 항목 사업비의 20% 금액까지 허용(지방자치단체가 관할 고용노동(지)청에 10일 이내 사후통보)되나 초과할 경우 사전 승인 필요
>   ※변경금액 누적 총합이 항목 사업비의 20%가 될 때까지 횟수는 제한하지 않음
> - 항목 간 예산변경은 원칙적으로 불가하나 특별한 사정이 발생한 경우, 지방자치단체가 관할 고용노동(지)청의 사전 승인 후 변경가능
>   例) 사업내용이 변경되지 않는 범위 내에서 사업내 세부 프로그램이 추가·변경되는 경우

총 보조사업비의 10% 미만 변경이더라도 사후 보고해야 하며, 보조금지원기관의

승인 없이 변경·집행한 금액은 원칙적으로 불인정되어 반납하여야 한다.
보조사업자는 단체명, 대표자, 주소, 연락처, 실무자 인적사항 및 연락처 변경 사항이 있을 경우, 보조금지원기관에 관련 내용을 등록, 변경 신청하여야 한다. 예산(사업계획)변경 절차는 다음과 같다.

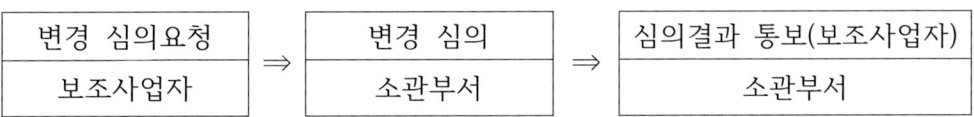

- 대상 : 당초 심의 시 확정된 사업 이외에 변경되는 모든 사업
- 내용
  - 추진계획 및 예산집행 내용 변경이 불가피한 경우 변경 사전심의 신청
  - 변경사유 및 변경내용을 구체적으로 작성하여 공문으로 승인 신청
  - 소관부서는 변경내용을 사전 심의하여 승인여부를 결정하고 보조사업자에게 통보

요모조모 뜯어보기

보조사업자가 규모가 큰 공익법인이거나 정부·지방자치단체의 출자·출연기관이면, 이사회에서 예산수립과 변경에 대한 의결을 해야 합니다. 그러나 일반적으로 이사회를 개최하기가 쉽지 않기 때문에, 예산변경에 곤란을 겪는 경우가 많습니다. 따라서 이사회 서면결의를 종종 사용합니다.

예산전용에 대한 승인이 완료되면 다음 예제와 같은 절차로 사용한다. 당초 물품비와 소모품비 예산이 있었으나 소모품비를 많이 사용해서 소모품비 잔액이 많이 남지 않았었는데 추가적인 소모품비 3만 원 집행이 필요한 경우, 잔액이 남은 물품비에서 소모품비로 예산을 전용한 후 소모품비에서 집행한다.

비목	당초예산	사용	전용 전 잔액	예산전용	전용 후 잔액	전용 후 사용
물품비	100,000	-	100,000	-30,000	70,000	
소모품비	50,000	45,000	5,000	30,000	35,000	30,000

제1부 예산편성

「충청남도 지방보조금 관리지침(2024)」의 「사업변경 승인 신청」의 양식은 다음과 같다.

사업변경 승인 신청 (예시)

수신: 충청남도지사
참조: ○○○과장(담당실과)
제목: ○○○지방보조사업 사업내용(또는 소정경비 배분) 변경 승인 신청

20××년 지방보조금 지원사업으로 우리 단체가 추진하고 있는 ○○○ 사업에 대한 지방보조사업의 내용 또는 소요경비 배분을 변경하고자 지방보조금법 제14조의 규정에 따라 다음과 같이 신청하오니 승인하여 주시기 바랍니다.

1. 사 업 명 : ○○○
2. 지방보조금 : 금1,000,000원(금일백만원)
3. 변 경 사 유 : 변경사유를 구체적으로 기재
4. 소요경비배분 신청내역(단위: 원)

단위 사업명	지출항목	당초예산		변경예산		변경예산 산출근거
		지방보조금	자부담	지방보조금	자부담	

※ 변경사항에 대한 구체적인 산출근거 및 증빙자료(견적서 포함) 첨부해야합니다.

○○○단체장(직인)

담장자○○○ (서명날인) 국장○○○ (서명날인) 단체장○○○ (서명날인)
시행 ○○-○○(20 . . .) 접수 (20 . . .)
우: ○○○○○ 주소
전화   전송   (이메일주소)

2 사업폐지

사정의 변경으로 보조사업을 다른 사업자에게 인계, 중단 또는 폐지하고자 할 때에는 미리 보조금지원기관의 승인을 받아야 한다. 승인을 받지 않고 인계, 중단 또는 폐지하면 2년 이하의 징역 또는 2천만 원 이하의 벌금에 처한다.

> **보조금 관리에 관한 법률**
> **제24조(보조사업의 인계 등)** 보조사업자는 사정의 변경으로 그 보조사업을 다른 사업자에게 인계하거나 중단 또는 폐지하려면 중앙관서의 장의 승인을 받아야 한다.
> **제42조(벌칙)** ① 제23조 또는 제24조를 위반하여 중앙관서의 장의 승인을 받지 아니하고 보조사업의 내용을 변경하거나 보조사업을 인계·중단 또는 폐지한 자는 2년 이하의 징역 또는 2천만원 이하의 벌금에 처한다.
>
> **지방자치단체 보조금 관리에 관한 법률**
> **제15조(지방보조사업의 인계 등)** 지방보조사업자는 사정의 변경으로 그 지방보조사업을 다른 사업자에게 인계하거나 중단 또는 폐지하려면 미리 지방자치단체의 장의 승인을 받아야 한다.
> **제39조(벌칙)** ① 제14조 또는 제15조를 위반한 자는 2년 이하의 징역 또는 2천만원 이하의 벌금에 처한다.

제1부 예산편성

③ 사례탐구

- 사업계획 변경 승인 없이 사업계획을 변경하여 집행하거나, 당초 자부담 예산 사용분을 보조금으로 사용했다.

- 사업계획에 설정되지 않은 비목을 신설하거나, 단체의 자의적인 판단에 따라 세부사업 간 예산을 전용하여 집행했다.

- 임의단체로 보조사업을 수행하다가 사단법인을 설립해서 보조사업을 계속 수행하고자 했다. 그러나 대표자 및 구성인원과 사업내용은 모두 동일하다고 하더라도 임의단체와 사단법인은 법인격이 다르므로, 보조금지원기관에 변경신청을 해서 승인을 득해야 한다.

- 「○○ 특화사업」의 완료보고서 및 정산검사를 하면서 보조금 교부결정 시 사업내용에 따라 실시하지 않고, 적법한 절차를 거치지 않고 교부결정의 사업내용과 다르게 변경하여 완료보고를 하였는데도 정산처리 했다.

- 보조사업자는 12월 21일에 위탁기관의 승인 없이 인건비 예산을 감액한 후 사업비와 운영비를 증액하여 집행하였다.

- 노인복지시설 기능보강사업으로 지원받아 진행 중인 사업과 관련하여 중간에 설계내역이 변경되어 면적 및 사업비(도급금액)가 증가하였으나, 종전에 계약된 도급계약서를 인정하여 보조금을 지급할 수 있는지 여부
  ⇒ 보조사업의 내용이 변경된 경우에는 변경된 내용의 관련 서류를 제출하여야 한다. 따라서, 사업비의 변경은 자기부담금의 변경을 초래하기 때문에 변경된 내용에 따라 새롭게 작성된 도급계약서를 토대로 추후 정산 등이 이루어져야 하므로, 특별한 사정이 없는 한 종전에 체결된 도급계약서를 인정하여 보조금을 지급하기는 어렵다.

- (질의)자치단체장의 승인을 받지 아니하고, 사업장을 다른 시로 이전한 보조사업자에 대해 보조금 환수가 가능한지?
  ⇒ 보조사업자가 당해 자치단체장의 승인을 받지 아니하고 사업장을 다른 시로 이전하였다면 보조금 교부조건 등과 관계법령에 따라 보조금의 반환을 명할 수 있을 것으로 판단되나, 해당 자치단체에서 교부조건을 면밀히 검토하여야 함.

2 집행 실무

제4장 집행기준
제5장 일반지출
제6장 인건비, 인건비성경비 지출
제7장 소득유형과 원천징수
제8장 구매 및 임차
제9장 수익과 부가가치세
제10장 보조금 회계처리

잠깐 숫자 상식

- 수를 적을 때는 「만(萬)」단위로 띄어 씁니다.

    삼천이백사십삼조 칠천팔백육십칠억 팔천구백이십칠만 육천삼백오십사
    3243조 7867억 8927만 6354

    > **한글맞춤법**
    > **제5장 제44항** 수를 적을 적에는 '만(萬)' 단위로 띄어 쓴다.

    다만, 금액을 적을 때는 변조 등의 사고를 방지하려는 뜻에서 붙여 쓰는 게 관례입니다.

    일금: 삼십일만오천육백칠십팔원정.

- 금액을 나타내는 단위 「원」은 앞말과 띄어 씁니다. 다만, 숫자와 함께 쓰이는 경우에는 붙여 쓸 수 있습니다.
    억원 → 억 원

    > **한글맞춤법**
    > **제5장 제43항** 단위를 나타내는 명사는 띄어 쓴다. 다만, 순서를 나타내는 경우나 숫자와 어울리며 쓰이는 경우에는 붙여 쓸 수 있다.

- 금액을 적을 때 절사할 단위를 결정하는 것이 중요합니다. 「국고금관리법」은 10원 미만을 절사하도록 하고 있습니다.

    > **국고금관리법**
    > **제47조(국고금의 끝수 계산)** ① 국고금의 수입 또는 지출에서 10원 미만의 끝수가 있을 때에는 그 끝수는 계산하지 아니하고, 전액이 10원 미만일 때에도 그 전액을 계산하지 아니한다. 다만, 대통령령으로 정하는 경우에는 그러하지 아니하다.

    > **지방회계법**
    > **제55조(끝수 처리)** 지방자치단체의 수입 또는 지출에서 10원 미만은 계산하지 아니할 수 있고, 전액이 10원 미만이면 0으로 처리할 수 있다. 다만, 세입금을 분할하여 징수하는 등 대통령령으로 정하는 경우에는 그러하지 아니하다.

제4장
집행기준

1. 용도 외 사용금지
2. 별도 계정, 전용 계좌·카드
3. 사업기간 내 지출
4. 자기부담금
5. 보조금관리시스템
6. 이해관계자와 거래 금지

제2부 집행실무

1 용도 외 사용금지

① 용도 외 사용금지

보조사업자는 법령, 보조금 교부결정의 내용 또는 자치단체장의 처분에 따라 선량한 관리자의 주의로 성실히 보조사업을 수행하여야 하며, 그 보조금을 다른 용도에 사용하여서는 안 된다. 용도 외 사용한 경우의 예시는 다음과 같다.

- 당초 사업계획 및 교부결정에 없는 용도의 사업비 집행
- 사업기간 종료 후 사업비 집행 잔액을 집행한 경우
- 사업계획이 변경되었음에도 사전 사업계획 변경 승인 없이 집행한 경우 등

보조금 관리에 관한 법률
제22조(용도 외 사용 금지) ① 보조사업자는 법령, 보조금 교부 결정의 내용 또는 법령에 따른 중앙관서의 장의 처분에 따라 선량한 관리자의 주의로 성실히 그 보조사업을 수행하여야 하며 그 보조금을 다른 용도에 사용하여서는 아니 된다.
② 간접보조사업자는 법령과 간접보조금의 교부 목적에 따라 선량한 관리자의 주의로 간접보조사업을 수행하여야 하며 그 간접보조금을 다른 용도에 사용하여서는 아니 된다.
제41조(벌칙) 다음 각 호의 어느 하나에 해당하는 자는 5년 이하의 징역 또는 5천만원 이하의 벌금에 처한다.
 1. 제22조를 위반하여 보조금이나 간접보조금을 다른 용도에 사용한 자

지방자치단체 보조금 관리에 관한 법률
제13조(지방보조금의 용도 외 사용 금지) 지방보조사업자는 법령, 지방보조금 교부 결정의 내용 또는 법령에 따른 지방자치단체의 장의 처분에 따라 선량한 관리자의 주의로 지방보조사업을 수행하여야 하며, 해당 지방보조금을 다른 용도에 사용하여서는 아니 된다.
제38조(벌칙) 다음 각 호의 어느 하나에 해당하는 자는 5년 이하의 징역 또는 5천만원 이하의 벌금에 처한다.
 1. 제13조를 위반하여 지방보조금을 다른 용도에 사용한 자

제4장 집행기준

> ### 🔍 요모조모 뜯어보기
>
> 명시적인 규정은 없지만, 「용도 외 사용」으로 볼 수 있는 것이 벌금과 과태료 등입니다. 법인세법은 이를 손금에 산입하지 못하게 하므로, 이 취지에 비추어 볼 때 벌금과 과태료 등은 보조금으로 사용하지 않아야 합니다. 또한 각종 취소수수료도 부득이한 상황이 인정되지 않으면 보조금으로 집행할 수 없습니다.
>
> **법인세법**
> **제21조(세금과 공과금의 손금불산입)** 다음 각 호의 세금과 공과금은 내국법인의 각 사업연도의 소득금액을 계산할 때 손금에 산입하지 아니한다.
> 3. 벌금, 과료(통고처분에 따른 벌금 또는 과료에 상당하는 금액을 포함한다), 과태료(과료와 과태금을 포함한다), 가산금 및 강제징수비
> 5. 법령에 따른 의무의 불이행 또는 금지·제한 등의 위반에 대한 제재(制裁)로서 부과되는 공과금

또한 보조사업은 원칙적으로 재위탁을 금지한다.

> **지방자치단체 예산편성 운영기준**
> **별표11. 세출예산 성질별 분류**
> 민간경상사업보조를 받은 자는 보조금교부조건에 특별한 규정이 없는 한 제3자에게 재위탁 불가

제2부 집행실무

2 사례탐구

- 농가.농업법인체에 필요한 영농기술 등을 제공토록 시설.장비를 지역농과계 대학에 지원하였으나, 실제 구입 장비를 「학술활동, 자체실험, 교수의 논문용」으로 활용하고 있는데도 지도감독 없이 방치했다.

- 사업 운영계획에 의한 e-비지니스 활성화 프로그램 내용을 완료하였음에도, 집행잔액을 「농업인 육성을 위한 비용절감경영혁신단」 운영 평가회의 급식을 위하여 본래의 사업 목적과 관련 없이 지급했다.

- 「농업전문가 양성사업비」 집행잔액을 반납하지 않고, 교육관 자동문 수리비로 집행했다.

- 보조금으로 수령한 연구개발비를 회사 채무 상환, 차량구입 등 개인용도로 사용했다.

- 보조사업자의 공공요금 및 제세금 명목의 지출액 중 일부가 보조사업자의 회계장부 마감.정리 및 법인세 신고를 위한 법인의 회계결산 조정료로 집행한 것으로 파악되어서, 위탁사업과 관련이 없는 사항이므로 집행액을 불인정했다.

- 보조사업자 단체운영 및 시설유지관련 경비를 보조금으로 지출했다.

- '제○○회 ○○기 전국 고등학교 ○○대회'와 '2019 ○○연맹 전국 ○○대회'를 '2019년 ○배 전국 유소년 ○○클럽대회'로 집행하는 등 당초 의결된 목적대로 집행하지 않고, 다른 보조사업으로 세출예산을 집행했다.

- 대학·병원·연구기관 교수들이 국가·민간에서 각자 따낸 개별 사업 연구비를 학과 단위로 한데 섞어 공유했다(풀링, pooling). 학계에선 관행이란 이유로 국가·민간에서 지원하는 각종 연구비를 한꺼번에 섞어 쓰는 일이 버젓이 벌어졌다.

- '○○터널 건설공사'에서 발생한 집행 잔액을 국토부에 반납하지 않고 ○○터널 개통 이후 교통량 증가로 인한 교통사고 위험이 증가하여 안전시설물 설치가 필요하다는 사유로 ○○터널 건설공사 사업구역 이외 지역에 가드레일 설치 공사비로 사용하는 등 4개 사업에 대하여 국고보조금 집행 잔액 △△△백만여 원을 부당하게 집행했다.

2 별도 계정, 전용 계좌·카드

사업자는 교부받은 보조금을 기존 사업과 별도로 관리하여야 한다. 비용지출과 수익뿐만 아니라 자산 취득이 있는 경우, 자산은 별도로 원장(장부)을 작성하여 증감액과 현재액을 관리한다. 이때 보조금과 관련된 수입과 지출을 명백히 구분하여 회계처리하는 단위를 「별도 계정(計定, 또는 별도 회계, 구분 회계)」이라고 한다.

1 전용 계좌

보조금 계좌는 자기부담을 포함한 보조금만 관리할 수 있도록, 1개 사업에 1개 계좌를 신규 개설하여 사용한다. 신규 개설하는 전용계좌는 보조사업자 명의로서, 수시 입출금이 가능하고, 원금이 보장되며, 담보설정이 되지 않는 보통예금 계좌로 한다. 보조사업 수행과정에서 수익금이 발생하면, 보조사업비와 구분하여 별도 계좌를 개설하여 관리한다(보조사업 실적보고서 및 정산보고서 작성지침 제7조). 계좌는 보조금 정산이 완료될 때까지 해지하면 안 된다.

> **요모조모 뜯어보기**
>
> 국고보조금과 지방보조금을 함께 받는 경우는 별도로 계좌를 개설하는 경우가 있고, 수익이 발생하는 경우도 별도 계좌를 개설하며, 일반적으로 원천징수를 관리하기 위한 계좌도 별도로 관리하는 경우가 있습니다. 따라서 몇 개의 계좌를 개설·관리해야 하는지를 사전에 보조금지원기관에 문의하고, 개설하는 것이 바람직합니다.

보조금 전용 신규계좌를 개설하는 것은 보조금 정산을 투명하게 하고, 보조금에 따른 이자금액 계산을 정확하게 하기 위해서다. 그러나 다음의 경우는 예외로 한다.

- 자기부담 금액에 대한 정산을 명확하게 하도록, 보조금 계좌와 자기부담 계좌를 분리하여 만드는 경우
- 지방자치단체가 보조금 집행 및 정산에 문제가 없다고 판단하는 다음과 같은 경우는 기존 계좌 사용 가능
  - 100만 원 이내 범위에서 개인에게 지급하는 보조금

제2부 집행실무

- 기존 일반계좌의 잔액을 「0원」으로 하여 보조금 전용계좌로 사용하는 경우

> **요모조모 뜯어보기**
>
> 「예금계좌(計座, account)」를 구좌(口座)라고 쓰는 경우도 있지만, 구좌는 일본식 한자어이므로 계좌라고 하는 것이 적합합니다. 이와 비슷한 경우가 「잔액(殘額, balance)」과 잔고(殘高)가 있는데, 마찬가지로 잔액으로 사용하는 것이 적합합니다.

보조금 계좌 이름은 보조사업자 이름과 같아야 한다. 법인이면 법인 명의로, 법인이 아니면 단체 이름과 대표자 이름이 함께 기재된 계좌를 개설한다. 이외 다른 이름을 혼용하거나 대표자 개인 이름의 계좌를 사용하지 못한다.

계좌 발급 시 필요한 구비서류는 다음과 같다. 그러나 정확한 서류는 은행마다 다르므로, 은행에 미리 확인해야 한다.

- 대표자 신분증 (되도록 대표자가 직접 가야 함)
- 정관 등 단체의 규칙을 증명하는 서류 (여기에 어떤 직책이 단체를 대표하는지 명시해야 한다. 예를 들어 「이사장이 단체를 대표한다」고 명시해야 함)
- 총회의사록 (대표자가 누구인지 그 이름이 명시되어야 함)
- 고유번호증
- 사무실 임대차계약서 (계약자에 단체명이 들어가야 함)

> **요모조모 뜯어보기**
>
> 계좌를 발급받기 위해서 필요한 것이 사업자등록증입니다. 그러나 비영리법인은 영리사업을 하지 않으므로, 사업자등록증 대신에 고유번호증을 발급받습니다. 고유번호증은 관할 세무서에 「법인으로 보는 단체」로 등록하고 발급받습니다. 은행에 고유번호증을 제출하면, 은행은 고유번호증의 이름 그대로 계좌 이름을 적어서 발행합니다.

2 전용 카드

보조금을 집행할 때 불가피한 경우를 제외하고는 보조금 지출 전용 신용카드 또는 체크카드를 사용하여야 한다. e나라도움을 예치형으로 사용하면 경비 집행 후에 대금을 청구하는 신용카드를 사용하고 그 이외 경우는 체크카드를 일반적으로 사용하므로, 미리 사업 유형에 맞는 전용카드를 확인해야 한다.

전용 신용카드 또는 체크카드는 보조금 전용계좌와 연계되어 있어야 하며, 사업자가 법인일 경우 법인 명의로 발급받고, 비영리단체일 경우 대표자 명의로 체크카드를 발급받아서 사용한다. 그러나 전용카드 사용이 원칙이되, 부득이한 경우에는 「계좌입금(필요시 전자세금계산서 첨부)」 또는 「소상공인 간편결제시스템(제로페이)」도 가능하다. 카드매출전표와 전자세금계산서는 반드시 보조금시스템에 전자적 형태로 수신된 정보만 지출증빙으로 인정한다.

> **국고보조금 통합관리지침**
> **제18조(보조금 사용 및 증빙자료 제출 방법)** ① 보조금 사용방식은 보조금 입·출금 계좌에서의 계좌이체(지로를 포함한다) 또는 보조사업비 카드(신용카드 또는 체크카드를 구분하지 아니한다) 사용만을 인정하며, 이때 카드 매출전표 등의 증빙자료는 보조금시스템에 전자적 형태로 수신된 정보만을 제출하여야 한다.
> ② 보조금 지출거래시 세금계산서는 전자세금계산서를 사용하여야 하며, 이때 전자세금계산서는 보조금시스템에 전자적형태로 수신된 정보만을 제출하여야 한다.
> ③ 교통, 통신시설 미비 등으로 제1항과 제2항에 따른 사용 및 제출이 곤란한 경우에는 그러하지 아니하다. 다만, 이 경우 중앙관서의 장은 보조금 사용 내역의 증빙자료가 보조금시스템에 중복 또는 누락하여 제출되는 것을 방지하기 위하여 보조금 사용 내역을 상세히 점검하고 관리하여야 한다.

소액비용이라도 전용카드를 사용하여야 하는데, 다음과 같은 불가피한 경우에는 예외이지만, 인건비 외의 경우는 거의 인정되지 않는다.

- 인건비(계좌이체)
- 공공요금 및 산간오지·도서벽지 등으로 신용카드 가맹점이 없는 경우
- 출장 현지에서 신용카드의 마그네틱이 손상되어 사용할 수 없는 경우

제2부 집행실무

③ e나라도움 전용 카드

국고보조 사업자는 「국고보조금 전용카드(e나라도움 카드)」를 사용한다. 카드를 발급받으면, 금융기관이 「국고보조금 통합관리시스템(e나라도움)」에 발급명세와 사용명세를 전송하여 보조금을 투명하고 편리하게 집행하도록 지원한다.

[e나라도움 전용 카드]

발급신청 시 카드회사에 사업수행확인서를 제출해야 하므로, 보조사업 교부결정 공문 등을 미리 준비해야 하고, 카드신청 후 수령까지 2~3일이나 그 이상이 소요될 수 있으므로 사업비 집행시점에 맞춰서 미리 신청해야 한다.

> **요모조모 뜯어보기**
>
> e나라도움 전용카드를 신청할 때 「사업수행확인서」를 제출해야 하는데, 사업수행확인서라는 양식이 있는 것이 아니고, 보조사업 교부결정 공문 등을 말합니다. 그런데 일반적인 은행 지점은 e나라도움 전용카드에 대해서 익숙하지 않고, 사업수행확인서가 무엇을 의미하는지 잘 모르는 경우가 많습니다. 따라서 보조금 계좌와 전용카드는 통상 보조금을 지급하는 보조금지원기관 건물에 있는 시중은행에서 개설하는 것이 편합니다. 예를 들어 시청이나 군청 1층에 있는 은행에 가면 군청의 담당 부서와 통화하면서 빠르게 진행해 줍니다.

④ e나라도움 전용 카드 사용제한 업종

보조사업자는 보조금의 적정한 이용을 위하여 다음 업종에서 보조사업비를 사용할 수 없다. 다만, 보조사업의 목적에 부합하는 경우에는 사용가능하다. 또한 다음 업종으로 지정되지 않은 경우에도 보조사업의 목적과 무관한 업종에 대하여는 보조사업비를 사용해서는 안 된다.

> **국고보조금 통합관리지침**
> **[별표1] 보조사업비 카드 사용제한 업종**
> - 유흥업종 : '한국표준산업분류'에 따라 접객요원을 두고 술을 판매하는 일반유흥주점, 무도시설을 갖추고 술을 판매하는 무도유흥주점
> - 위생업종 : 이·미용실, 피부미용실, 사우나, 안마시술소, 발마사지, 스포츠마사지, 네일아트, 지압원 등 대인 서비스
> - 레저업종 : 골프장, 골프연습장, 스크린골프장, 노래방, 사교춤, 전화방, 비디오방, 당구장, 헬스클럽, PC방, 스키장
> - 사행업종 : 카지노, 복권방, 오락실
> - 기타업종 : 성인용품점, 총포류 판매점

요모조모 뜯어보기

일반음식점인 줄 알고 식사를 마쳤는데, e나라도움 카드가 결제가 안 되는 경우가 종종 있습니다. 언제나 확실한 식당만 이용해야 낭패를 안 봅니다.

5 사례탐구

- 교부신청 시 보조금 전용 계좌의 앞면 복사본만 제출하여, 잔고 확인이 불가능하다.

- 보조금 계좌는 자기부담을 포함한 보조금만 관리할 수 있도록 1개 사업에 1개 계좌를 별도 개설하여야 하나, 전용계좌를 개설하지 않고 기존 계좌에 자기부담금을 입금하여 타 자금과 혼용하였다.

- 시 및 자치구 보조금, 비지정후원금 등이 전부 한 계좌에 포함되어 관리되고 있어서 세출결산상 그 자금의 원천을 추적하기 쉽지 않다. 결산상 투명한 관리와 적시 결산을 위하여 자금원천별로 계좌를 구분하여 관리해야 한다.

- 보조금 관리계좌와 자기부담금 사업비 계좌를 함께 사용하여, 보조금과 자부담의 구분이 어렵다.

- 보조금계좌와 연계되어 있지 않은 개인신용카드를 사용하여, 보조금 집행이 사업목적과 부합하는지 여부를 확인할 수 없다.

- 사업비를 일괄 인출하여 사후 정산하는 형태로 회계처리를 함으로써, 사업비 정산보고 내역과 계좌인출 내역이 일치하지 않는다.

- 버스 재정지원 보조사업자가 보조금 전용계좌에서 지출하지 아니하고 법인에서 관리하고 있는 지출 주계좌(운영비 계좌)로 일괄 인출(이체)하여 각종 보조금, 운송수입금, 차입금 등을 구분 없이 혼용하는 등 현금 입·출금, 대체출금, 기일출금(지정된 날짜에 자동이체) 등 적절하지 않는 회계처리방법으로 지출하여, 주계좌에서 매월 ○백만 원 1년 만기 정기적금을 가입하는 등 목적 외 용도로 불분명하게 집행하고 있었지만, ○시 ○과에서는 매번 정산검사 시 이를 알고도 별다른 조치를 취하지 않는 등 보조금 관리를 소홀히 하였다.

3 사업기간 내 지출

① 교부결정 이전 지출 불가

원칙적으로 보조금 교부결정 통지 전에 보조금 지출을 할 수 없다. 이에 해당하는 지출이 「보증보험료」이다. 보조금 교부신청을 위해서 보증보험증서를 제출하여야 하므로, 보증보험료는 보조금 교부 이전에 지출하여야 한다. 이처럼 보조금 교부결정 이전에 지출하여야 하는 금액은 당초 보조사업계획에 포함된 자기부담 외 별도의 추가 자기부담으로 처리하여야 하며, 보조금에서 지출하면 해당 금액만큼 환수한다. 그러나 다음과 같이 사업에 따라서 「보증보험료」를 보조금으로 지출 가능한 경우도 있으므로, 관련 규정을 잘 살펴봐야 한다.

> **국가인적자원개발컨소시엄 운영규칙**
> **제23조(지원금의 신청 및 관리 등)** ⑧ 자체 부담의무가 있는 공동훈련센터는 정부지원금 이행보증보험증권 보험수수료를 부담금으로 지출할 수 있다. 다만, 훈련시설·장비비에 대한 이행보증보험증권 보험수수료는 잔존가액 변경에 의한 환급을 고려하여 보험료 지출액의 100분의 65 범위에서 부담한 것으로 본다.

원칙적으로 보조금 교부결정 통지 전에 시행한 공사나 사업에 대하여는 보조금을 교부할 수 없으나, 불가피한 사유로 사전에 자치단체장의 승인을 받은 사항은 예외적으로 교부할 수 있다.

제2부 집행실무

② 사업기간 종료 후 지출 불가

보조사업은 특별한 사유가 없는 한 그 회계연도 내에 완료토록 하고, 회계연도 말까지(12.31) 집행한다. 보조사업의 특성상 불가피하게 회계연도를 넘어 사업의 완료가 예상되면, 보조금 교부 시 집행 및 정산에 관한 사항을 구체적으로 명시해야 한다.

그러나 사업기간이 종료되어야 할 수 있는 지출이 있는데, 정산보고서 인쇄비와 회계검증 수수료이다. 이들 비용의 지출을 위해서 사업종료일 일주일 이전에 다른 지출을 완료하고, 사업기간 종료 직전에 회계검증을 수행한 후 정산보고서를 인쇄하거나, 사업종료 직전에 원인행위(품의서)와 결제를 끝낸 후 사업이 종료되자마자 회계검증과 정산보고서 인쇄를 하는 것이 실무관행이다. 다음과 같이 보고서 발간 비용과 회계검증수수료 등을 사업기간 종료일부터 실적보고서 제출일까지 사용할 수 있도록 허락하는 사례도 있다.

국가연구개발사업 연구개발비 사용 기준

제22조(연구개발비 공통 인정기준) ④ 연구개발기관의 장은 연구개발비를 연구개발기간 종료일 이전에 사용하여야 한다. 다만, 다음 각 호의 어느 하나에 해당하는 비용에 대하여는 영 제26조제1항에 따른 연구개발비 사용실적 보고일까지 사용할 수 있다.
1. 보고서 발간 및 평가 관련 비용, 정산 수수료, 공공요금, 제세공과금
2. 연구수당
3. 연구개발기간 종료일 이전에 지출원인행위한 금액(연구개발기간 중 사용한 소프트웨어의 후불지급 사용액을 포함한다)

천안문화도시 사업 보조금 운영지침(충남정보문화산업진흥원)

제20조(사업비 사용실적 검토) ②진흥원장은 제1항에 의한 사업비 사용실적 검토 시 제12조(협약의 변경)에 따른 사업비에 대한 승인 및 통보사항 준수 여부 등을 검토하며 다음 각 호에 해당하는 경우에는 해당 금액을 회수하여야 한다.
1. 당해연도 협약기간 이외에 집행된 사업비 단, 다음 각목에 해당하는 경우에는 회수하지 아니한다.
    가. 당해연도 협약기간 중 원인행위를 완료한 금액(보고서 발간비용 및 회계감사 수수료 등)

또한 사업기간 종료에 임박하여 사무관리비로 복사용지, 토너 등 사무용품을 무더기로 구입하는 「연말 몰아쓰기」도 안 된다.

> ### 🔖 요모조모 뜯어보기
>
> 적어도 1년마다 결산을 실시해서 재무제표를 작성하여야 하는데, 결산을 수행하는 기간을 회계기간 또는 회계연도(會計年度/fiscal year)라고 합니다. 會計年度는 두음법칙에 따라서 「회계연도」라고 읽고 씁니다. 「회계년도」는 잘못된 말입니다. 회계연도는 대개 1월 1일부터 12월 31일까지 1년 단위로 하지만, 「4월 1일부터 3월 31일까지」처럼 1년 단위로 다르게 구성할 수 있으며, 또는 「52주 단위」로 회계연도를 구성해도 됩니다. 그러나 국가의 회계에 관한 사항을 정하고 있는 「국가재정법」은 회계연도를 「매년 1월 1일에 시작하여 12월 31일에 종료」하도록 규정하고 있으며, 따라서 대부분 이에 맞춰서 회계연도를 정합니다. 국가의 회계연도도 국가별로 다른데, 영국, 캐나다, 인도, 일본의 회계연도는 「4월 초~익년 3월 말」이고, 미국 연방정부는 「10월 초~익년 9월 말」입니다.

③ 보조사업비의 이월

보조사업자는 보조금을 교부받은 후 원칙적으로 다음 회계연도에 이월하여 사용할 수 없다. 예산을 이월하더라도 이월된 예산은 해당 사업에 사용해야 하며, 다른 사업으로 전환해서 집행해서는 안 된다. 이월하여 사용할 수 있는 경우는 다음과 같다(국고보조금통합관리지침 제25조제2항).

1. 연도 내에 지출원인행위를 하고 불가피한 사유로 연도 내에 지출하지 못한 경비와 지출원인행위를 하지 아니한 그 부대경비
2. 인건비 등 경상적 경비, 재해복구 경비, 입찰공고 후 장기간이 소요되거나 협상에 의한 계약 등으로 장기간이 소요되는 경비
3. 그 밖에 이월이 불가피하다고 중앙관서의 장이 인정하는 경우

이월과 재이월을 위해서는 보조사업자는 해당연도 교부금액, 집행액, 집행잔액 중 이월이 필요한 금액 및 반납금액을 포함한 이월명세서를 첨부하여 해당연도 말까지 중앙관서의 장의 승인을 거쳐야 하며 이월액은 다른 용도로 사용할 수 없다.

4 사례탐구

- 사업 선정 이전 비용을 보조금으로 소급 지출했다.

- 보조금 사업 선정 이전인 1월 초부터 개인 신용카드로 지출한 식대 증빙을 첨부하여, 보조금 교부 후 개인 계좌로 이체했다.

- 보조사업자는 2017년에 배정된 예산으로 2016년 11~12월 출장비와 12월 급여를 지출하였으나, 2017년도 예산은 2017년의 사업 추진 과정에서 발생한 필요비용에 대해서만 지출해야 한다.

- 보조사업자는 2017년 12월 29일에 집행된 광고비를 2018년 예산에서 지출하였으나, 이는 2018년의 사업홍보를 위한 광고비(계약기간이 2018.1.1.~2018.12.31.) 예산이므로 2018년의 사업 추진 과정에서 발생한 필요비용에 대해서만 지출하여야 한다.

- 보조사업자는 2017년 12월 18일 지출한 센터 홈페이지 제작사업에 대해 용역업체와의 사정으로 인하여 2018년 초 용역이 완료되는 것으로 일정을 조정하였고, 실제 용역이 완료(준공)되기 전에 대금을 선지급하였다. 그러나 당해연도 내에 그 지출을 끝내지 못할 것이 예측될 때는 그 취지를 세입·세출예산에 명시하고 사전에 이사회 등의 승인을 얻어 다음 연도에 이월하여 사용해야 한다.

4　자기부담금

1 자기부담금

보조사업자의 자기부담금이 있으면, 자기부담금을 우선 집행해야 한다. 교부결정 전 집행금액은 당초 사업계획에 포함된 자기부담금 외에 별도의 추가 자기부담금으로 처리할 수도 있다.

> **국고보조금 통합관리지침**
> **제23조(보조사업자의 자기부담금 집행)** ① 중앙관서의 장은 보조사업자가 자기부담금을 포함하여 보조사업을 추진하는 경우 해당 보조사업자로 하여금 자기부담금을 우선 집행하도록 하여야 한다.

「지방보조금 관리기준」은 지방보조사업의 자기부담금 집행 비율이 당초 사업계획보다 낮을 경우, 총 집행액을 기준으로 지방보조금과 자기부담금 비율로 나누어 정산 후 반환토록 한다고 규정한다.

> **지방보조금 관리기준**
> **제15조(지방보조사업자의 자기부담금 집행)** ⑥ 지방자치단체의 장은 지방보조사업의 자기부담금 집행 비율이 당초 사업계획보다 낮을 경우, 총 집행액을 기준으로 지방보조금과 자기부담금 비율로 나누어 정산 후 반환토록 조치해야 한다.

제2부 집행실무

정산 시 자기부담 사업비의 정산비율을 살펴봐야 한다. 자기부담 사업비도 반드시 집행하여야 하며, 「집행 비율이 낮을 경우」 총집행액을 기준으로 「자기부담 사용비율에 따른 정산 후 반환」 하도록 한다. 여기에서 「집행 비율이 낮을 경우」란 당초 보조금과 자기부담을 합한 사업비 보다 실제 집행액이 적은 경우를 의미하며, 「자기부담 사용 비율에 따른 정산 후 반납 조치」란, 보조사업의 집행 잔액이 있는 경우 당초 승인한 보조금과 자기부담의 재원분담 비율에 따라 정산하여 보조금의 차액에 대하여는 반납 조치하여야 한다는 의미이다.

$$\text{사용잔액} = (\text{사용잔액}) \times \frac{\text{보조금}}{\text{보조금} + \text{자부담금}}$$

(주) 비율 계산 시 소수점 둘째 자리 이하 절사하고, 첫째 자리까지 계산한다.

요모조모 뜯어보기

자기부담 금액은 보조사업비와 함께 부담비율대로 집행해야 합니다. 예를 들어 총사업비 10억 원을 보조 50%와 자기부담 50%로 사업계획을 설정하고 보조 3억 원과 자기부담 2억 원을 집행한 경우, 반납할 집행잔액은 2억 원이 아니라 총집행잔액 5억 원의 50%인 2.5억 원입니다. 그 밖의 여러 가지 사례를 아래와 같이 살펴봅시다.

사례	예산	보조금 비율	보조금 집행	자기부담 집행	잔액	반환
사례1	10억	50:50	3억	2억	5억	2.5억
사례2	10억	50:50	?	?	5억	2.5억
사례3	20억	90:10	?	?	2억	1.8억
사례4	100만	90:10	80만	5만	15만	13만5천

2 사례탐구

- 보조사업자가 ○○행사 등 3개 사업을 시행하면서 보조금은 전액 집행하고도 자부담에 대해서는 당초 교부신청액의 47%만 부담하는 등 당초 보조금과 자부담집행비율을 준수하지 않고 사업을 추진하였고, ○○과에서는 보조금과 자부담 비율대로 정산을 실시하지 않고 시정 등 필요한 조치 없이 정산을 확정하였다.

- 보조금을 교부하면서 보조사업자의 자기자금 부담능력 유무 조사 또는 자부담의 전용계좌 예치 여부 확인 없이 보조금을 교부했다.

- 자부담(참가비 팀당 ○○천 원)전용 계좌와 보조금 전용 계좌 등 사업완료 후 실적보고 시 재원별 지출증빙자료를 첨부하여야 함에도 팀별 대회 참가비 등의 자부담금 수입·지출내역에 대한 증빙서류는 제출하지 않고, 보조금에 대한 지출내역만을 제출하였으며, 시상품 및 용품 구입 경비 등의 배분을 변경 사용하면서 군수에게 사전승인을 득하지 않고 집행하였다.

- 보조사업자에서 2019년 ○○사업 등 3개 사업에 대한 보조금 교부신청 시 보조금전용계좌에 자부담을 예치하지 않았음에도 이에 대한 확인 및 자부담 입금 등의 조치 없이 보조금을 교부하였다. 이에 보조사업자 ○○에서는 ○○사업 등 2개 사업을 추진하면서 보조금은 전액을 집행하고도 자부담은 당초 교부신청액의 40%만 집행하는 등 자부담 집행비율을 준수하지 않았음에도 보조금과 자부담 집행 비율대로 정산을 실시하지 않고, 시정 등 필요한 조치 없이 정산을 확정하였다.

- (질의) 사업종료 후 남은 잔여 집행금을 반납을 해야 하는데, 만약에 국고로 8억 원을 지급받고 자부담으로 2억 원을 같은 계좌에 넣어두고 사업을 진행하였고, 집행금액은 7억 원이라고 가정할 때, 남은 3억 원을 모두 반납해야 하는 것인지 국고와 자부담금 비율 8:2에 따라 2억 4천만 원을 반납해야 하는 것인지 여부?
⇒ 국고보조금과 자부담 비율 8:2를 고려하여 집행잔액 3억 원 중 반납하여야 할 금액은 2억 4천만 원으로 산정된다.

제2부 집행실무

- 당초 사업계획에 비해 자기부담 사업비 집행 금액이 120,000,000원에서 103,102,710원으로 낮아진 경우, 사업량 및 사업비가 감소되었으므로 당초 보조금 및 자기부담금 부담 비율에 따라 산정한 보조금사업비 감소금액 8,448,640원을 반환하여야 하나 조치하지 않았다.

- 보조금 정산업무를 수행하면서 자부담 집행비율이 당초 사업계획보다 낮아 집행잔액을 보조비율로 나누어 반납하도록 하여야 함에도 반납 없이 정산을 확정했다.

구분	교부금액(A)			집행금액(B)			집행잔액(A-B)			반납금액	
	계	보조금	자부담	계	보조금	자부담	계	보조금	자부담	적정	실반납
계	229,220	188,400	40,820	213,096	187,800	25,296	16,124	600	15,524	12,839	600
○○사업	77,760	60,000	17,760	70,327	60,000	10,327	7,433	-	7,433	5,735	-
△△사업	76,460	60,000	16,460	70,002	60,000	10,002	6,458	-	6,458	5,068	-
□□사업	75,000	68,400	6,600	72,767	67,800	4,967	2,233	600	1,633	2,036	600

- 당초 사업계획에 따른 보조금과 자기부담금 집행비율을 준수하지 않았는데도 총 집행액을 기준으로 보조금과 자부담 비율대로 정산을 실시하지 않아, 정산 시 반환받아야 할 금액을 반환받지 않고 정산을 확정했다.

사업비				집행금액(B)	집행잔액(C=A-B)	반납금액(C×도·시비 부담비율)	
계(A)	도비	시비	자부담			적정	실반납
155,000	25,000 (16%)	100,000 (65%)	30,000 (19%)	150,920	4,080	3,291	0

5 보조금관리시스템

1 국고보조금통합관리망 - e나라도움

보조금법은 보조금통합관리망을 구축하도록 하고 있으며, 이것이 2017년 1월부터 사용하는 「e나라도움(gosims.go.kr)」시스템이다. 보조사업자 선정 및 자격관리, 보조금 중복·부정 수급 방지 등 보조금의 효율적인 집행 및 관리를 위하여 e나라도움을 통하여 자료 또는 정보를 제공받아 처리한다.

e나라도움은 보조금을 별도 예탁금계좌에 교부하는 예치형과 보조사업자 보조금계좌로 교부하는 비예치형으로 보조사업을 구분한다. 둘 사이에 집행방법이 다르므로 유의해야 하는데, 대부분은 예치형에 해당한다. 예치형 보조사업자가 전용카드를 사용하여 결제하면 e나라도움 시스템이 실시간으로 사용 명세를 검증하고, e나라도움의 보조금 예탁금계좌에서 보조사업자의 계좌로 건별로 이체한다.

때때로 국고보조금사업을 지방자치단체가 민간위탁이나 출연금 등으로 집행하는 경우가 있는데, 이때도 e나라도움을 사용해야 한다. 즉, 국고보조금은 지방자치단체에서 어떤 비목으로 집행되더라도 e나라도움을 사용해야 한다.

제2부 집행실무

② 지방보조금관리시스템 - 보탬e

지방보조금법은 행정안전부의 지방보조금관리시스템인 「보탬e(losims.go.kr)」를 사용하여 관리한다. 2023년 7월부터 전국 모든 시·군·구에서 사용할 수 있으며, 부정예방 및 사후관리를 보완하여 2024년 1월에 전면 개통된다. 보탬e 개통 전후 효과를 대비하면 다음과 같다.

[지방보조금시스템 개통 전후 대비]

구분	보탬e 前	보탬e
① 시스템 통한 업무 수행	• 수작업으로 지방보조금 관리 - 직접 방문 처리 - 보조금 일괄 집행, 사후 확인	• 방문없이 온라인 사업 신청 및 진행 상황 확인 • 집행 건별 보조금 지급 및 지출 상황 수시 확인
② 부정수급 관리 강화	• 사업자 선정 및 정산 시 서면으로 제출받아 확인 - 중복·부정수급 서류로 확인	• 자격 검증 및 집행 검증을 연계자료를 통해 온라인 검증 가능 • 부정수급 확인을 위한 온라인 모니터링 가능 • 온라인 유사·중복사업, 중복수급 확인 가능
③ 정보 공개 확대	• 지자체별 정보단절 • 대국민 지방보조사업 정보 제공 기능 부족	• 전 지자체 지방보조사업 한 곳에서 확인 가능 • 관심있는 사업을 맞춤형 검색

국고보조금을 관리하는 e나라도움과 지방보조금을 관리하는 보탬e를 비교하면 다음과 같다.

[e나라도움과 보탬e 대비표]

국고보조금시스템 e나라도움 국고보조사업	지방보조금시스템 보탬e 지방보조사업
국고보조금 「보조금관리에관한법률」 + 대응지방비 「지방보조금관리에관한법률」	순지방비 「지방보조금관리에관한법률」

3 범부처통합연구지원시스템 - IRIS

IRIS(Integrated R&D Information System; 범부처통합연구지원시스템; iris.go.kr)는 과학기술정보통신부 산하 한국과학기술기획평가원에서 운영하는 통합정보시스템으로서, 국가연구개발을 지원한다. 연구비를 통합관리하는 시스템은 GAIA(Government-Assisted Integrated R&D Administration System; 범부처연구비통합관리시스템; gaia.go.kr)로서, 과학기술정보통신부의 통합Ezbaro(이지바로; ezbaro.go.kr)와 산업통상자원부의 통합RCMS(rcms.go.kr)가 있다.

> **국가연구개발사업 연구개발비 사용 기준**
> **제2조(정의)** 이 기준에서 사용하는 용어의 뜻은 다음과 같다.
>   8. "연구비통합관리시스템"이란 법 제20조에 따른 통합정보시스템 중 연구개발비의 정보를 처리하는 시스템으로서 「한국연구재단법」에 따라 설립된 한국연구재단이 운영하는 통합이지바로(통합Ezbaro)와 「산업기술혁신 촉진법」제39조제1항에 따라 설립된 한국산업기술평가관리원이 운영하는 통합알시엠에스(통합RCMS)를 말한다.

RCMS(Real-Time Cash Management System; 통합연구비관리시스템)는 연구개발 사업비 교부부터 집행, 결산 및 국고반납까지 관리하는 시스템으로서, 산업통상자원부 산하 한국산업기술평가관리원에서 구축하고 운영하며, Ezbaro는 과학기술정보통신부 산하 한국연구재단에서 관리한다.

요모조모 뜯어보기

RCMS가 e나라도움과 별개의 시스템이지만, 최근 두 시스템에 등록된 사항을 연계하여 현장점검하는 사례가 발생하고 있습니다. RCMS에 등록된 인력의 투입률과 e나라도움에 등록된 동일 인력의 투입률의 합계가 100%를 넘으면 지적하는 등의 사례도 있습니다.

6 이해관계자와 거래 금지

1 사적 이해관계자와 거래금지

「국고보조금 통합관리지침」 제21조제8항은 「공직자의 이해충돌 방지법」상 「사적 이해관계자」와 거래하는 것에 대해서, 보조금의 부정한 사용이 없도록 중앙관서의 장이 관리하여야 한다고 규정한다.

> **국고보조금 통합관리지침**
> **제21조(보조사업 관련 계약)** ⑧ 중앙관서의 장은 제1항 내지 제5항에서 규정한 사항 외에 사적이해관계자(「공직자의 이해충돌 방지법」 제2조의 '사적이해관계자' 범위를 준용)와의 거래 등 계약과 관련하여 보조금의 부정한 사용이 없도록 관리하여야 한다.

「공직자의 이해충돌 방지법」상 「사적 이해관계자」는 다음과 같이 광범위하게 정의되어 있다(공직자의이해충돌방지법 제2조제6호).

가. 공직자 자신 또는 그 가족(「민법」 제779조에 따른 가족을 말한다. 이하 같다)

> **민법**
> **제779조(가족의 범위)** ① 다음의 자는 가족으로 한다.
>   1. 배우자, 직계혈족 및 형제자매
>   2. 직계혈족의 배우자, 배우자의 직계혈족 및 배우자의 형제자매
> ② 제1항제2호의 경우에는 생계를 같이 하는 경우에 한한다.

나. 공직자 자신 또는 그 가족이 임원·대표자·관리자 또는 사외이사로 재직하고 있는 법인 또는 단체
다. 공직자 자신이나 그 가족이 대리하거나 고문·자문 등을 제공하는 개인이나 법인 또는 단체
라. 공직자로 채용·임용되기 전 2년 이내에 공직자 자신이 재직하였던 법인 또는 단체
마. 공직자로 채용·임용되기 전 2년 이내에 공직자 자신이 대리하거나 고문·자문 등을 제공하였던 개인이나 법인 또는 단체

바. 공직자 자신 또는 그 가족이 대통령령으로 정하는 일정 비율 이상의 주식·지분 또는 자본금 등을 소유하고 있는 법인 또는 단체

> **공직자의 이해충돌방지법 시행령**
> **제3조(사적이해관계자의 범위)** ① 법 제2조제6호바목에서 "대통령령으로 정하는 일정 비율 이상의 주식·지분 또는 자본금 등을 소유하고 있는 법인 또는 단체"란 다음 각 호의 법인 또는 단체를 말한다.
> 1. 공직자 자신이나 그 가족(「민법」 제779조에 따른 가족을 말한다. 이하 같다)이 단독으로 또는 합산하여 발행주식 총수의 100분의 30 이상을 소유하고 있는 법인 또는 단체
> 2. 공직자 자신이나 그 가족이 단독으로 또는 합산하여 출자지분 총수의 100분의 30 이상을 소유하고 있는 법인 또는 단체
> 3. 공직자 자신이나 그 가족이 단독으로 또는 합산하여 자본금 총액의 100분의 50 이상을 소유하고 있는 법인 또는 단체

사. 최근 2년 이내에 퇴직한 공직자로서 퇴직일 전 2년 이내에 제5조제1항 각 호의 어느 하나에 해당하는 직무를 수행하는 공직자와 국회규칙, 대법원규칙, 헌법재판소규칙, 중앙선거관리위원회규칙 또는 대통령령으로 정하는 범위의 부서에서 같이 근무하였던 사람

> **공직자의 이해충돌방지법 시행령**
> **제3조(사적이해관계자의 범위)** ② 법 제2조제6호사목에서 "대통령령으로 정하는 범위의 부서"란 퇴직한 공직자가 법령(조례·규칙을 포함한다. 이하 같다)·기준(법 제2조제1호라목부터 바목까지에서 정한 공공기관의 규정·사규 및 기준 등을 포함한다. 이하 같다)에 따라 지휘·감독하였던 실·국·과(이에 준하는 부서를 포함한다)를 말한다.

아. 그 밖에 공직자의 사적 이해관계와 관련되는 자로서 국회규칙, 대법원규칙, 헌법재판소규칙, 중앙선거관리위원회규칙 또는 대통령령으로 정하는 자

> **공직자의 이해충돌방지법 시행령**
> **제3조(사적이해관계자의 범위)** ③ 법 제2조제6호아목에서 "대통령령으로 정하는 자"란 다음 각 호의 자를 말한다.
> 1. 법령·기준에 따라 공직자를 지휘·감독하는 상급자
> 2. 다음 각 목의 어느 하나에 해당하는 행위(「금융실명거래 및 비밀보장에 관한 법률」에 따른 금융회사등, 「대부업 등의 등록 및 금융이용자 보호에 관한 법률」에 따른 대부업자 등이나 그 밖의 금융회사로부터 통상적인 조건으로 금전을 빌리는 행위는 제외한다)를 한 공직자의 거래상대방(「민법」 제777조에 따른 친족인 경우는 제외한다)
>   가. 최근 2년간 1회에 100만원을 초과하는 금전을 빌리거나 빌려주는 행위
>   나. 최근 2년간 매 회계연도에 300만원을 초과하는 금전을 빌리거나 빌려주는 행위
> 3. 그 밖에 공공기관의 장이 해당 공공기관의 업무 특성을 반영하여 공정한 직무수행에 영향을 미칠 수 있다고 인정하여 훈령 등 행정규칙이나 기준으로 정하는 자

2 임직원과 거래 금지

보조사업자가 보조사업자 임직원(직계존비속 포함)이 운영하는 거래처와 수행한 거래를 「임직원과 거래」라고 한다. 「임직원과 거래」에 대해서 일부 부처는 원칙적으로 금지하고 있으므로 유의해야 한다. 「임직원과 거래」는 그 자체가 부정수급은 아니지만, 보조금지원기관과 e나라도움에서 예의주시하는 거래이므로 꼭 필요한 경우가 아니면 거래하지 않는 것이 좋다.

「임직원과 거래」를 명시적으로 금지하는 보조금 관련 규정은 다음과 같다.

- 고용노동분야 국고보조사업 관리규정 (고용노동부 훈령)
- 과학기술정보통신부 국고보조금 관리에 관한 규정 (과학기술정보통신부 훈령)
- 농림축산식품분야 재정사업관리 기본규정 (농림축산식품부 훈령)
- 보건복지부소관 국고보조금 관리규정 (보건복지부 훈령)
- 국토교통 보조사업 관리규정 (국토교통부 훈령)
- 2022년 비영리민간단체 공익활동 지원사업 집행지침(행정안전부)

고용노동분야 국고보조사업 관리규정

제16조(보조금 사용기준) ⑦ 보조사업자는 보조금 집행 시 사적이해관계자(「공직자의 이해충돌 방지법」제2조의 사적이해관계자 범위를 준용) 및 보조사업자의 임직원이 운영하는 업체 또는 단체와는 거래를 할 수 없다. 다만, 부서 또는 소속기관의 장의 승인을 얻은 경우에는 그러하지 아니하다.

과학기술정보통신부 국고보조금 관리에 관한 규정

제16조(보조사업 집행제한) ④ 보조사업자는 보조금 집행 시 보조사업자의 임직원(직계존비속을 포함한다) 등이 운영하는 업체 또는 단체, 계열 관계에 있는 업체 또는 단체와는 거래를 할 수 없다. 다만, 과학기술정보통신부장관의 승인을 얻은 경우에는 그러하지 아니하다.

농림축산식품분야 재정사업관리 기본규정

제57조(농림축산식품사업의 계약) ⑧ 사업대상자의 임직원, 직계존비속, 배우자 등이 운영하는 업체·단체, 계열 관계에 있는 업체·단체와 계약 또는 거래를 할 수 없다. 다만, 다음 각 호의 경우에는 그러하지 아니하다.
  1. 사업시행기관의 장의 승인을 받은 경우
  2. 자치단체 또는 조달청에 계약을 위탁하여 「국가를 당사자로 하는 계약에 관한 법률」 또는 「지방자치단체를 당사자로 하는 계약에 관한 법률」에 따라

공개경쟁입찰을 하는 경우
3. 민간보조사업자가 직접 국가종합전자조달시스템을 통하여 공개경쟁입찰에 따라 계약체결을 한 경우
4. 사업부서가 지역내 경쟁업체가 없는 등 합리적인 사유로 물품·용역의 특수성이 있다고 인정한 경우

보건복지부소관 국고보조금 관리규정
제15조(카드사용 및 제한) ④ 보조사업자등이 보조금 집행 시 보조사업자의 임직원(직계존비속을 포함한다) 등이 운영하는 업체 또는 단체(계열 관계에 있는 업체 또는 단체를 포함한다)와는 거래할 수 없다. 다만, 보조사업부서의 승인을 받은 경우에는 그러하지 아니하다.

국토교통 보조사업 관리규정
제17조(카드사용 및 제한) ④ 보조사업자등이 보조금 집행 시 보조사업자의 임직원(직계존비속을 포함한다) 등이 운영하는 업체 또는 단체(계열 관계에 있는 업체 또는 단체를 포함한다)와는 거래할 수 없다. 다만, 보조사업부서의 승인을 받은 경우에는 그러하지 아니하다.

2024년 비영리민간단체 공익활동 지원사업 집행지침(행정안전부)
사업비 집행 시 단체 임직원(배우자와 직계존비속을 포함한다) 등이 운영하는 업체 또는 단체, 계열 관계에 있는 업체 또는 단체와의 내부거래는 금지하며, 위반내용 확인 시 전액 부적정 평가하고 정산 시 환수한다.

서울특별시 행정사무의 민간위탁 관리지침(2023)은 민간위탁 수탁기관이 임원 등의 가족을 공개모집 절차 없이 채용할 수 없도록 제한한다.

서울특별시 행정사무의 민간위탁 관리지침(2023)
ㅇ (가족 채용 제한) 수탁기관은 채용 관련 업무에 사실상 영향력을 행사할 수 있는 위치에 있는 자의 가족을 공개모집 절차 없이 채용할 수 없음
  - 가족 채용을 제한받는 자는 수탁법인의 임원, 수탁기관의 장 및 인사담당자(인사업무에 사실상 영향력을 행사할 수 있는 자)이며, 수탁기관에 자신의 가족을 공개모집 절차 없이 채용할 수 없음

규정은 대부분 「임직원(직계존비속을 포함한다) 등」이라고 명시하고 있다. 여기에서 직계존비속이란 직계존속과 직계비속을 말한다. 직계존속은 나(보조사업자 임직원)를 기준으로 아버지, 어머니, 할아버지, 할머니, 외할아버지, 외할머니를 포함하고, 직계비속은 나를 기준으로 아들, 딸, 손자, 손녀, 증손자, 증손녀를 포함한다. 직계존비속은 나를 기준으로 혈연이 직접적으로 이어져야 하므로, 배우자, 장인, 장모, 시아버지, 시어머니, 며느리, 사위, 형제, 자매는 포함하지 않는다.

민법
제767조(친족의 정의) 배우자, 혈족 및 인척을 친족으로 한다.

제768조(혈족의 정의) 자기의 직계존속과 직계비속을 직계혈족이라 하고 자기의 형제자매와 형제자매의 직계비속, 직계존속의 형제자매 및 그 형제자매의 직계비속을 방계혈족이라 한다.

제769조(인척의 계원) 혈족의 배우자, 배우자의 혈족, 배우자의 혈족의 배우자를 인척으로 한다.

제777조(친족의 범위) 친족관계로 인한 법률상 효력은 이 법 또는 다른 법률에 특별한 규정이 없는 한 다음 각호에 해당하는 자에 미친다.
  1. 8촌 이내의 혈족
  2. 4촌 이내의 인척
  3. 배우자

요모조모 뜯어보기

법령은 일반적으로 특수관계인을 「배우자, 6촌 이내의 혈족, 4촌 이내의 인척」으로 정의(상법시행령 제34조제4항)하는데, 여기서 「인척」이란 혼인으로 생기는 친족관계로서 혈족의 배우자, 배우자의 혈족, 배우자의 혈족의 배우자를 말합니다. 따라서 특수관계인에 배우자와 그 인척을 포함하고 있는데, 보조금 관련 규정은 「임직원(직계존비속을 포함한다) 등」이라고 정의하고 있어서 그 명확한 정의가 필요합니다.
「국세기본법」 제2조(정의) 제20호는 본인과 ①혈족·인척 등 친족관계 ②임원·사용인 등 경제적 연관관계 ③주주·출자자 등 경영지배관계에 있는 자를 「특수관계인」으로 정의하며, 본인도 그 특수관계인의 특수관계인으로 본다.

③ 사례탐구

- 보조사업자가 보조금지원기관의 사전 승인 없이, 가족이 운영하는 업체에서 300만 원어치 직업훈련용 재료를 구입했다.
  ⇒ 부처별 관리규정마다 차이는 있지만, 사전승인 없이 임직원과 거래하는 것을 금지하는 경우도 있고, 거래의 정당성과 필요성을 증명하면 수용가능한 경우도 있다. 따라서 보조사업의 해당 관리규정을 먼저 숙지하고 사업을 수행해야 한다. 그러나 거래의 정당성과 필요성을 증명하기가 쉽지 않으므로, 임직원과 거래하는 것을 자제하는 것이 좋다.

- 해양플랜트 기술개발 사업을 하는 자가 자신의 처가 대표로 있는 회사로부터 연구자재를 구매한 것처럼 허위로 계약서를 작성하고, 대금을 지급하였다가 돌려받는 수법으로 보조금을 횡령했다.

제5장
일반지출

1. 지출결의서
2. 지출증명서류
3. 비목별 지출증빙

1 지출결의서

① 건별 관리

사업비 지출은 「건별(件別) 관리」를 원칙으로 한다. 건별 관리를 위하여 작성하는 것이 품의서와 지출결의서이다. 따라서 보조금 지출 시에는 매 지출건별로 품의서와 지출결의서를 작성하고, 대표자의 결재를 득한 후 지출하게 하는 등 집행 관리를 철저하게 수행한다. 단, 지출결의서는 통합하여 하나로 사용가능하며, 동일 지출결의서에 여러 건의 지출 내용이 포함되어 있으면 중복하여 사용할 수 있다.

건별 관리를 해야 하므로, 사업비를 일괄 인출하여 사후 정산하면 안 된다. 현실적으로 비영리민간단체는 품의서와 지출결의서 없이 사업비를 사용하고 사후에 카드전표만 정리하는 경우가 많으므로, 지출 건별로 품의서와 지출결의서를 반드시 작성하도록 유의해야 한다.

[품의, 원인행위, 지출]

구분	내용
품의	필요한 물품 및 재화의 생산 등에 대하여 예산의 범위 내에서 집행대상, 집행금액 등에 대한 의사결정을 한다.
원인행위	신용카드를 사용하고 지출을 결정한다.
지출	신용카드 결제일이 도래하여 대금청구서 등에 의하여 지급을 결정하고 지급(해당 신용카드 결제계좌에 대금을 입금)한다.

사업비 집행을 위해서 품의서를 작성하여 결재를 득한 후, 계약상대방으로부터 견적서를 받고 계약(원인행위)을 체결한다. 계약에 따라 납품이 되면 검수를 한 후, 보조사업비 카드를 이용하여 결제한다. 집행처리 과정은 다음과 같다.

(계좌입금) 사업계획 → 품의 → 지출원인행위(계약) → 납품 및 검수 → 지출결의서 → 송금 → 회계서류 정리
(전용카드) 사업계획 → 품의 → 지출원인행위(계약) → 전용카드 결제 → 지출결의서 → 납품 및 검수 → 회계서류 정리

2 품의서

품의서는 사업비 집행을 「계획」하는 문서이며, 따라서 집행의 목적, 집행액, 집행명세를 상세하게 기재하여, 결재권자의 승인을 득한다. 품의서 작성 시 검토해야 할 사항은 다음과 같다.

- 집행의 내용이 예산편성의 목적과 부합하는지 여부
- 집행예정금액은 예산액의 범위 이내인가 여부
- 집행예정금액은 법령·지침 등에 근거한 기준액과 부합하는지 여부
- 거래처는 정당한가 여부

> **요모조모 뜯어보기**
>
> 품의(稟議)의 품(稟)은 '여쭙다' 또는 '아뢰다'라는 뜻입니다. 따라서 계획을 수립하고 의사결정권자에게 승인받는 과정입니다. 비슷한 용어로 기안(起案)이 있는데, 안건을 제시한다는 뜻입니다. 품의서 끝에 항상 오는 문장이 '검토 후 승인 바랍니다' 또는 '검토 후 재가(裁可)바랍니다'인데, 이는 검토 후 승인(허가)해 달라는 뜻입니다.

품의서의 법정양식은 없으며, 각 기관의 양식을 사용한다. 따라서 각 보조사업자가 품의의 내용을 잘 나타낼 수 있는 양식을 작성하여 사용해야 한다. 작성 시 품의 내용이 복잡하면, 되도록 별지를 사용하여 품의 내용이 명확하게 기재될 수 있도록 한다.

> **요모조모 뜯어보기**
>
> 결제와 결재를 혼돈하기 쉽습니다. 결제(決濟)는 대금을 주고받는 것을 말하고, 결재(決裁)는 특정 안건을 승인하는 것을 말합니다. 따라서 대금을 지급하는 것은 '결재'라고 하지 말고 '결제'라고 해야 하고, 품의서 승인은 '결제'라고 하지 말고 '결재'라고 해야 합니다.

제2부 집행실무

품의서는 일상적인 지출에 대해서 생략할 수 있는데, 「지방자치단체 회계관리에 관한 훈령」 제11조(예산집행품의)제5항에 따라 예산집행 품의를 생략할 수 있는 경우는 다음과 같다.

- 직무수행경비
- 공공요금
- 제세공과금
- 인건비
- 여비
- 일상경비 교부 등

제5장 일반지출

「품의서」의 일반적인 양식은 다음과 같다.

○○센터

수 신   내부결재
(경유)
제 목   2025년 05월 대체인력 임금 지급

□□ 사업을 위해 채용한 대체인력의 2025년 05월 임금을 다음과 같이 지급하고자 합니다.

가. 건명: 2025년 5월 대체인력 임금 지급
나. 대상자: 총 10명(홍길동 외 9명)
다. 지급금액: 금이천오백만 원정 (25,000,000원)
라. 산출내역

구분	인원(명)	총 지급액(원)	공제액(원)	실지급액(원)

마. 지출방법: 개인별 계좌로 입금
바. 예산과목: 사업비, 프로그램사업비, □□ 사업, 대체인력임금

붙임1: 임금산출내역 1부.
   2. 근무상황부 1부. 끝.

기안자 직위(직급) 서명   검토자 직위(직급) 서명   결재권자 직위(직급) 서명
협조자
시행   처리과명-연도별 일련번호(시행일)   접수   처리과명-연도별 일련번호(접수일)
우   도로명주소   / 홈페이지 주소
전화번호( )   팩스번호( )   / 공무원의 전자우편주소 / 공개 구분

[출처] 서울특별시 민간위탁 사무 예산·회계 및 인사·노무 운영 매뉴얼(2023) 수정.

제2부 집행실무

③ 지출결의서

지출결의서는 지출에 대한 전표로서, 지출을 「확정」하는 문서이다. 지출결의서의 법정양식은 없으며, 각 기관이 기존양식과 다른 양식을 사용하면 관리가 어렵기 때문에, 대개 각 기관의 양식을 사용한다. 지출결의서는 육하원칙에 의하여 세부사업명, 목적, 산출내역 등을 구체적으로 적어야 한다. 집행할 대상(물품구입 등)이 보조사업의 목적과 예산계획서의 편성 내역과 부합해야 한다. 예를 들어 노트북 구입 시 자산취득비가 아닌 인건비 비목에서 지출하면 안 된다. 또한 신용카드를 사용하는 경우, 신용카드 대금 결제일자에 지출결의서를 일괄 작성하지 않고, 발생일자별로 지출결의서 작성(즉, 카드를 사용한 날 기준)한다.

「지출결의서」의 일반적인 양식은 다음과 같다.

2025년도 세출회계 제20250511-9999호	결재	담당		팀장	시설장
지출결의서					
지출품의일		지출과목		계약일	
원일행위일		사업비, 프로그램사업비, □□ 사업, 대체인력임금		검수일	
지출일					자금출처	민간위탁금
사무명	○○센터 운영				
지출금액	금이천오백만 원정 (25,000,000원)				
적요					

1. 내역: 2025년 5월 대체인력 임금 지급
2. 대상자: 총 10명(홍길동 외 9명)
3. 산출내역: 붙임 참조
4. 지출방법: 개인별 계좌로 입금
 	
붙임1: 지출품의서(내부기안) 1부.
    2. 임금산출내역 1부.
    3. 이체확인서 1부.
    4. 4대보험료 결정내역 1부. 끝.					

받는 사람	은 행 명:				지급 방법	
	예 금 주:				
	계좌번호:				

[출처] 서울특별시 민간위탁 사무 예산·회계 및 인사·노무 운영 매뉴얼(2023) 수정.

4 편철

지출결의서 뒤에 증빙서류를 첨부하여 편철한다. 편철하는 방법은 다음과 같다.

- 신용카드 전표는 감열지로 만들기 때문에 시간이 지나면 글자를 확인하기 어렵다. 따라서 깨끗한 A4용지에 신용카드전표를 복사한 후, 원본전표를 옆에 붙여서 글자를 언제든지 확인할 수 있도록 한다. 또한 신용카드 전표를 복사할 때 너무 흐릿하게 복사되지 않도록 한다.
- 증빙자료를 축소 복사하여 글자 확인이 어렵게 하면 안 된다.
- 지출증빙서류 출력 시 양면복사를 하지 말고, 지출증빙을 낱장으로 A4에 붙여서 지출결의서에 첨부한다.
- 증빙서류 A4 용지에 부착·편철하고, 편철순서는 비목+지출결의서일자(연초부터 시작) 순으로 편철한다. 여러 개 사업을 수행하는 경우는 사업별로 편철한다.
- 기타 증빙 자료는 각 비목별로 지출에 적합하도록 첨부한다. 증빙 자료는 사업 관련 계획서, 견적서·납품서·단가산출표·원가계산서, 각종 증빙영수증(세금계산서, 계산서, 현금영수증, 카드전표) 등을 말한다. 편철순서는 회계처리의 역순(지출결의서→계약서→품의서)으로 한다.
- 지출결의서의 증빙 서류는 원본에 한한다. 단, 부득이한 경우에는 「원본대조필(원본과 같음)」 날인 후 사본을 첨부한다.
- 다과나 식대 등 증빙서류는 참석인원을 확인할 수 있도록 참석자 명단을 편철한다.
- 견적서를 증빙서류로 편철할 때 견적서에 직인 날인이 필수이다. 없을 시 견적 업체에 요청해서 다시 받아야 한다.
- 세금계산서에 인감/직인 날인은 불필요하다. 사업자가 세금계산서를 교부·작성 시에 인감날인 여부는 필요적·임의적 기재사항이 아니다.
- 회계 서류의 금액 및 수량 등을 정정할 경우에, 정정 내용에 붉은 선을 긋고, 붉은 선 위에 작성자가 서명 또는 날인한 후 그 우측 또는 윗자리에 내용을 정정하며, 삭제한 문자를 명료하게 알아볼 수 있게 하여야 한다. 이전 글씨가 안 보이도록 여러 줄로 지우거나, 수정액 등을 사용하여 정정해서는 안 된다.
- 반환결의서(지출 후 취소)와 여입결의서(수입 후 반환)는 당해 일자와 원천 결의서 뒤에 편철하여, 총 두 번 편철한다. 예를 들어 1월 1일에 지출했다가 3월 5일에 불량이 발견되어 반환했다면, 3월 5일 결의서는 3월 5일에 편철하되, 1월 1일 결의서 뒤에 또 한 번 편철해서, 총 두 번 편철한다.

제2부 집행실무

5 반납금 여입(회수)

「여입(戾入)」이란 지출했다가 이를 취소하고, 지출된 계정과목에 다시 입금하는 것을 말한다. 즉, 담당자의 착오 또는 계획 변경 등이 발생한 경우에 지출했던 과목으로 반납하는 것이다.

> **사회복지법인 및 사회복지시설 재무·회계규칙**
> **제26조(과년도 수입과 반납금 여입)** ②지출된 세출의 반납금은 각각 지출한 세출의 당해과목에 다시 넣을 수 있다.

여입이 되면 동일 세출예산과목에서 「마이너스(-) 지출」로 처리한다. 예를 들어 소모품을 6월 4일에 20만 원을 지불하고 구입하였으나, 품질이 나빠서 환불 처리했다면 다음과 같이 지출에서 (-)로 처리하며, 수입으로 처리하면 안 된다.

[반납금 여입 사례]

방법	일자	내용	수입	지출
올바른 처리 방법	2022. 4. 1.	사업비 입금	1,000,000	
	2022. 4. 3.	자산 취득비		500,000
	2022. 5. 3.	공공요금		300,000
	2022. 6. 4.	소모품		200,000
	2022. 6. 5.	소모품 환불		-200,000
	2022. 6.25.	6월 강사료		200,000
	총액		1,000,000	1,000,000
잘못된 처리 방법	2022. 4. 1.	사업비 입금	1,000,000	
	2022. 4. 3.	자산 취득비		500,000
	2022. 5. 3.	공공요금		300,000
	2022. 6. 4.	소모품		200,000
	2022. 6. 5.	소모품 환불	200,000	
	2022. 6.25.	6월 강사료		200,000
	총액		1,200,000	1,200,000

2 지출증명서류

1 지출증명서류

비용을 지출하면 그에 대한 지출증명서를 받아서 5년간 보관해야 한다. 지출증명서류로는 법인세법상 다음 네 가지만 인정한다. 따라서 수기로 작성되는 간이영수증과 금전등록기영수증은 「공급받는 자」가 기재되어 있지 않기 때문에 지출증명서류로 인정되지 않는다.

- 신용카드매출전표
- 현금영수증
- 세금계산서
- 계산서

> **법인세법**
> **제116조(지출증명서류의 수취 및 보관)** ① 법인은 각 사업연도에 그 사업과 관련된 모든 거래에 관한 증명서류를 작성하거나 받아서 제60조에 따른 신고기한이 지난 날부터 5년간 보관하여야 한다.
> ② 제1항의 경우에 법인이 대통령령으로 정하는 사업자로부터 재화나 용역을 공급받고 그 대가를 지급하는 경우에는 다음 각 호의 어느 하나에 해당하는 증명서류를 받아 보관하여야 한다.
> 1. 「여신전문금융업법」에 따른 신용카드 매출전표
> 2. 현금영수증
> 3. 「부가가치세법」 제16조에 따른 세금계산서
> 4. 제121조 및 「소득세법」 제163조에 따른 계산서

보조사업은 다음과 같은 세 가지 유형만 허용한다. 즉, 지불수단으로 계좌이체와 전용카드만을 인정한다.

증빙	내용
전용카드	원칙적으로 대부분의 지출에 사용
세금계산서 + 계좌이체(이체확인증)	카드사용이 어려운 경우
원천징수 + 계좌이체(이체확인증)	사업자가 아닌 사람에게 지급하는 경우

여기에서 유의해야 할 사항은 다음과 같다.

- 세금계산서
  세금계산서는 전자세금계산서만 인정한다. 전자세금계산서 발급 의무자인 법인사업자, 개인사업자(전년도 공급가액 3억 원 이상, 2022년 7월부터 2억 원 이상으로 확대)와 거래한 경우 전자세금계산서를 첨부한다. 발급받은 세금계산서는 홈택스에서 세금계산서에 표시된 「승인번호」로 조회할 수도 있고, 세금계산서에 인쇄된 QR코드를 스캔하면 손택스(APP)에서 「제3자 발급사실 조회 및 수정 발급사실 알림」에서 해당 내용을 확인할 수 있다.

- 사업자등록증
  거래 상대방의 사업자 유형을 확인하기 위해서 사업자등록증을 첨부한다.

- 이체확인증
  계좌이체를 하면 이체확인증을 첨부한다. 이체확인증은 이체에 대한 정보를 상세하게 포함하여야 하는데, 입·출금자명, 입·출금 계좌번호, 입금금액, 입금시간이 나타나야 한다. 이체는 소액이더라도 거래 상대방(강사 등)의 실명 계좌에 직접 입금해야 한다.

계좌에서 현금을 인출하여 사용하는 것은 원칙적으로 금지하며, 교통·통신시설 미비 등으로 사업비 지출을 위해 부득이하게 현금을 사용한 경우에는 현금영수증 또는 지출 증빙자료를 반드시 첨부하여야 한다.

2 부가가치세 과세와 면세

사업 목적이 영리이든 비영리이든 관계없이 사업상 독립적으로 재화 또는 용역을 공급하는 자를 「사업자」라고 하며, 부가가치세법에 따라 부가가치세를 납부할 의무가 있다.

> **부가가치세법**
> **제2조(정의)** 이 법에서 사용하는 용어의 뜻은 다음과 같다.
>   3. "사업자"란 사업 목적이 영리이든 비영리이든 관계없이 사업상 독립적으로 재화 또는 용역을 공급하는 자를 말한다.
> **제3조(납세의무자)** 다음 각 호의 어느 하나에 해당하는 자로서 개인, 법인(국가・지방자치단체와 지방자치단체조합을 포함한다), 법인격이 없는 사단・재단 또는 그 밖의 단체는 이 법에 따라 부가가치세를 납부할 의무가 있다.
>   1. 사업자
>   2. 재화를 수입하는 자

그러나 모든 사업에 과세하지는 않고, 부가가치세를 과세하는 「과세사업」이 있고, 그렇지 않은 「면세사업」이 있다. 즉, 부가가치세 과세여부는 「사업자」로 구분하는 것이 아니라, 「사업 유형」으로 구분한다.

> **부가가치세법**
> **제2조(정의)** 이 법에서 사용하는 용어의 뜻은 다음과 같다.
>   6. "과세사업"이란 부가가치세가 과세되는 재화 또는 용역을 공급하는 사업을 말한다.
>   7. "면세사업"이란 부가가치세가 면제되는 재화 또는 용역을 공급하는 사업을 말한다.

부가가치세가 면세되는 사업은 다음과 같다.

부가가치세법
제26조(재화 또는 용역의 공급에 대한 면세) ① 다음 각 호의 재화 또는 용역의 공급에 대하여는 부가가치세를 면제한다.
1. 가공되지 아니한 식료품[식용(食用)으로 제공되는 농산물, 축산물, 수산물과 임산물을 포함한다] 및 우리나라에서 생산되어 식용으로 제공되지 아니하는 농산물, 축산물, 수산물과 임산물로서 대통령령으로 정하는 것
2. 수돗물
3. 연탄과 무연탄
4. 여성용 생리 처리 위생용품
5. 의료보건 용역(수의사의 용역을 포함한다)으로서 대통령령으로 정하는 것과 혈액
6. 교육 용역으로서 대통령령으로 정하는 것
7. 여객운송 용역. 다만, 다음 각 목의 어느 하나에 해당하는 여객운송 용역으로서 대통령령으로 정하는 것은 제외한다.
   가. 항공기, 고속버스, 전세버스, 택시, 특수자동차, 특종선박(特種船舶) 또는 고속철도에 의한 여객운송 용역
   나. 삭도, 유람선 등 관광 또는 유흥 목적의 운송수단에 의한 여객운송 용역
8. 도서(도서대여 용역을 포함한다), 신문, 잡지, 관보(官報), 「뉴스통신 진흥에 관한 법률」에 따른 뉴스통신 및 방송으로서 대통령령으로 정하는 것. 다만, 광고는 제외한다.
9. 우표(수집용 우표는 제외한다), 인지(印紙), 증지(證紙), 복권 및 공중전화
10. 「담배사업법」 제2조에 따른 담배로서 다음 각 목의 어느 하나에 해당하는 것
    가. 「담배사업법」 제18조제1항에 따른 판매가격이 대통령령으로 정하는 금액 이하인 것
    나. 「담배사업법」 제19조에 따른 특수용담배로서 대통령령으로 정하는 것
11. 금융·보험 용역으로서 대통령령으로 정하는 것
12. 주택과 이에 부수되는 토지의 임대 용역으로서 대통령령으로 정하는 것
13. 「공동주택관리법」 제18조제2항에 따른 관리규약에 따라 같은 법 제2조제1항제10호에 따른 관리주체 또는 같은 법 제2조제1항제8호에 따른 입주자대표회의가 제공하는 「주택법」 제2조제14호에 따른 복리시설인 공동주택 어린이집의 임대 용역
14. 토지
15. 저술가·작곡가나 그 밖의 자가 직업상 제공하는 인적(人的) 용역으로서 대통령령으로 정하는 것
16. 예술창작품, 예술행사, 문화행사 또는 아마추어 운동경기로서 대통령령으로 정하는 것
17. 도서관, 과학관, 박물관, 미술관, 동물원, 식물원, 그 밖에 대통령령으로 정하는 곳에 입장하게 하는 것
18. 종교, 자선, 학술, 구호(救護), 그 밖의 공익을 목적으로 하는 단체가 공급하는 재화 또는 용역으로서 대통령령으로 정하는 것
19. 국가, 지방자치단체 또는 지방자치단체조합이 공급하는 재화 또는 용역으로서 대통령령으로 정하는 것
20. 국가, 지방자치단체, 지방자치단체조합 또는 대통령령으로 정하는 공익단체에 무상(無償)으로 공급하는 재화 또는 용역

3 세금계산서와 계산서

사업자(공급자)는 재화나 용역을 공급할 때 공급받는 자에게 다음과 같은 세금계산서를 발행한다. 국세청은 2010년부터 종이세금계산서 대신 전자세금계산서 제도를 시행했다. 전자세금계산서란 홈택스(hometax.go.kr) 등 방법에 의해서 세금계산서를 작성.발급(전자서명)하고 그 내용을 국세청에 전송하는 것으로서, 종이세금계산서 이용에 따른 사업자의 비용을 절감하고 거래의 투명성을 제고하는 장점이 있다.

[전자세금계산서 예시]

사업자가 부가가치세가 면세되는 재화 또는 용역을 공급하는 경우에는 부가가치세를 포함하는 「세금계산서」가 아닌, 부가가치세가 없는 「계산서」를 발행한다. 세금계산서가 정식으로 발급되었는지 여부는 홈택스에서 확인할 수 있다.

[조회 경로] 홈택스 > 전자(세금)계산서 현금영수증·신용카드 > 제3자 발급사실 조회 및 수정 발급사실 알림 > 발급사실 조회 및 수정 발급사실 알림 신청

제2부 집행실무

또한 추가 확인을 위해서 매입처별 세금계산서합계표(부가가치세법시행규칙 별지 제39호 서식)를 확인한다.

매입처별 세금계산서합계표(갑)
년 제 기 (월 일 ~ 월 일)

1. 제출자 인적사항

① 사업자등록번호	② 상호(법인명)
③ 성명(대표자)	④ 사업장 소재지
⑤ 거래기간 년 월 일 ~ 년 월 일	⑥ 작성일 년 월 일

2. 매입세금계산서 총합계

구 분		⑦ 매입처수	⑧ 매수	⑨ 공급가액 (조 십억 백만 천 일)	⑩ 세액 (조 십억 백만 천 일)
합 계					
과세기간 종료일 다음 달 11일 까지 전송된 전자 세금계산서 발급받은 분	사업자등록번호 발급받은 분				
	주민등록번호 발급받은 분				
	소 계				
위 전자 세금계산서 외의 발급받은 분	사업자등록번호 발급 받은 분				
	주민등록번호 발급 받은 분				
	소 계				

* 주민등록번호로 발급받은 세금계산서는 사업자등록 전 매입세액 공제를 받을 수 있는 세금계산서만 적습니다.

3. 과세기간 종료일 다음 달 11일까지 전송된 전자세금계산서 외 발급받은 매입처별 명세
(합계금액으로 적음)

⑪ 번호	⑫ 사업자 등록번호	⑬ 상호 (법인명)	⑭ 매수	⑮ 공급가액 (조 십억 백만 천일)	⑯ 세액 (조 십억 백만 천 일)	비고
1						
2						
3						
4						
5						

⑰ 관리번호(매입) —

4 사업자등록과 세금계산서 유형

사업자는 국세청에 사업자등록을 하는데, 사업자는 과세, 면세, 고유번호증으로 유형이 나뉜다.

[사업자 유형]

유형	세금계산서(과세)	계산서(면세)
겸영사업자	○	○
과세사업자	○	×
면세사업자	×	○
고유번호증	×	×

따라서 보조사업자는 과세사업자로부터 「세금계산서」를 받고 면세사업자로부터 「계산서」를 받는다. 그러나 고유번호증이 있는 비영리법인·단체는 세금계산서나 계산서를 발행하지 못하므로, 고유번호증이 있는 비영리법인·단체와 세금계산서 또는 계산서를 발행해야 하는 용역계약을 체결하지 못하고, 참여한 개인별로 기타소득 원천징수를 해야 한다.

5 사례탐구

- 보조금을 지원한 사업의 세부 지출명세서가 없거나 간이영수증만 첨부했다.

- 물품구입이나 인쇄비 등 지출 시 거래처로부터 전자세금계산서를 발급받거나 보조금 체크카드로 결제하여야 함에도 불구하고, 간이영수증으로 처리하거나 현금으로 인출하여 지급했다.

- 교육중식비를 「간이영수증」과 「간사가 대리 작성한 참석자 명단」으로 정산했다.

- 표구대금 700만 원을 집행하며, ○○표구사 대표 계좌로 대금 이체 후 ○○표구사의 사업자등록증을 첨부하였으나, 수기 세금계산서는 ○○갤러리에서 발급받아서 첨부했다.

- 보조사업자가 계좌이체증을 위조하고, 소득세 원천징수영수증 등을 허위로 작성했다.

- 보조사업자는 사무실 임차료에 대하여 부가가치세를 부담함에도 세금계산서를 발급받지 않음(적격증빙 미수취)에 따라 매입처별세금계산서합계표 제출 시 이를 누락했다.

- 물품 구입 시 구입내역이 없는 카드매출전표를 첨부했다.

- 보조사업자가 부가가치세 일반과세자인 거래처로부터 간이세금계산서를 발급받아 첨부하였고, 매입처별세금계산서합계표를 관할세무서에 미제출하였음에도 신고내역 확인 및 시정 등 조치 없이 정산을 확정하였다.

- 2018년부터 2020년까지 용역업체 등에서 전자세금계산서를 승인번호를 조작하여 허위로 발급한 것이 확인되었다.

- 보조사업자가 물품구입을 하면서 일반과세자인 계약상대자로부터 전자세금계산서를 발급받지 않고, 종이세금계산서로 발급받았다. 이에, 계약상대자의 부가가치세 국세청 신고 여부를 확인한 결과, 계약상대자는 부가가치세 신고를 하지 않았다.

3　비목별 지출증빙

1 개요

비목별 지출은 명문화되어 있지 않더라도 「2024년도 예산 및 기금운용계획 집행지침」과 「지방자치단체 회계관리에 관한 훈령」에 의해서 집행한다. 일반적으로 100만 원 초과 구매 건은 타인견적서(또는 비교견적서)를 받아서 가격을 비교하는데, 보조사업별로 규정하는 바가 다르므로, 유의해야 한다. 사업에 따라서 사업비가 30만 원을 초과하면 타인견적서를 받기도 한다. 견적서는 견적업체의 직인이 있어야 하며, 견적하는 상세내역과 계산근거가 명확해야 한다.

인터넷 쇼핑몰에서 개인 아이디로 물품을 구입하면 안 되고, 고유번호증으로 회원가입한 후, 단체의 이름으로 로그인해서 구입해야 한다. 예를 들어 쇼핑몰에서 「개인 명의」로 로그인 후 물품을 구입하고, 결제는 사업비카드로 한 경우에, 거래명세서에 「개인 이름」이 기재되어서, 불인정되기 쉽다.

> **요모조모 뜯어보기**
>
> 네이버는 단체회원 아이디를 만들 수 있지만, 네이버페이를 사용할 수 없어서 사실상 단체명으로 쇼핑을 할 수 없습니다.

2 인쇄비, 홍보비

인쇄비는 사업수행에 필요한 책자, 팸플릿 등을 제작하는 비용을 말하고, 홍보비는 홍보물, 홍보용품, 플래카드, 기념물 등을 제작하는 비용으로서 사업수행과 무관한 홍보물·홍보용품은 포함하지 않는다.

인쇄비의 경우 인쇄 부수는 참석자를 고려하여 최소단위로 제조하되, 필요량만큼만 인정하는 경우도 있고 필요량의 120%까지 인정하는 경우가 있으므로, 이를 지침(매뉴얼)에서 먼저 확인해야 한다.

인쇄비를 절감하기 위해서 고급표지 및 비닐코팅 등을 지양하고 레자크지(표지)나 재생지(내지)를 사용하며, 인쇄는 가능한 컬러 인쇄를 지양하고 양면인쇄를 원칙으로 한다. 또한 오프셋인쇄보다 가격이 싼 경인쇄(마스터인쇄)를 권장한다.

- 견적서
- 타인견적서 (일반적으로 100만 원 이상 거래 시)
- 거래명세서
- 납품 사진
- 배포명세서

> **요모조모 뜯어보기**
>
> 명세서(明細書)는 「물품이나 금액 따위의 내용을 분명하고 자세하게 적은 문서」를 말합니다. 때로 「내역서(內譯書)」를 사용하는데, 내역서는 일본식 용어라고 합니다.

일정 금액을 초과하는 경우 표준계약서를 첨부하도록 하기도 한다. 이때, 온라인 상거래(쿠팡, 인터파크, G마켓 등)를 이용하면 표준계약서는 생략할 수 있다. 책자형 자료는 내부품의 시 배부처를 명시한 배부계획서를 수립하고, 배부 시 수령자의 서명을 받아야 한다. 또한 우편 배부는 우편료 영수증을 첨부해야 한다.

3 여비

보조사업 목적수행을 위한 출장에만 집행할 수 있으며, 기간을 정하지 않은 장기출장, 출퇴근성 이동, 사무국 일상업무를 위한 출장 등에 소요되는 비용으로 사용할 수 없다. 시외여비는 일반적으로 「공무원 여비규정(인사혁신처, 대통령령)」을 따르는데, 국내여비는 다음과 같이 「별표2. 국내 여비 지급표」에 따른다.

국내 여비 지급표 (단위: 원)

철도운임	선박운임	항공운임	자동차 운임	일 비 (1일당)	숙박비 (1박당)	식 비 (1일당)
실비 (일반실)	실비 (2등급)	실비	실비	25,000	실비 (상한액: 서울특별시 100,000, 광역시 80,000, 그 밖의 지역은 70,000)	25,000

1의2. 공적 항공마일리지를 사용하여 항공운임을 절약한 공무원에 대해서는 일비의 50퍼센트를 추가로 지급하되, 추가로 지급되는 일비 총액은 공적 항공마일리지 사용으로 절약된 항공운임의 범위에서 인사혁신처장이 정하는 바에 따른다.
2. 항공운임이 2개 이상의 등급으로 구분되어 있는 경우에는 별표 3 비고에 따라 기획재정부장관이 인사혁신처장과 협의하여 정하는 기준에 따른다.
3. 버스운임은 국토교통부장관 또는 특별시장·광역시장·특별자치시장·도지사·특별자치도지사가 정하는 기준 및 요율의 범위에서 정해진 버스요금을 기준으로 한다.
4. 자가용 승용차를 이용하여 공무로 여행하는 경우의 운임은 표의 제1호란 및 제2호란에 따른 철도운임 또는 버스운임으로 한다. 다만, 공무의 형편상 부득이한 사유로 자가용 승용차를 이용한 경우에는 연료비 및 통행료 등을 지급할 수 있고 구체적인 지급 기준은 인사혁신처장이 기획재정부장관과 협의하여 정한다.
5. 운임 및 숙박비의 할인이 가능한 경우에는 할인된 요금을 지급한다.

제2부 집행실무

「공무원 여비규정」의 여비관련 업무처리의 세부기준을 정한 것이 「공무원보수 등의 업무지침(인사혁신처 예규)」 가운데 「제9장 공무원여비업무 처리기준」이다. 여기에서 규정하는 근무지 내 국내출장과 근무지 외 국내출장 여비는 다음과 같다.

- 근무지 내 국내출장
  - 「근무지 내 국내출장」이란 같은 시(특별시, 광역시 및 특별자치시를 포함한다. 이하 같다)·군 및 섬(제주특별자치도는 제외한다. 이하 같다) 안에서의 출장이나 여행거리(왕복거리)가 12km 미만인 출장을 말한다.
  - 출장 시 그 거리가 12km를 넘더라도 동일한 시·군 및 섬 안에서의 출장인 경우 근무지 외 출장이 아니고 근무지내 출장에 해당된다. 섬의 경우에는 같은 시·군이라 하더라도 '근무지 내'로 보지 않는다. 다만, 육로와 교량으로 연결된 같은 시·군의 섬은 근무지 내에 해당된다. 여행목적지가 같은 시·군에 위치하더라도 다른 시·군을 경유하여 여행하는 것이 일반적인 경로에 해당하면서 그 여행거리가 12km 이상인 경우에는 소속기관장의 판단에 따라 근무지 외 국내출장으로 처리할 수 있다.
  - 근무지 내 국내출장의 경우 별도의 여비의 구분 없이, 출장 여행시간이 4시간 미만인 경우 1만 원, 4시간 이상인 경우 2만 원을 지급한다. 이외에 운임, 일비, 식비, 숙박비 등 별도의 여비는 지급하지 않는다. 1일 이내에 4시간 이상 근무지 내 출장을 2회 이상 간 경우에도, 출장비 합산액은 2만 원을 넘지 못한다.
  - 출장시간에 점심시간이 포함되어 있는 경우 출장시간에서 이를 제외하지 않는다. (예 : 오전 10시부터 오후 2시까지 출장일 경우 출장시간은 4시간임)

- 근무지 외 국내출장
  - 지급되는 여비항목 : 운임, 숙박비, 식비, 일비
  - 자가용을 이용하여 공무로 여행하는 경우의 운임은 여행구간 등급별 철도 또는 버스운임(통상 이용되는 대중교통요금)으로 한다. 다만, 출장자는 고속도로 통행영수증, 출장지에 소재한 주유소에서 결제한 신용카드매출전표, 주차영수증 등 자가용을 이용하여 출장을 이행한 사실을 확인할 수 있는 증거서류를 갖추어 제출해야 한다. 증거서류 구비가 어려운 경우 자가용을 이용한 출장지 현장사진(출장자, 출장차량, 출장지가 포함된 사진)등을 근거로 제출할 수 있다. 자가용 동승자에 대해서는 운임을 지급하지 않는다.
  - 공무의 형편상 부득이한 사유로 사가용을 이용한 경우에는 철도 또는 버스운임 대신에 다음 기준에 따라 연료비 및 통행료, 주차료 등을 지급할 수 있다. 다만, 출장자는 고속도로 통행영수증, 출장지에 소재한 주유소에서 결제한 신

용카드매출전표, 주차영수증 등 자가용을 이용하여 출장을 이행한 사실을 확인할 수 있는 증거서류를 갖추어 제출해야 한다.

공무형편상 부득이한 사유

○ 산간오지, 도서벽지 등 대중교통수단이 없어 자가용을 이용할 수 밖에 없는 경우
○ 출장경로가 매우 복잡·다양하여 대중교통을 사실상 이용할 수 없는 경우
○ 공무목적상 부득이한 심야시간대 이동 또는 긴급한 사유가 있는 경우
○ 자가용을 이용함으로써 운임이 적게 소요되는 경우
○ 하중이 무거운 수하물을 운송해야 하는 경우
○ 대중교통을 이용하여 출장업무를 수행하는 데 어려움이 있는 장애인공무원 등
※ 위와 유사한 사유로서 자가용을 이용할 수밖에 없는 기타 부득이한 사유는 각 기관의 업무특성에 따라 소속기관장이 정하여 운영

- 연료비 지급기준 : 여행거리(km) × 유가 ÷ 연비
  ① 여행거리(km)는 한국도로공사(www.roadplus.co.kr)나 민간에서 제공하는 거리계산 방법을 활용한다.
  ② 유가는 한국석유공사 유가정보시스템(www.opinet.co.kr)에 고시된 출장 시작일의 유가를 적용한다.
  ③ 연비는 한국에너지공단 통계를 적용한다
- 통행료 및 주차료는 해당 영수증을 제출하는 경우, 영수증에 나타난 금액을 지급한다.

제2부 집행실무

여비를 지급하기 위해서 필요한 관련서류는 다음과 같다.

- 출장결과보고서
- 대중교통영수증
- 계좌이체확인증
- 운임이 발생하지 않은 경우, 출장결과보고서, 참석증, 현장사진, 현지에서 사용한 물품구입영수증 등 출장이행 여부를 확인할 수 있는 자료를 첨부한다.

「출장결과보고서(시외)」의 일반적인 양식은 다음과 같다.

출장결과보고서(시외)

출장목적	현장 확인 및 관련 업무협의
출장기간	2021.06.01. ~ 06.02 (1박 2일)
출장지역	대전광역시
방문기관	대전시청

○ 출장자 인적사항

소속	직위	성명	담당업무

○ 소요예산

교통비	금액	지급처	지급방법
여행자보험			
숙박비			
식비			
일비			

출장내용
주요 활동 내용을 일정별 또는 활동 내용별로 자세하게 작성하고, 필요시 사진을 첨부한다.

4 식비

일상적인 소규모 식비는 자기부담으로 지출하는 것을 원칙으로 하며, 대규모라도 단체임직원 등 내부자로만 구성된 회의와 행사의 참석자 식대 등으로는 집행할 수 없다. 또한 주류 등 유흥성 비용은 보조금으로 집행할 수 없다.

> **국가연구개발사업 연구개발비 사용 기준**
> **제25조(연구활동비 공통 사용기준)** ④ 연구개발기관의 장은 회의비 중 식비를 계상하여서는 아니 된다. 다만, 해당 연구개발기관에 소속되지 않은 자가 참여하는 회의 중 사전에 내부결재가 완료된 회의에 대해서는 계상할 수 있다.
> ⑤ 연구개발기관의 장은 회의비를 사용할 때에는 내부결재문서 또는 회의록 중 어느 하나와 영수증서를 갖추어야 한다. 다만, 10만 원(부가가치세를 포함한다) 이하의 회의비를 사용하는 경우에는 회의의 목적, 일시, 장소, 내용, 참석자 명단이 기재된 증명자료로 내부결재문서 또는 회의록을 대신할 수 있다.
> **제21조(연구개발비 공통 계상기준)** ④ 연구개발기관의 장은 연구개발비로 다음 각 호에 해당하는 비용을 계상하여서는 아니 된다.
>   2. 주류 등 유흥성 비용

식비 집행 시 유의할 사항은 다음과 같다.

- 외부인이 참석하는 행사 및 회의 시 식대 지출의 경우, 지출결의서 작성 시 참석자 명단을 반드시 첨부해야 한다.

- 전용카드 영수증은 상세 내용이 반드시 표시되도록 발급받아야 한다. 이때 주류가 포함되어 있으면, 불인정되어 환수한다. 상세 내용이 표시되지 않은 신용카드전표라면, 식당주인에게 상세내용을 요청하여 별도로 첨부한다.

- 간이영수증 등은 원칙적으로 불가하며 전용카드 사용만 인정한다.

특별한 경우를 제외하고 1인 1식 7,000~8,000원을 적용하는 경우가 대부분이다. 그러나 「충청남도 지방보조금 관리지침(2024)」은 식비를 10,000원으로 하고 있다.

충청남도 지방보조금 관리지침(2024)
○ 특별한 경우를 제외하고는 1인 1식 10,000원 단가기준 적용

지방자치단체 회계관리에 관한 훈령
○ 1인당 1식 급식단가는 9,000원 이내에서 집행한다.
○ 「지방공무원 복무규정」상 정규근무시간 개시 최소 1시간 전에 출근하여 근무하거나 근무종료 후 최소 1시간 이상 근무하는 자 또는 휴일에 최소 1시간 이상 근무하는 자에 대하여 급식을 제공할 수 있다.
 - 급식제공 대상자에게 급식을 제공할 때에는 실제 근무를 하였는지 객관적인 사실(초과근무실적, 출퇴근 인증내역, PC접속기록, 문서 생산내역 등)을 확인 후 집행해야 한다.

2024년도 예산안 편성 및 기금운용 계획안 작성 세부지침
특근매식비(210-05목)
○ 정규근무시간 개시 2시간 전에 출근하여 근무하거나 근무 종료후 2시간 이상 근무하는 자 또는 휴일에 2시간 이상 근무하는 자
○ 특근매식비는 7,000원(1식 1인 기준)을 기준으로 작성

5 민간인 국외연수경비 지급기준

보조사업수행과 연관성이 없는 선심성 국외연수 경비는 보조금으로 사용하지 못한다. 특히, 매년 반복적, 관광성, 단순 인솔, 외유성 연수는 원칙적으로 금지한다. 여행기간은 여행목적 달성에 필요한 최소한의 기간으로 하며, 관광 위주의 방문은 금지한다.

특별한 사유가 없는 한, 3년 이내 동일 대상자가 같은 목적으로 해외를 방문하는 것은 금지한다. 따라서 최근 3년 이내 국외 연수 이력, 자기부담 이행 능력, 연수 적합성 등을 면밀히 검토 후 대상자를 선정한다.

항공요금 등의 경비는 출장자에게 현금으로 지급하거나 계좌로 이체하여야 한다. 다만, 항공사 또는 여행사 등을 통해 대행 구매한 항공권인 경우에는 항공사 또는 여행사로 직접 지급할 수 있다(지방자치단체 회계관리에 관한 훈령).

자기부담 비율은 총사업비의 50% 이상으로 한다. 다만, 국제교류협력 강화를 위한 체육선수단 파견, 청소년, 저소득층, 국가유공자, 국비 매칭사업 등 부득이한 경우는 탄력 적용한다.

국외연수 업무를 추진하기 위한 진행업체를 선정하고자 할 때는 동일 성격의 국외 훈련을 추진해 본 경험이 있는 2개 이상의 해외 훈련 전문기관 또는 우수업체를 대상으로 제안서를 받아 평가한 후 선정한다. 국외연수 종료 후 30일 이내에 결과보고서를 제출하고, 국외연수 결과 파급 확산을 위한 자체 보고회를 실시한다.

6 사례탐구

- 각종 사업에 따른 비용을 지출하였으나, 활동일지, 행사결과보고, 사진 등 사업에 대한 증빙자료가 없어서 행사 실시 여부를 파악할 수 없다.

- 소모성 물품구입비, 인쇄비, 홍보물 제작비 등 집행 시 견적서, 산출내역서 등이 없어 적정 구매 여부를 확인할 수 없다.

- 6명에게 구체적 산출 근거 없이 KTX 왕복운임, 식비, 일비, 숙박비 명목으로 개인별 20만 원, 총 120만 원을 지급하였다. 또한 운임 영수증 및 숙박비 영수증을 첨부하지 않았고 정산서류에 첨부한 KTX 운임 영수증 6매 중 4매는 영수증 출력 후 취소한 건이었다. 따라서 부적정 집행 참가자 경비를 회수했다.

- 아무런 근거와 산출기준 없이 월정액으로 여비를 집행했다.

- 보조사업에 참여하지 않는 인원에 대해서 여비를 지급했다.

- 출장(식대 포함) 중에 회의비 식대를 사용한 경우, 불인정된다.

- 출장비(식대 포함) 지급일자와 중복되게 야근 식대를 지급했다.

- 행사를 주관하는 기관에서 차량과 숙박을 제공했음에도 불구하고 운임 및 숙박비를 제공했다.

- 결석 훈련생이 있음에도 불구하고 매일 25명분에 대한 점심값을 식당에 일괄 지급하고, 보조사업자가 회식비용으로 사용했다.

- 1인당 식비 단가가 6,000원이고 참여자가 20명인 훈련과정의 경우, 점심을 먹지 않은 훈련생 10명에 대한 식비도 포함하여 1인당 식비 단가를 12,000원을 한도로 지출했다.

- 식대 내역이 커피, 아이스크림, 음료수 등이어서 식사로 판단할 수 없다.

- 초과근무 내용을 확인할 수 있는 증빙 없이 초과근무 식대를 지급했다.

- 회의비로 처리한 식사 장소가 회의 장소와 명확한 사유 없이 거리가 먼 경우, 불인정될 수 있다.

- 교육 참석자에 대한 단체급식 시 신용카드에 의한 결제가 원칙임에도 불구하고, 교육 참석자 개인 농가에서 급식을 하고 개인에게 대가를 지급했다.

- 동일시간대에 중복되게 회의하는 경우, 불인정될 수 있다.

- 통상적으로 전문가 등 외부관계인이 참석하는 회의를 개최할 때 필요한 다과 및 음료, 식사비 등으로 회의비를 집행하는 것이 타당한데도, 총 18회에 걸쳐 회의를 개최하면서 외부관계인은 전혀 참석하지 않고 내부관계인만 참석한 회의에서 식사비를 지급했다.

- 보조사업자는 회의 시 지출된 식사, 다과 등의 비용 관련 지출결의 전표에 회의록이 첨부되어 있지 않은 경우가 다수 발견되었다.

- 출장 및 회의와 관련된 비용을 지급할 때 증빙서류에 따라 검수한 후 지급하여야 하나, 계약상대자가 다른 회의일자의 사진을 첨부하여 제출한 정산서류를 제대로 확인하지 않고 지급했다.

- 후원물품배분을 위한 업무용 1톤 차량을 운행하기 위하여 보조금으로 충전한 하이패스카드를, 개인용도로 근무시간 중 근무지를 이탈하여 사용했다.

- 차량 노후 및 차량 부족으로 출장 시 개인차량을 이용했다는 이유로 당초 보조금 사업계획에 없던 종사자 개인 차량의 소모품 교체 및 수리비를 보조금에서 집행했다.

- 보조사업자가 민간단체법정운영비를 교부받아 전기요금을 집행하면서 연체료가 발행한 경우, 연체료를 자부담으로 처리해야 함에도 보조금으로 납부했다.

- 어린이집 대표가 동일 영수증을 두 개의 어린이집 정산서류에 중복 첨부했다.

- 사업의 계약서에 따라 계약상대자는 계약기간 종료일 1개월 전까지 사무용품을 구입하여야 하는데도, 사무용품을 계약기간 종료시점의 10일 전에 구입했다.

- 보조사업자 ◎체육회에서는, ○체육대회 개최 지원 보조사업을 추진하면서 사전 사업 변경 승인 없이, 당초 사업계획에 없는 현금성 경비인 참가선수 격려 상품권 ○○매를 보조금으로 구입하였다. 그러나 상품권 ○○매에 대한 지급 관리 대장(지급일시, 지급대상자, 수량 등)이 없어 지급대상자가 참가선수인지에 대한 증거서류가 존재하지 않는다. 그런데, 보조금지원기관에서는 정산검사 시 보조사업자가 반드시 자부담으로 편성하여 집행하여야 할 상품권을 사업계획 변경 승인 없이, 보조금으로 편성하여 집행하였는데도, 이에 대해 시정 초치를 하지 않았으며, 상품권 배부 등록 대장을 요청하여, 보조금을 사적으로 사용한 여부를 확인하여야 함에도, 하지 않는 등 정산검사를 소홀히 한 사실이 있다.

- 보조사업자가 「○체육대회 개최 지원」 보조금을 현금성 경비 성격의 '참가선수 훈련비' 비목으로 산출근거 없이, 포괄 편성하여, ○○개 읍·면 종목단체에 보조금을 일괄 지급하였다. 보조금을 수령 받은 ○○개 읍·면 종목단체에서는, 실적보고서 제출시 집행 증빙서류(보조금 전용 카드전표, 세금계산서)를 제출하지 않았으며, 특히 ○체육회 등 ○개 단체에서는 사전 사업계획 변경 승인도 없이, 참가선수 훈련비를 보조금 예산으로 변경하여 지출하였다.

제6장
인건비·인건비성경비 지출

1. 근로와 근로계약
2. 인건비
3. 인건비성 경비

1 근로와 근로계약

1 근로와 근로자

보조금사업을 수행하는 보조사업자는 대개 비영리법인(사단법인, 재단법인, 사회복지법인, 비영리민간단체 등)인 경우가 많은데, 비영리법인에도 「근로기준법」이 적용된다. 단, 4인 이하인 경우는 「근로기준법」의 일부 조항만 적용한다(근로기준법 제11조).

보조사업자의 대표자는 사용자로서 「근로기준법」을 준수해야 한다. 근로자는 임시직, 일용직, 아르바이트, 시간제 등 고용형태를 불문하고, 사용자에게 고용되어 지휘·명령을 받아 근로를 제공하며 근로의 대가로 보수를 받는다(근로기준법 제2조). 보조금으로 인건비를 지원받은 경우, 반드시 상근하여야 하는 것은 아니다. 따라서 보조금교부결정서에 나와 있는 제한사항을 살펴보고, 특별히 비상근을 제한하고 있지 않다면 비상근도 가능하다.

근로기준법상의 근로자에 해당하는지 여부는 그 실질에 있어 근로자가 사업 또는 사업장에 임금을 목적으로 「종속적인 관계」에서 사용자에게 근로를 제공하였는지 여부에 따라 판단하여야 하고, 여기에서 종속적인 관계가 있는지 여부는

- 업무 내용을 사용자가 정하고 취업규칙 또는 복무(인사)규정 등의 적용을 받으며 업무 수행 과정에서 사용자가 상당한 지휘·감독을 하는지,
- 사용자가 근무시간과 근무장소를 지정하고 근로자가 이에 구속을 받는지,
- 노무제공자가 스스로 비품·원자재나 작업도구 등을 소유하거나 제3자를 고용하여 업무를 대행케 하는 등 독립하여 자신의 계산으로 사업을 영위할 수 있는지,
- 노무 제공을 통한 이윤의 창출과 손실의 초래 등 위험을 스스로 안고 있는지,
- 보수의 성격이 근로 자체의 대상적 성격인지,
- 기본급이나 고정급이 정하여졌는지 및 근로소득세의 원천징수 여부 등 보수에 관한 사항,
- 근로 제공 관계의 계속성과 사용자에 대한 전속성의 유무와 그 정도,
- 사회보장제도에 관한 법령에서 근로자로서 지위를 인정받는지 등의 경제적·사회적 여러 조건을 종합하여 판단하여야 한다(대법원 2006. 12. 7.선고 2004다29736 판결).

노동법규는 근로자를 기간의 정함이 없는 정규직 근로자, 기간의 정함이 있는 기간제 근로자, 단시간 근로자 및 파견 근로자로 구분한다.

[노동법규의 근로자 구분]

구분		내용
정규직		기간의 정함이 없는 경우
비정규직	기간제근로자 (기간의 정함이 있는 경우)	2년을 초과하지 않는 기간의 정함이 있는 경우 (기간제및단시간근로자보호등에관한법률 제2조)
	단시간근로자	1주 동안의 소정근로시간이 그 사업장에서 같은 종류의 업무에 종사하는 통상 근로자의 1주 동안의 소정근로시간에 비하여 짧은 근로자 (근로기준법 제2조)
	파견근로자	파견사업주가 고용한 후 그 고용관계를 유지하면서 근로자 파견계약의 내용에 따라 사용사업주의 지휘·명령을 받아 사용사업주를 위한 근로에 종사하게 하는 근로자 (파견근로자보호등에관한법률 제2조)

제2부 집행실무

보조사업에 따라서 「기간을 정하지 않은 근로자」가 전체 근로자의 일정 비율 이상이 되도록 다음과 같이 규정하기도 하므로, 이에 맞춰서 근로자를 고용해야 한다.

국가인적자원개발컨소시엄 운영규정
제19조(공동훈련센터에 대한 지원) ⑤ 공단은 공동훈련센터의 훈련규모, 훈련목표 달성률 등을 고려하여 공동훈련센터에 대하여 공동훈련센터가 전담자와 기간을 정하지 아니한 근로계약을 직접 체결한 자의 비율이 해당 기관 소속 전담자의 100분의 60이상(소수점 이하는 반올림한다.)인 경우 전담자의 인건비를 지원할 수 있다.

요모조모 뜯어보기

대학교수도 보조사업자의 근로자가 되어서 근무할 수 있을까요? 대학교수는 학교장의 허가를 받아서 사외이사로만 근무할 수 있으며, 보수를 학교장에게 보고해야 합니다. 이는 국공립대학과 사립대학에 모두 적용됩니다.

교육공무원법
제19조의2(영리업무 및 겸직금지에 관한 특례) ① 「고등교육법」 제14조제2항에 따른 교수·부교수 및 조교수는 학생의 교육·지도와 학문의 연구에 지장이 없는 범위안에서 소속학교의 장의 허가를 받아 상업·공업·금융업 그 밖에 영리를 목적으로 하는 사기업체의 사외이사(「자본시장과 금융투자업에 관한 법률」 제9조제3항에 따른 해당 회사의 상무에 종사하지 아니하는 이사를 말한다. 이하 이 조에서 같다)를 겸직할 수 있다.
② 제1항에 따라 사외이사를 겸직하는 교수·부교수 및 조교수는 그 해에 「상법」 제388조에 따라 해당 사기업체로부터 받은 보수 전부를 소속학교의 장에게 다음 해 1월 31일까지 보고하여야 한다.

사립학교법
제55조(복무) ① 사립학교 교원의 복무에 관하여는 국립학교·공립학교 교원에 관한 규정을 준용한다.

---

2 근로계약과 취업규칙

근로자를 고용하기 위해서 가장 먼저 하는 것이 근로계약서를 작성하는 것이다. 근로계약이란 「근로자가 사용자에게 근로를 제공하고 사용자는 이에 대하여 임금을 지급하는 것을 목적으로 체결된 계약(근로기준법 제2조)」이다. 근로계약서에 포함되어야 하는 사항은 다음과 같다(근로기준법 제17조).

1. 임금
2. 소정근로시간
3. 휴일(주휴일, 공휴일)
4. 연차 유급휴가
5. 그 밖에 대통령령으로 정하는 근로조건(근로기준법시행령 제8조)
5-1 취업의 장소와 종사하여야 할 업무에 관한 사항
5-2 취업규칙의 필수기재사항
5-3 사업장의 부속 기숙사에 기숙하게 되는 경우에는 기숙사 규칙에서 정한 사항

사용자는 근로계약을 서면 2부를 작성하고, 1부는 근로자에게 교부해야 하며, 교부하지 않으면 벌금이 부과된다. 임금의 구성항목이 변경되면 다시 근로자에게 교부해야 한다.
사용자는 근로자를 해고하려면 해고사유와 해고시기를 서면으로 통지해야 한다.

제2부 집행실무

「기간의 정함이 없는 경우」의 고용노동부 근로계약서 표준양식은 다음과 같다.

표준근로계약서(기간의 정함이 없는 경우)

_____(이하 "사업주"라 함)과(와) _____(이하 "근로자"라 함)은 다음과 같이 근로계약을 체결한다.

1. 근로개시일 :   년   월   일부터
2. 근 무 장 소 :
3. 업무의 내용 :
4. 소정근로시간 : ___시___분부터 ___시___분까지 (휴게시간 : 시 분~ 시   분)
5. 근무일/휴일 : 매주 __일(또는 매일단위)근무, 주휴일 매주 __요일
6. 임 금
   - 월(일, 시간)급 : _____원
   - 상여금 : 있음 (   ) _____원, 없음 (   )
   - 기타급여(제수당 등) : 있음 (   ), 없음 (   )
     · _____원, _____원
     · _____원, _____원
   - 임금지급일 : 매월(매주 또는 매일) ____일(휴일의 경우는 전일 지급)
   - 지급방법 : 근로자에게 직접지급(   ), 근로자 명의 예금통장에 입금(   )
7. 연차유급휴가
   - 연차유급휴가는 근로기준법에서 정하는 바에 따라 부여함
8. 사회보험 적용여부(해당란에 체크)
   □ 고용보험 □ 산재보험 □ 국민연금 □ 건강보험
9. 근로계약서 교부
   - 사업주는 근로계약을 체결함과 동시에 본 계약서를 사본하여 근로자의 교부요구와 관계없이 근로자에게 교부함(근로기준법 제17조 이행)
10. 근로계약, 취업규칙 등의 성실한 이행의무
    - 사업주와 근로자는 각자가 근로계약, 취업규칙, 단체협약을 지키고 성실하게 이행하여야 함
11. 기   타
    - 이 계약에 정함이 없는 사항은 근로기준법령에 의함

                              년   월   일

(사업주) 사업체명 :   (전화 :   )
         주   소 :
         대 표 자 :   (서명)

(근로자) 주   소 :
         연 락 처 :
         성   명 :   (서명)

보조사업을 위하여 고용한 근로자는 「기간의 정함이 있는 경우(기간제)」가 대부분이다. 「기간의 정함이 있는 경우」의 근로계약서는 근로계약기간을 일정 기간으로 기재한다는 점만 다르다.

표준근로계약서(기간의 정함이 있는 경우)

_____(이하 "사업주"라 함)과(와) _____(이하 "근로자"라 함)은 다음과 같이 근로계약을 체결한다.

1. 근로계약기간: 년   월   일부터   년   월   일까지

기간제 근로계약기간은 최초 근로계약 시작일로부터 총 2년을 초과할 수 없다.

기간제 및 단시간근로자 보호 등에 관한 법률
제4조(기간제근로자의 사용) ①사용자는 2년을 초과하지 아니하는 범위 안에서 (기간제 근로계약의 반복갱신 등의 경우에는 그 계속근로한 총기간이 2년을 초과하지 아니하는 범위 안에서) 기간제근로자를 사용할 수 있다.
②사용자가 제1항 단서의 사유가 없거나 소멸되었음에도 불구하고 2년을 초과하여 기간제근로자로 사용하는 경우에는 그 기간제근로자는 기간의 정함이 없는 근로계약을 체결한 근로자로 본다.

기간을 정하여 근로계약을 체결한 근로자의 경우 기간이 만료됨으로써 근로자로서의 신분관계는 당연히 종료되는 것이 원칙이다. 그러나 근로계약, 취업규칙, 단체협약 등에서 기간만료에도 불구하고 일정한 요건이 충족되면 근로계약이 갱신된다는 취지의 규정을 두고 있거나, 그러한 규정이 없더라도 근로관계를 둘러싼 여러 사정을 종합하여 볼 때 근로계약 당사자 사이에 일정한 요건이 충족되면 근로계약이 갱신된다는 신뢰관계가 형성되어 있어 근로자에게 그에 따라 근로계약이 갱신될 수 있으리라는 정당한 기대권이 인정되는 경우에는 사용자가 이에 위반하여 부당하게 근로계약의 갱신을 거절하는 것은 부당해고와 마찬가지로 아무런 효력이 없고, 이 경우 기간만료 후의 근로관계는 종전의 근로계약이 갱신된 것과 동일하다(대법 2014두45765, 2016.11.10.). 따라서 근로계약서 작성 시 「근로계약기간동안 근무평정 등을 통하여 근로계약을 갱신하거나 정규직으로 전환할 수 있다」라는 내용의 문구는 신중하게 결정하여야 한다.

단시간근로자의 근로계약서는 「기간의 정함이 없는 경우」에서 다음 항목만 변경하면 된다. 즉, 「근로일 및 근로일별 근로시간」을 추가로 기재해야 한다.

표준근로계약서(단시간근로자)

_____(이하 "사업주"라 함)과(와) _____(이하 "근로자"라 함)은 다음과 같이 근로계약을 체결한다.

1. 근로개시일 :   년   월   일부터
 ※ 근로계약기간을 정하는 경우에는 " 년 월 일부터   년 월 일까지" 등으로 기재

4. 근로일 및 근로일별 근로시간

	( )요일	( )요일	( )요일	( )요일	( )요일	( )요일
근로시간	시간	시간	시간	시간	시간	시간
시업	시 분	시 분	시 분	시 분	시 분	시 분
종업	시 분	시 분	시 분	시 분	시 분	시 분
휴게 시간	시 분 ~ 시 분	시 분 ~ 시 분	시 분 ~ 시 분	시 분 ~ 시 분	시 분 ~ 시 분	시 분 ~ 시 분

○ 주휴일 : 매주   요일

5. 임 금
 - 시간(일, 월)급 :   원(해당사항에 ○표)
 - 상여금 : 있음 (   )   원, 없음 (   )
 - 기타급여(제수당 등) : 있음 :   원(내역별 기재), 없음 (   ),
 - 초과근로에 대한 가산임금률: %
  ※ 단시간근로자와 사용자 사이에 근로하기로 정한 시간을 초과하여 근로하면 법정 근로시간 내라도 통상임금의 100분의 50%이상의 가산임금 지급
 - 임금지급일 : 매월(매주 또는 매일)   일(휴일의 경우는 전일 지급)
 - 지급방법 : 근로자에게 직접지급(   ), 근로자 명의 예금통장에 입금(   )

사용자는 근로계약서 이외에 취업규칙을 작성해서 신고해야 한다. 노무관리는 복잡한 양식을 많이 다루어야 하므로, 이를 전문적으로 처리하는 공인노무사에게 맡기는 것이 효율적이다. 취업규칙에 들어가야 하는 내용은 다음과 같다(근로기준법 제93조).

1. 업무의 시작과 종료 시각, 휴게시간, 휴일, 휴가 및 교대 근로에 관한 사항
2. 임금의 결정·계산·지급 방법, 임금의 산정기간·지급시기 및 승급(昇給)에 관한 사항
3. 가족수당의 계산·지급 방법에 관한 사항
4. 퇴직에 관한 사항
5. 「근로자퇴직급여 보장법」 제4조에 따라 설정된 퇴직급여, 상여 및 최저임금에 관한 사항
6. 근로자의 식비, 작업 용품 등의 부담에 관한 사항
7. 근로자를 위한 교육시설에 관한 사항
8. 출산전후휴가·육아휴직 등 근로자의 모성 보호 및 일·가정 양립 지원에 관한 사항
9. 안전과 보건에 관한 사항
9의2. 근로자의 성별·연령 또는 신체적 조건 등의 특성에 따른 사업장 환경의 개선에 관한 사항
10. 업무상과 업무 외의 재해부조(災害扶助)에 관한 사항
11. 직장 내 괴롭힘의 예방 및 발생 시 조치 등에 관한 사항
12. 표창과 제재에 관한 사항
13. 그 밖에 해당 사업 또는 사업장의 근로자 전체에 적용될 사항

2　인건비

1　급여

인건비는 근로를 제공함으로써 받는 급여 등이며, 보조사업에서 지급되는 인건비는 일반적으로 다음 항목을 포함한다.

- 보조사업에 직접 참여하는 인력에 대한 인건비
- 인건비성 경비(4대 사회보험료, 퇴직금, 연가보상비 등)

> **근로기준법**
> **제2조(정의)** ① 이 법에서 사용하는 용어의 뜻은 다음과 같다.
> 　5. "임금"이란 사용자가 근로의 대가로 근로자에게 임금, 봉급, 그 밖에 어떠한 명칭으로든지 지급하는 모든 금품을 말한다.

인건비 가운데 가장 대표적인 것이 「임금」이며, 회계는 「급여」라고 하고, 세무는 「근로소득」이라고 한다. 근로소득은 근로를 제공함으로써 받는 봉급·급료·보수·세비·임금·상여·수당과 이와 유사한 성질의 급여를 모두 포함한다(소득세법 제20조).

급여를 지급할 때, 「근로기준법 제43조」에 따라서 ①화폐로 지급해야 하고 ②근로자에게 직접 지급해야 하고 ③법령이나 단체협약에 특별한 규정이 없는 한 일부를 공제하지 않고 전액 지급해야 하며 ④매월 일정한 날짜에 정기적으로 지급(월 1회 이상)해야 한다.

> **요모조모 뜯어보기**
>
> 급여일이 휴일이면, 급여를 그 전날에 지급해야 할까요? 아니면 다음 날에 지급해야 할까요? 근로기준법은 「매월 일정한 날짜에 정기적으로 지급」하라고만 규정하고 있습니다. 그런데 다음 날에 지급한다면 「매월 일정한 날짜」보다 후에 지급한 것이 되므로, 대부분 전날에 지급합니다. 인터넷뱅킹의 자동이체를 이용해서 급여를 이체할 때 급여일이 공휴일이라면, 대부분 은행은 「당행이체」는 「공휴일 전 날」에 이체하지만 「타행이체」는 「공휴일 다음 날」에 이체하도록 하므로, 유의해야 합니다.

임금을 지급할 때 최저임금액 이상의 임금을 지급해야 한다(최저임금법 제6조). 최저임금은 매년 「고용노동부고시」로 발표되며, 2025년 적용 최저임금은 다음과 같다.

> **2025년 적용 최저임금 고시**
> 시간급 10,030원, 월 환산액 2,096,270원
> (주 소정근로 40시간을 근무할 경우, 월 환산 기준시간 수 209시간, 주당 유급 주휴 8시간 포함)

최저임금 대신 이보다 높게 책정된 지방자치단체의 「기간제근로자 임금지급 기준」 또는 생활임금을 적용하기도 한다. 광역지자체의 생활임금 예시는 다음과 같다.

> **2025년 서울특별시 생활임금 고시**
> 시급 11,779원, 월급 2,461,811원
> ※ 생활임금의 적용은 근로기준법상 법정 통상임금임
>
> **2025년 충청남도 생활임금 고시**
> 시간급 11,730원, 월급 2,451,570원
> ※ 생활임금의 산입범위는 근로기준법상 법정 통상임금임

인건비를 지급하기 위해 필요한 관련서류는 다음과 같다. 인건비는 지급 시 반드시 본인 명의의 계좌로 이체하여야 한다.

- 근로계약서 (또는 연봉계약서)
- 각종 수당 지급 근거
- 임금대장 (사업주부담 공제내용까지 기재), 임금명세서
- 업무일지
- 소득자별 근로소득원천징수부
- 이체확인증

2 비과세

다음 근로소득 가운데 비과세하는 소득에서 대표적인 것은 실비변상적 급여로 받는 차량유지보조금과 식대가 있다(소득세법 제12조, 소득세법시행령 제12조).

1. 일직료·숙직료 또는 여비로서 실비변상 정도의 금액(종업원이 소유하거나 본인 명의로 임차한 차량을 종업원이 직접 운전하여 사용자의 업무수행에 이용하고 시내 출장 등에 소요된 실제여비를 받는 대신에 그 소요경비를 해당 사업체의 규칙 등으로 정하여진 지급기준에 따라 받는 금액 중 월 20만 원 이내의 금액을 포함한다)
2. 근로자가 사내급식이나 이와 유사한 방법으로 제공받는 식사 기타 음식물 또는 근로자(식사 기타 음식물을 제공받지 아니하는 자에 한정한다)가 받는 월 20만 원 이하의 식사대

그러나 비과세소득을 보조금 지원에서 제외하는 보조사업도 있으므로, 유의해야 한다. 비과세 소득은 4대사회보험료 산정에서도 제외되어 보험료가 부과되지 않는다.

3 임금대장과 임금명세서

사용자는 각 사업장별로 임금대장을 작성하고, 임금대장에 다음의 사항을 근로자 개인별로 적어야 한다(근로기준법 제48조제1항, 근로기준법시행령 제27조).

1. 성명
2. 생년월일, 사원번호 등 근로자를 특정할 수 있는 정보
3. 고용 연월일
4. 종사하는 업무
5. 임금 및 가족수당의 계산기초가 되는 사항
6. 근로일수
7. 근로시간수
8. 연장근로, 야간근로 또는 휴일근로를 시킨 경우에는 그 시간수
9. 기본급, 수당, 그 밖의 임금의 내역별 금액(통화 외의 것으로 지급된 임금이 있는 경우에는 그 품명 및 수량과 평가총액)
10. 임금의 일부를 공제한 경우에는 그 금액(소득세, 4대사회보험료 등)

임금대장은 수기 외에 컴퓨터 등 전자문서로도 작성가능하며, 필요한 경우에 언제라도 출력하여 사용할 수 있다면 임금대장을 전자문서로 보존하는 것도 가능하다.

사용자는 임금을 지급하는 때에는 다음의 사항을 적은 임금명세서를 서면(전자문서 포함)으로 교부하여야 한다(근로기준법 제48조제2항, 근로기준법시행령 제27조의2).

1. 근로자의 성명, 생년월일, 사원번호 등 근로자를 특정할 수 있는 정보
2. 임금지급일
3. 임금 총액
4. 기본급, 각종 수당, 상여금, 성과금, 그 밖의 임금의 구성항목별 금액(통화 이외의 것으로 지급된 임금이 있는 경우에는 그 품명 및 수량과 평가총액을 말한다)
5. 임금의 구성항목별 금액이 출근일수·시간 등에 따라 달라지는 경우에는 임금의 구성항목별 금액의 계산방법(연장근로, 야간근로 또는 휴일근로의 경우에는 그 시간 수를 포함한다)
6. 임금의 일부를 공제한 경우에는 임금의 공제 항목별 금액과 총액 등 공제내역

제2부 집행실무

임금대장의 양식은 다음과 같다(근로기준법시행규칙 별지 제17호서식).

임 금 대 장

관리번호: _____

성명	생년월일	기능 및 자격	고용연월일	종사업무	임금계산기초사항			가족수당계산기초사항		
					기본시간급	기본일급	기본월급	부양가족수	1인당 지급액	계산시간

구분 월별	근로일수	근로시간수	연장근로시간수	휴일근로시간수	야간근로시간수	기본급	여러 가지 수당				현금	그 밖의 임금		총액	공제액	영수액	영수인
							가족수당	연장근로수당	휴일근로수당	야간근로수당		현물 품명	수량 평가액				

임금명세서는 법정서식은 없고 법정 기재사항이 포함되어 있으면 된다. 근로자에게 서면으로 교부할 수도 있고, 사내전산망에 입력하거나 이메일, 문자메시지, 모바일메신저를 통해 교부할 수도 있다. 다만, 최종 작성 이후 어느 일방이 임의로 수정할 수 없도록 가급적 읽기전용 문서로 작성하는 것이 바람직하다. 임금명세서에 대한 고용노동부의 작성례는 다음과 같다. 고용노동부는 「임금명세서 만들기 (moel.go.kr/wageCalMain.do)」 사이트를 제공하고 있으므로, 참고해 보자.

임 금 명 세 서

지급일 :

성명		사번	
부서		직급	

세부 내역

지 급[1]			공 제[2]	
임금 항목		지급 금액(원)	공제 항목	공제 금액(원)
매월 지급	기본급	3,200,000	소득세	115,530
	연장근로수당	379,728	국민연금	177,570
	야간근로수당	15,822	고용보험	31,570
	휴일근로수당	94,932	건강보험	135,350
	가족수당	150,000	장기요양보험	15,590
	식대	100,000	노동조합비	15,000
격월 또는 부정기 지급				
지급액 계		3,940,482	공제액 계	490,610
			실수령액(원)	3,472,161

계산 방법

구분	산출식 또는 산출방법	지급액(원)
연장근로수당	연장근로시간 수[4](16시간)×15,822원×1.5	379,728
야간근로수당	야간근로시간 수[5](2시간)×15,822원×0.5	15,822
휴일근로수당	휴일근로시간 수[6](4시간)×15,822원×1.5	94,932
가족수당	100,000원x1명(배우자)+50,000원x1명(자녀1명)	150,000

※ 가족수당은 취업규칙 등에 지급요건이 규정되어 있으면 계상방법을 기재하지 않아도 됨.
(기재사항이 모두 포함되어 있다면 사업장에서 자율적으로 임금명세서 서식을 만들어서 사용 가능)

4 4대 사회보험

1인 이상의 근로자를 고용하는 모든 사업장은 4대 사회보험에 가입해야 한다. 4대 사회보험의 종류는 다음과 같다.

- 건강보험
- 국민연금
- 고용보험
- 산업재해보험

4대 사회보험료는 다음 요율에 의해서 계산하며, 근로자 부담분을 임금에서 사전 공제 후 사업자 부담분과 함께 보험기관에 납부한다.

[2022년 4대 사회보험 요율]

구분		기준액	보험요율	근로자	사업주
국민연금		기준소득월액	9%	4.5%	4.5%
건강보험		보수월액	6.99%	3.495%	3.495%
장기요양보험		건강보험료	건강보험료의 12.27%		
산재보험		보수월액	업종별로 다름	전 업종 평균 1.53% =1.43%+0.1%(출퇴근재해요율) 사업주 전액부담	
고용보험	실업급여	보수월액	1.8%	0.9%	0.9%
	고용안정 직업능력 개발사업	보수월액	150인 미만 기업		0.25%
			150인 이상(우선지원대상 기업)		0.45%
			150인 이상~1,000인 미만		0.65%
			1,000인 이상, 국가, 지방자치단체		0.85%

보조사업에 참여하려면, 일반적으로 「국민건강보험자격득실확인서」 또는 「4대 사회보험 가입자 가입내역 확인서」를 보조금지원기관에 제출하여야 한다. 확인서는 「국민건강보험(nhis.or.kr)」 또는 「4대 사회보험 정보연계센터(4insure.or.kr)」에서 발급받는다.

제6장 인건비·인건비성경비 지출

정부는 10인 미만의 소규모 영세사업장을 대상으로 4대사회보험을 경감시켜주기 위해서 「두루누리 사회보험료 지원사업(insurancesupport.or.kr)」을 시행하고 있으므로, 잘 챙겨보자.

지원대상
- 근로자 수가 10명 미만인 사업에 고용된 근로자 중 월평균보수가 220만 원 미만인 신규가입 근로자와 그 사업주
- 2021년부터는 신규가입자에 대해서만 지원

지원수준
- (지원수준) 신규가입 근로자 및 사업주가 부담하는 고용보험과 국민연금 보험료의 80%

5 퇴직급여

근로자를 사용하는 모든 사업자는 1년 이상 계속 근로한 근로자가 퇴직하는 경우, 계속근로기간 1년에 대하여 30일분 이상의 평균임금을 퇴직금으로 지급한다(근로자퇴직급여보장법 제8조). 그러나 계속근로기간이 1년 미만이거나, 4주간을 평균하여 1주간의 소정근로시간이 15시간 미만인 근로자는 해당하지 않는다.

퇴직금을 계산하기 위해서, 평균임금을 산정해야 하는데 평균임금은 이를 산정해야 할 사유가 발생한 날 이전 3개월 동안에 그 근로자에게 지급된 임금의 총액을 그 기간의 총일수로 나누어 산정한다. 고용노동부 홈페이지(moel.go.kr/retirementpayCal.do)에서 퇴직금을 계산할 수 있으므로, 미리 계산해 두는 것이 효율적이다.

> 퇴직금 = 1일 평균임금 × 30일 × (재직일수 / 365일)

근로자가 퇴직하면 그 사유가 발생한 날로부터 14일 이내에 임금과 퇴직금 등 근로관계에서 발생한 일체의 금품을 지급해야 한다. 이때「그 사유가 발생한 날」은 월급일이 아니라 퇴직일자임에 유의해야 한다. 다만, 특별한 사정이 있을 경우에 당사자 사이의 합의에 의하여 기일을 연장할 수 있다(근로기준법 제36조).

퇴직금 중간정산은 근로자가 퇴직하기 전에 퇴직금 중간정산 사유로 퇴직금을 미리 정산하여 받을 수 있는 제도이다. 그러나「근로자퇴직급여보장법」제8조제2항은 이를 제한적으로 허용하고 있으므로, 이외에는 퇴직금을 중간정산해서는 안된다.「근로자퇴직급여보장법시행령」제3조는 주택구입 등 제한된 중간정산 사유를 정의한다.

퇴직금제도는 ①계속근로기간 1년에 대하여 30일분 이상의 평균임금을 퇴직하는 근로자에게 일시금으로 지급하는 퇴직금제도 ②근로자가 받을 퇴직급여 수준이 사전에 결정되어있는 확정급여형(DB; Defined Benefit) 퇴직연금제도와 ③급여의 지급을 위하여 사용자가 부담해야 할 부담금의 수준이 사전에 결정 되어있는 확정기여형(DC; Defined Contribution) 퇴직연금제도 ④근로복지공단의 중소기업퇴직연금기금제도가 있다.

[퇴직급여 유형]

퇴직급여 유형		설명
퇴직금 제도		계속근로기간 1년에 대하여 30일분 이상의 평균임금을 근로자에게 일시금으로 지급하는 제도
퇴직연금 제도	확정급여형 (DB형)	근로자가 받을 급여 수준이 사전에 결정되어 있는 퇴직연금제도(급여수준은 퇴직금제도와 동일)
	확정기여형 (DC형)	사용자가 매년 1회 이상 정기적으로 확정된 부담금을 근로자의 계좌에 납입하고 근로자의 자기 책임하에 적립금을 운용하는 퇴직연금제도
중소기업 퇴직연금 기금제도		둘 이상의 30인 이하 중소기업 사용자 및 근로자가 납입한 부담금 등으로 공동의 기금을 조성·운영하여 근로자에게 급여를 지급하는 제도(근로복지공단)

DB형은 근로자가 퇴직 시 받을 퇴직급여가 근무기간과 평균임금에 의해 사전에 결정(계속근무연수×3개월 월평균임금)된 제도로서, 근로자가 퇴직하기 전까지 기업(사용자)이 DB형 적립금을 운용하고 운용성과도 기업에 귀속됨으로써, 근로자가 퇴직 시 수령하는 퇴직급여는 운영성과에 영향을 받지 않는다. DC형은 기업이 매년 근로자 연간임금의 1/12 이상을 근로자 퇴직계좌에 예치하는 제도로서, 근로자가 직접 DC형 적립금을 운용하고 운용성과도 자신에게 귀속됨으로써, 퇴직 시 퇴직급여가 수익률의 영향을 받아서 달라진다.

제2부 집행실무

[확정급여형과 확정기여형의 비교]

구분	확정급여형(DB)	확정기여형(DC)
개념	근로자가 퇴직 시 받을 급여가 근무기간과 평균임금에 의해 사전에 확정	기업이 매년 근로자 연간임금의 1/12 이상을 근로자 퇴직계좌에 예치
운용주체	기업(사용자)	근로자
유리한 경우	• 임금상승률 > 운용수익률 • 승진기회가 많은 근로자 • 임금상승률이 높은 근로자 • 장기근속이 가능한 근로자 • 투자에 자신이 없거나 안정성을 중요하게 생각하는 근로자	• 임금상승률 < 운용수익률 • 승진기회가 적은 근로자 • 임금상승률이 낮은 근로자 • 이직이 잦은 근로자 • 투자에 자신이 있거나 수익성을 중요하게 생각하는 근로자

퇴직연금제도는 DB형에서 DC형으로만 전환이 가능하다. 따라서 DB형 가입자는 임금피크제 적용 직전에 DC형으로 전환하는 것이 유리하다. 또한 중도인출은 DC형만 가능하다.

「근로자퇴직급여보장법」의 개정으로 제9조제2항에 따라서 2022년 4월 14일부터 퇴직하는 근로자의 퇴직연금제도(DB, DC 등) 퇴직금은 근로자가 지정한 개인형퇴직연금제도의 계정(IRP; Individual Retirement Pension)으로 지급해야 한다.

요모조모 뜯어보기

입사 후 1년이 안 된 직원에 대한 퇴직연금은 어떻게 해야 할까요? 일반적으로 입사 후 바로 보조금으로 퇴직연금을 납입하고 1년 미만 근무하다가 퇴직하면, 해당 퇴직연금에 이자와 기타수익을 포함해서 반환하는 것이 일반적입니다.

6 사례탐구

- 특수업무를 담당하는 일부 직원에게 지급하여야 할 특수업무수당을 '특정업무경비'로 신설하여 전 직원에게 월 50,000원씩 부당하게 지급했다. 이에 특수업무수당을 환수했다.

- 대학교 교수는 2013년부터 2017년까지 14개의 연구과제를 수행하면서 연구원으로 등록된 대학원생들에게 지급하여야 할 인건비 등을 선임 연구원이 관리하도록 지시한 후, 참여 연구원들에게 일부만 지급하고, 나머지 미지급 인건비는 개인적인 용도로 사용하여 편취했다. 이에 해당 교수에 대하여 구속기소 의견으로 검찰에 송치했다.

- 보조금지원사업 공연 시 직계존비속이 일자리창출 재정지원사업에 참여할 수 없다는 규정이 있음에도 본인의 딸을 채용하여 국악공연 지원사업비 중 인건비를 편취했다. 이에 적발금액을 환수했다.

- 근로자 11명에게 인건비를 지급했으나, 계좌입금증과 근무상황부(이름, 출근일 기재)만 첨부하고 근로계약서, 인적사항, 업무일지 등을 작성하지 않았다.

- 근로자를 보조사업 개시일 이전에 고용하여 사업개시일 이전의 일자부터 보조금으로 급여를 지급했다.

- 근로자별 지급기준, 지급단가 등의 자료 없이 특정인에게 높은 단가의 인건비를 지급했다.

- 일일근로자의 인건비를 개인 계좌로 입금하지 않고 특정인 계좌로 전액 입금하거나, 전액 현금으로 지급했다.

- 개인계좌로 계좌이체를 하지 않고 현금 지급 후 개인 서명으로 증빙한 경우, 불인정된다.

- 실제로 근무하지 않는 직원을 허위로 등록하여 인건비를 지급받았다.

- 노인요양원 대표 A는 근무한 사실이 없는 B, C, D를 원장으로 등재하고, D원장은 자신의 부인을 사무국장으로 허위로 등록한 후 요양보호사로 등록된 처제

에게 실질적으로 사무국장 업무를 수행하도록 하였고, B원장도 자신의 처를 직원으로, 대표 A는 누나, 여동생, 친사돈을 직원으로 허위 등재 후 이들에게 급여를 지급했다.

- 급여를 보조사업자 계좌로 이체한 후 보조사업자가 근로자에게 급여를 지급했으나, 해당 근로자에게 급여가 정상적으로 지급되었음을 증명하는 서류를 첨부하지 않았다.

- 보조사업자는 시간외근무 내역에 대하여 일자별 관리대장을 작성하고 있으나 일부 건에서 확인자의 서명 누락이 발견되었다. 투명한 시간외근무 수당 산정 등을 위하여 일자별 출근부에 시간외근무 여부와 근무한 시간을 근무자가 직접 기록 및 서명하고 이를 관리자가 확인 및 승인 서명하여야 한다.

- ○○구청과 민간위탁계약을 맺고 있는 법인·단체 또는 기관이 소속 근로자에게 생활임금을 지급할 수 있도록 하기 위하여, 구청장이 민간위탁법인 등에 대하여 보조금을 지급하도록 조례에 규정했다. 이는 민간위탁기관 등의 소속 근로자에게 생활임금을 지급하는 것은 민간위탁기관 등이지만 구청이 보조금을 지급하는 형태로 추가 인건비를 부담하는 것으로서, 근로계약의 당사자가 아닌 구청의 부담으로 민간위탁기관 등의 소속 근로자에게 생활임금을 지급하는 것은 지방재정법 제17조 제1항에서 금지하고 있는 개인에 대한 보조에 해당한다.

- 인건비 지급대상자에 대하여 고용보험 취득신고를 하지 않았거나, 고용보험 취득(상실) 신고를 했으나 일자가 잘못되었다. 고용보험 취득일은 근로계약서상 근로개시일자이고, 고용보험 상실일은 마지막 출근 일자 다음날로 신고해야 한다.

- 사회복지시설 종사자인 생활복지사 홍길동은 총 4개월간 근무하고 퇴직했다. 홍길동은 1년 미만 종사자에 해당하므로 매월 급여일에 적립한 퇴직적립금은 퇴직 이후에 보조금 계정에 다시 반환처리 하여야 하는데, 반환처리 하지 않았다.

- 보조사업자는 매월 인건비의 1/12를 퇴직급여로 확정기여형(DC형) 퇴직연금을 퇴직급여제도로 운영하고 있다. 전남 인력 중 퇴사하거나 퇴사 예정인 1년 미만 근무한 직원 2명에게 지급한 퇴직연금은 퇴직금을 지급할 의무가 없으며 회수 가능한 임의적립금이므로 관련 법규 및 기준에 따라 기 불입한 금액을 회수

하여 반환하여야 한다.

- ○○센터는 종사자 퇴직적립금 계좌는 정산을 하지 않는다는 점을 악용하여, 종사자 퇴직적립금 계좌에서 총 ○○회에 걸쳐 현금출금 및 본인계좌로 계좌이체를 하여, 개인 카드대금 납부 등 생활비 용도로 무단 인출하는 등 ○백만 원을 횡령하였다.

- 보조사업자는 1년마다 근로계약을 체결하며, 이로 인해 퇴직금 중간정산을 1년 단위로 수행하고 있다. 대법원 판례에 따르면, 근로계약이 만료됨과 동시에 근로계약기간을 갱신하거나 동일한 조건의 근로계약을 반복하여 체결한 경우에는 갱신 또는 반복한 계약기간을 모두 합산하여 계속근로연수를 계산하여야 한다. (대법 93다26168, 1995.7.11.). 근로관계의 단절 없이 매년 계약을 갱신하면서 실질적인 퇴직여부와 상관없이 1년 계약기간이 종료될 때마다 퇴직금을 지급한 것은 근로자퇴직급여보장법 제9조에 따른 퇴직금 지급으로 볼 수 없고 중간정산한 것으로 보아야 할 것이다. 근로계약 재체결을 원인으로 1년마다 퇴직금을 중간정산 하는 것은 근로자퇴직급여보장법 시행령 제3조에 따른 퇴직금의 중간정산 사유에 해당되지 않으므로, 퇴직보험에 가입하여 실질적인 퇴직 시 퇴직금을 지급해야 한다.

- 보조사업자는 2014년부터 명예퇴직자가 발생할 것을 예상하여 명예퇴직금을 예산 편성하였고, 명예퇴직자가 발생하지 않을 시 집행잔액으로 반납하여야 하나 명예퇴직 적립금 계좌를 개설하여 적립했다. 이에 명예퇴직적립금을 환수했다.

3 인건비성 경비

① 강사수당

강사수당(강사료, 강사비)은 외래강사에 한하여 지급하며, 단체직원(사업의 진행을 위한 컨소시엄 구성 단체 및 지부 임직원 등 포함)에게는 지급하면 안 된다. 그러나 보조금지원기관에 따라서, 인건비를 지급받는 사업참여 인력이 아닌 보조사업자 인력이 강사를 수행할만한 역량이 있으면 강사수당을 지급하기도 한다. 따라서 보조사업의 규정을 명확하게 확인해야 한다.

강사수당은 「국가공무원인재개발원」, 「지방자치인재개발원」 또는 각 광역지방자치단체 「인재개발원(예; 충청남도인재개발원)」의 강사수당을 사용하거나, 사업별로 지정된 강사수당 기준금액이 있으면 이를 사용한다. 따라서 보조금지원기관마다 강사수당 적용금액이 다르므로, 미리 확인하여야 한다. 예를 들어 충청남도청은 「충청남도 인재개발원 강사수당 등 지급기준」의 강사수당 금액을 적용한다.

「국가공무원인재개발원」은 「국가공무원인재개발원 학칙」「별표6. 강사의 수당 등의 지급기준」에서 외래강사 강사수당을 다음과 같이 정의한다. 또한「공무원여비규정」에 따라 외래강사 여비를 지급할 수 있다.

「국가공무원인재개발원」의 외래강사 강사수당

구 분		지급기준	지급액(만원)	지급대상	
				공공분야	민간분야
일반	특강(Ⅰ)	1시간당	100 이내	◦국내외 해당분야 최고권위자로 원장이 특별히 인정하는 자	
	특강(Ⅱ)	최초1시간	40	◦전·현직 장관(급) 이상 및 이에 준하는 자	◦대학교 총장(급) 및 이에 준하는 학계인사로 원장이 인정하는 자 ◦사회적 명망이 높은 문화·예술·종교인·기업대표(급) 및 이에 준하는 자로 원장이 인정하는 자
		초과1시간(매시간)	20		
	특강(Ⅲ)	최초1시간	30	◦전·현직 차관(급) 및 이에 준하는 자	◦사회적 인지도가 있는 대학교수 및 이에 준하는 학계인사로 원장이 인정하는 자 ◦사회적 인지도가 있는 문화·예술·종교인·기업 임원(급) 및 이에 준하는 자로 원장이 인정하는 자
		초과1시간(매시간)	20		
	일반(Ⅰ)	최초1시간	23	◦전·현직 4급 이상 및 이에 준하는 자	◦특강이외 대학교수·강사 및 이에 준하는 학계 인사 ◦특강이외 기업임원(급) 인사 ◦시민단체 임원, 연구소 연구원 등
		초과1시간(매시간)	12		
	일반(Ⅱ)	최초1시간	12	◦전·현직 5급 이하 및 이에 준하는 자	
		초과1시간(매시간)	10		
	보조강사	1시간당	4		
디지털역량교육	정보화(Ⅰ)	최초1시간	15	◦전·현직 4급 이상 공무원 및 이에 준하는 자	◦대학교수, 박사·기술사 3년 이상 ◦위에 준하는 자로 원장이 인정하는 자
		초과1시간(매시간)	10		
	정보화(Ⅱ)	최초1시간	10	◦전·현직 5급 공무원 및 이에 준하는 자	◦박사학위, 기술사소지자, 석사5년 이상 실무경력자 ◦위에 준하는 자로 원장이 인정하는 자
		초과1시간(매시간)	8		
	정보화(Ⅲ)	최초1시간	8	◦전·현직 6급 이하 공무원 및 이에 준하는 자	◦정보화강사1,2이외의 강사
		초과1시간(매시간)	7		
	보조강사	1시간당	4		
글로벌역량교육	전체강의	S급	20	◦외국어교육의 최고권위자로 교육운영상 원장이 특별히 인정하는 자	
		A급	15	◦외국어교육기관 5년 이상의 전문강사 경력자 ◦교육운영상 원장이 특별히 인정하는 자	
		B급	13	◦외국어교육기관 2년 이상의 전문강사 경력자	
		C급	11	◦전체강의 A,B급에 해당하지 않는 강사	
	분임강의	A급	11	◦외국어교육기관 5년 이상의 전문강사 경력자 ◦교육운영상 원장이 특별히 인정하는 자	
		B급	10	◦외국어교육기관 2년 이상의 전문강사 경력자	
		C급	9	◦분임강의 A,B급에 해당하지 않는 강사	
이러닝		1일 최대	2	◦나라배움터에서 전문답변, 업무매뉴얼·노하우 제공 등 국가인재원에서 정하는 방법으로 학습자와 공유·소통하는 퍼실리테이터 역할 수행자	

제2부 집행실무

「지방자치인재개발원」은 「지방자치인재개발원 강사수당 및 원고료 등 지급기준」에서 일반강의 강사수당을 다음과 같이 정의한다.

「지방자치인재개발원」의 일반강의 강사수당

등급	지급기준(만원)		적용대상(청탁금지법 적용 유무로 구분)	
	최초 1시간	초과 매시간	일반	공직자 등
특1급	40	30(20*)	· 전직 장관급 및 대학총장 · 전직 국회의원 및 광역자치단체장 · 대기업 회장 · 기타 이에 준하는 자로 원장이 인정하는 자	· 장관급*, 광역자치단체장* · 대학총장(장관급) · 국회의원*
	(이동시간보상 30)			
특2급	30	20	· 전직 차관(급) · 전직 공기업 대표 · 전직 기초자치단체장 · 기타 이에 준하는 자로 원장이 인정하는 자	· 차관급, 대학총장(차관급) · 기초자치단체장 · 공직유관단체장
	(이동시간보상 20)			
1급	25	12	· 전직 4급 이상 공무원 · 전직 지방의회의원(의장 포함) · 유명 예술인·종교인, 이와 유사한 분야의 유명 인사 · 기업·기관·단체의 임원, 중역 · 변호사, 변리사, 공인회계사, 감정평가사, 의사, 기술사, 세무사로서 5년 이상 실무경력자 · 박사학위 취득 후 해당분야 5년 이상 실무 경력자 (취미·소양·외국어·전산 강사 제외) · 국가대표 지도자 및 국가대표 출신 강사 · 기타 이에 준하는 자로 원장이 인정하는 자	· 4급 이상 공무원 · 지방의회의원 · 대학의 교수 · 공직유관단체 임원 (출연연구기관 부연구위원 이상) · 언론인
	(이동시간보상 12)			
2급	15	8	· 전직 5급 이하 공무원 · 중소기업 임원급, 기업·기관·단체의 부장급 · 체육지도사 1급 이상 자격증 소지자 및 해당 교과분야 3년 이상 강의 경력자 · 원어민 어학 강사(외국에서 태어나거나 외국국적을 취득한 자로서, 동일어권 국가에서 20년 이상 체류하고 고등교육을 이수한 자) · 기타 전문자격증을 가진 자로서 3년 이상 실무경력자 · 기타 이에 준하는 자로 원장이 인정하는 자	· 5급 이하 공무원 · 대학의 강사 등 · 공직유관단체 직원
	(이동시간보상 8)			
3급	10	5	· 외국어, 전산 등 강사 · 체육, 레크리에이션 등 취미소양 강사로서 해당 분야 5년 이상(외부 경력 포함) 또는 3년 이상(자치인재원 경력) 강의 경력자 · 기타 이에 준하는 자로 원장이 인정하는 자	
	(이동시간보상 5)			
4급	8	4	· 체육, 레크리에이션 등 취미소양 강사	
	(이동시간보상 4)			
5급	6	3	· 각종 교육운영(실기실습 등) 보조자	
	(이동시간보상 3)			

주) 1. 세미나, 심포지엄, 패널 토의 기조연설자 및 주제발표자에 대한 수당은 상기 기준 적용하며, 이후 회의 참석 시 이를 합산하여 지급
2. 해당 분야 권위자로서 원장이 특별하게 인정하는 자에 한하여 강사수당 지급 기준과 다르게 지급 가능하며, 그 기준은 해당 사례에만 적용
3. '공직자 등'이란「청탁금지법」제2조제2항에 해당하는 자를 말하며, 같은 법 시행령 제25조(수수가 제한되는 외부강의 등의 사례금 상한액) 규정과 소속 기관별 공무원 행동강령이 적용됨
4. 이동시간 보상수당은 1일 1회 지급하되(5-가 참고), 공직자 등의 경우에는 「청탁금지법」제2조제2항 다목의 각급 학교의 장과 교직원 및 학교법인의 임직원, 라목의 언론사의 대표자와 그 임직원에 한하여 지급함
5. '공직자 등'의 강사수당에는 강의료, 원고료, 출연료 등 명목에 관계없이 일체의 사례금을 포함함. 다만 소속기관에서 교통비, 숙박비, 식비 등 여비를 지급받지 못한 경우 공무원여비규정 등 기관별로 적용하는 여비규정 내에서 실비 수준으로 제공되는 교통비, 숙박비 및 식비는 사례금에 포함되지 않음
6. 체육, 레크리에이션 등 취미소양 강사는 취미소양을 위해 출강하는 경우를 말하며, 기타 특강, 일반강좌, 공연 등의 경우에는 달리 적용할 수 있음
7. 국립대학이면서 공직유관단체에도 해당되는 학교(국가대학법인으로 설립하는 국립대학인 서울대학교, 인천대학교 등)는 대학의 교수 기준 적용
8. '출연연구기관 부연구위원 이상' 기준
   가. 출연연구기관 :「정부출연연구기관 등의 설립·운영 및 육성에 관한 법률」, 「과학기술분야 정부출연연구기관 등의 설립·운영 및 육성에 관한 법률」, 「지방자치단체출연 연구원의 설립 및 운영에 관한 법률」에 따라 설립된 연구를 주된 목적으로 하는 기관(KDI, 한국지방행정연구원, 경기연구원 등)
      ※「지방자치단체 출자·출연기관의운영에관한법률」의 기관은 적용 안 됨
   나. 부연구위원 :「고등교육법」제16조 및 시행령 제5조,「대학교원 자격기준 등에 관한 규정」제2조의 별표 기준에 따라 국공립·사립대학의 조교수에 준하는 자격 이상을 갖춘 자
9. 비대면 교육 강사수당의 경우 일반강의 강사수당에 준하여 지급
10. 이러닝 콘텐츠 촬영 강사수당은 '촬영시간' 기준(일 최대 6시간)으로 일반강의 강사수당에 준하여 지급하며, 여비 및 원고료를 지급할 수 있음
    ※ 촬영시간 = 실제 촬영시간 + 촬영준비시간 + NG 등 재촬영 시간

강사수당을 지급하기 위해 필요한 증빙은 다음과 같다.

- 수당 청구서 (강사 인적사항, 강의제목, 강의시간, 입금계좌)
- 강사수당 지급명세서
- 강사 이력서 (해당 강의를 할 수 있는 역량이 있는지 확인)
- 강의 사진 (참석자가 모두 나오도록 사진을 찍어야 한다)
- 강의 유인물 (A4 한 면에 유인물 여러 면을 출력하여 내용과 매수를 확인할 수 있도록 함)
- 개인정보제공동의서
- 계좌이체확인증

> **요모조모 뜯어보기**
>
> 강사는 강사 명의의 입금계좌 사본을 제출해야 합니다. 이때, 강사가 제출한 입금계좌 사본이 흐려서 계좌번호를 확인하지 못하는 경우가 있습니다. 그러면 인터넷뱅킹의 계좌사본출력서비스(또는 계좌표지출력)를 활용해서 계좌번호가 명확하게 보이는 사본을 제출하도록 해야 합니다.

강사수당은 강사비 총액에서 세금에 해당하는 금액만큼 공제(원천징수) 후 지급하는데, 금액의 많고 적음에 관계없이 본인 명의의 계좌로 입금해야 한다. 공제해둔 세액은 다음 달 10일까지 보조사업자의 관할 세무서에 신고·납부하고, 납부 후 납부영수증을 증빙으로 제출한다.

강사에게 교통비를 지급할 수 있는지는 보조사업별로 다르므로, 수행하는 보조사업의 지침(매뉴얼)에 따라서 판단해야 한다. 또한 강사수당에 강사용 교재구입비도 포함되었다고 간주해서, 강사용 교재는 보조사업비로 지출하지 못하도록 하는 경우도 있으므로, 유의해야 한다.

「수당 청구서」의 일반적인 양식은 다음과 같다. 일반적으로 「수당 청구서」는 「개인정보 수집·이용 동의서」와 「콘텐츠 사용 동의서」 내용을 함께 수록하여, 동의를 받으면 편리하다.

수당청구서

지급명세	유형	☐ 강의 ☐ 회의 ☐ 기타		
	사업명			
	제목			
	일자	2021년 10월 1일(금요일)	시간	10:00~12:00(2시간)
	장소			
인적사항	이름		주민번호	
	주소			
	연락처		이메일	
지급계좌	은행		계좌번호	
	예금주			

수당 청구 명세

시간	청구액			교통비 (B)	원천징수			지급액 (A+B-C)
	강의비	원고료	소계(A)		소득세	지방세	소계(C)	

위와 같이 수당을 청구하며, 기재한 내용이 틀림없음을 확인합니다.

2022년 10월 1일

청구인　　　　　　(서명)

○○센터 귀중

콘텐츠 사용 동의서

본인은 위 콘텐츠에 대해서 ○○센터의 강의·회의 등에 활용하는 것에 동의합니다.

(동의 ☐　동의하지 않음 ☐)

개인정보 수집·이용 동의서

■ 관련법규: 개인정보보호법 제15조, 제22조 / 국세기본법 제85조의3

수집하려는 개인정보	수집·이용 목적	보유 및 이용기간
이름, 연락처, 소속	본인 식별 절차	세무 신고 및 과세 5년간 보관
주소	원천징수 영수증 발급	
계좌정보	대금지급	

※귀하는 개인정보제공 동의를 거부할 권리가 있으나, 거부하실 경우 관련 사례비 지급 및 세무신고가 불가능함을 알려드립니다.
※본인은 개인정보보호법 등 관련 법규에 의거하여 상기 본인을 위와 같이 개인정보 수집 및 활용에 동의합니다.

(동의 ☐　동의하지 않음 ☐)

고유식별정보 처리 안내

■ 관련법규: 개인정보보호법 제24조 / 소득세법 제145조 / 국세기본법 제85조의3

수집하려는 개인정보	수집·이용 목적	보유 및 이용기간
주민등록번호	대금지급 및 세무신고	세무 신고 및 과세 5년간 보관

※소득세법 제145조에 근거하여 동의절차 없이 주민등록번호를 수집함을 알려드립니다.

제2부 집행실무

「강사수당 지급명세서」의 일반적인 양식은 다음과 같다.

강사수당 지급명세서

○ 건 명:
○ 금 액:

강사명	강의주제	강의일자 (강의시간)	강사수당 (A)	원천징수 공제액			실 지급액 (A-B)	입금 계좌
				계(B)	소득세	주민세		
계								
홍길동								
나성실								

위 내용을 확인함
2021. 10. 11.

작성자: (직위)   (서명)
확인자: (직위)   (서명)

2 원고료

원고료는 강의교재 원고, 세미나·워크숍·토론회 등의 발제 및 토론원고 등을 작성한 자에게 지급한다. 원고료 지급은 신규 작성 원고에 한하여 지급하며, 기존 자료의 디자인 및 본문을 편집수정한 원고, 일부 내용을 업데이트한 원고, 타인 저작물을 복사한 원고 등에 대해서 원고료를 지급하지 않는다.

원고료는 「1장당」으로 지급하기 때문에 「1장」의 규격을 엄격하게 정의하고 있는데, 일반적으로 원고료 매수 산정 시 목차·표지·간지, 참고문헌·부록은 원고매수로 불인정한다.

원고료를 지급하기 위해서 필요한 관련서류는 다음과 같다.

- 원고 사본(원고료를 지급한 근거가 되는 페이지 표시)
- 원고료 지급명세서

요모조모 뜯어보기

「2024년도 예산 및 기금운용계획 집행지침」에 따르면 「공무원이 직접 자기가 담당하는 업무 혹은 자기 소관사무가 아닐지라도 자기가 소속된 중앙관서의 사무와 관련해 원고를 작성하거나 업무에 조력하는 경우 원고료 또는 사례금 지급이 불가능함」이라고 규정합니다. 따라서 공무원에게 업무와 관련된 강사료, 원고료 등을 지급하면 안 됩니다.

제2부 집행실무

「국가공무원인재개발원」은 「국가공무원인재개발원 학칙」 별표6에서 「강사의 수당 등의 지급기준」에서 원고료를 다음과 같이 정의한다.

구분	지급기준		비고
지급단가	12,000원 / A4 1면		
지급한도 (기준면수)	강의교재(안)	6면 / 강의시간당	기준면수 초과시 예산사정 등을 감안하여 120% 범위내 지급 가능
	코스웨어 원고 일반책자 등	강의시간 제한 없음	
A4 1면 기준	○글자크기 13p, 줄간격 160%, 상하여백 15, 좌우여백 25, 머리말·꼬리말 15, 또는 300단어		※파워포인트로 작성한 경우에는 슬라이드 2면을 A4 1면으로 산정 ※원고지로 작성한 경우에는 200자 원고지 3.5매를 A4 1면으로 산정
지급특례	○강의 교재(안) 이외의 특수목적의 간행물로서 원장이 필요하다고 인정하는 경우에는 사안에 따라 "A4 1면당 50,000원 또는 편당 300,000원"의 범위 내에서 원고료를 지급할 수 있음		
수정원고 등	○기존에 사용한 원고를 수정하여 제출한 경우 - 70% 초과 수정시 : 전체 지급 - 30~70% 수정시 : 해당 원고료의 50%만 지급 - 30%미만 수정시 : 제출 원고 전체 미지급 ※복사원고, 표지, 목차 부분은 제출매수에 불포함 하되, 참고문헌 소개부분은 산입 ※부교재에 대하여도 교육목적상 필요하다고 인정되는 경우에는 예산의 범위 내에서 지급할 수 있음(부교재는 강의요약서 등 교육생의 이해를 돕기 위해 인쇄·배부한 자료를 통칭)		※다만, 교육시기 및 교육대상, 교육내용 등이 현저히 다른 경우는 수정에 관계없이 전체지급 가능

「지방자치인재개발원」은 「지방자치인재개발원 강사수당 및 원고료 등 지급기준」에서 원고료를 다음과 같이 정의한다.

가. 지급대상 및 지급한도

기 준	세부 요건
대상자	- 외래강사에 한하여 지급
대상원고	- 2시간 이상 교과목 편성 및 교재편찬용 제출원고 - 각종 세미나, 토론회 등 교육운영 주제와 관련된 제출원고
지급한도	- 강의 시간당 한글원고 A4 용지 6매분까지 지급 - 강사 1인에 대한 1주(5일)간 원고료는 A4 용지 최고 40매로 제한

주) 1. 청탁금지법에 따른 공직자 등이 강사인 경우 원고료 미지급(다만, 법제2조제2항 다목의 각급 학교의 장과 교직원 및 학교법인의 임직원, 라목의 언론사의 대표자와 그 임직원은 제외)

나. 원고 규격별 지급액

원고형식	지급 규격	지급액
A4 용지	글자크기 13p, 줄 간격 160%, 상하여백 15, 좌우여백 25, 머리말·꼬리말 15	1면당 13,000원
	1면 기준 300단어	1면당 13,000원
파워포인트	슬라이드 2면을 A4 용지 1면으로 산정	2면당 13,000원
원고지	200자 원고지 3.5매를 A4 용지 1면으로 산정	3.5매당 13,000원

주) 1. 원고 면별 글자 수 등을 감안하여 지급기준의 20% 범위 내에서 가감하여 지급가능

다. 기타 원고 지급비율

구 분	기 준	지급 비율
기존 원고 활용	30% 미만 수정	미지급
	30~70% 미만 수정	50% 지급
	70% 이상 수정	100% 지급
A4 용지 1/2 이하	20줄 1면으로 환산	각 원고를 합산하여 지급
200자 원고지 5행 이하	10행을 1매로 환산	
참고문헌, 부록 등을 워드로 작성하여 제출		30% 지급
복사물, 표지, 목차, 간지		미지급

제2부 집행실무

「원고료 지급명세서」의 일반적인 양식은 다음과 같다.

원고료 지급명세서

○ 건 명:
○ 금 액:

작성자	원고제목	제출매수 (A4용지)	인정매수	원고료 (A)	원천징수 공제액			실지급액 (A-B)	입금계좌
					계(B)	소득세	주민세		
계	강의용 원고								
홍길동	○○정책 현황 및 비전								농협 00-00 00
너성실	○○단체 발전방안								농협 00-00 00

※제출매수: 당초 제출한 원고
 인정매수: 표지, 간지, 목차, 여백 등을 제외한 매수, 최대한도 이내

위 내용을 확인함
20○○. ○. ○.

작성자: (직위)   (서명)
확인자: (직위)   (서명)

③ 회의 참석수당

회의 참석수당은 전문가 자문회의 등 회의 참가자에게 지급하는 수당을 말한다. 행정안전부의 「2024년 비영리민간단체 공익활동 지원사업 집행지침」은 회의참석수당 금액을 다음과 같이 정의한다.

기준	사용한도액
• 150,000원/일 단, 참석시간이 2시간 이상인 경우 1일 1회에 한해 50,000원 추가 지급 가능 ※ 회의 시 발제자의 경우 강사비 50% 기준 지급 가능 (발제시간에 따라 지급. 지급내역서에 「발제비」 명시) 발제자의 회의참석비 지급 시 발제시간 공제하고 지급 (별도 원고료 지급 불가) ※ 세미나, 포럼(참석자 50명 이상)의 발표자, 단상의 토론자 등도 회의참석비 기준 지급 가능 (단순 참석자 지급 금지)	150,000원/일 (2시간 이상 참석 시 50,000원 추가 가능) 발제비: 강사비의 50%

회의 참석수당은 보조사업자 임직원 또는 단순 청중에게 지급할 수 없다.

> **지방자치단체 회계관리에 관한 훈령**
> ○ 공무원의 경우 자기가 직접 담당하는 사무뿐만 아니라 자기가 소속된 자치단체에서 설치된 위원회에 참여하는 경우에는 다른 법령에 특별한 규정이 없는 한 위원회 참석수당을 지급할 수 없다.

회의 참석수당을 지급하기 위해서 필요한 관련서류는 다음과 같다.

- 회의록 (또는 회의결과보고서, 회의사진 포함, 회의사진은 참석자가 모두 나오도록 찍어야 한다)
- 회의참석확인서
- 회의참석수당 지급청구서
- 회의참석수당 지급명세서 (인적사항, 입금계좌번호)
- 발제자의 경우 발제자료, 발제사진
- 계좌이체확인증

제2부 집행실무

회의록은 각 발언 내용을 상세하게 기재해야 하며, 일반적인 양식은 다음과 같다.

회의록

회 의 명	「지역주민과 함께하는 ○○○프로젝트」 기획회의
회의일시	2021.11.26.　14:00~16:00
회의장소	○○센터 소회의실
회의안건	○○세미나 주제 및 프로그램 협의
참석인원	총 7명(홍길동, 이기자, 나성실, 김○○, 박○○, 이○○, 최○○)

주요 회의 내용을 정리하여 구체적으로 기재한다.
- 홍길동(사회): 회의를 시작하겠습니다. 오늘 안건은 ~
- 나성실: 이번 세미나 주제는 ○○으로 하는 것이 어떨까요
- 이기자: ~

회의사진	회의사진	회의사진

작 성 자	(서명)

「회의참석 확인서」는 회의나 워크숍의 참석자를 확인하는 용도이며, 참석 수당을 지급하면 「수당 청구서」를 별도로 받아야 한다.

회 의 참 석 확 인 서

사업명	
회의명	
일시	2021년 10월 1일(금요일) 10:00~12:00 (2시간)
장소	

이름	소속	직위	서명	개인정보 수집·이용 동의(○×)

제2부 집행실무

「회의참석수당 지급청구서」는 회의참석자가 작성한다. 개인정보를 포함하므로, 개인정보 수집·이용·제공 동의서를 함께 작성하는 것이 효율적이다.

회의참석수당 지급청구서

○ 회의명:
○ 때·곳:
○ 개인정보 및 참석확인

성명	소속	직위	주민등록번호	참석확인(서명)
주소		은행/계좌번호		

개인정보 수집·이용·제공 동의서

사단법인○○○은 다음과 같이 개인정보를 수집·이용·제공하고 있습니다.
◎개인정보의 수집·이용·제공 목적
▶귀하로부터 취득한 개인정보를 개인정보보호법 제15조 및 제17조에서 정하는 바에 따라 평가·자문위원 소개 및 관리(섭외관련), 수당 지급, 평가 및 자문 안내, 설문 및 고객만족도평가 조사, 세금 신고·납부 등을 위한 기초자료로 활용하며, 이 외에 변경 시에 사전동의를 구할 것입니다.
◎수집하는 개인정보의 수집 및 이용 항목(개인정보보호법 제15조) 및 수집·이용·제공 동의(개인정보보호법 제24조)

구분	항목	동의	서명
필수항목	성명, 소속, 직위, 주민등록번호, 주소, 연락처, 은행명, 계좌번호	☐ 동의함 ☐ 동의하지 않음	

※고유식별번호(주민등록번호) 수집 근거: 소득세법 제21조, 제127조, 제164조
◎개인정보 보유기간
▶수집된 개인정보는 원칙적으로 개인정보의 수집 및 이용목적이 달성되면 지체 없이 파기합니다.
(고유식별정보의 경우 세금 신고·납부를 위해 국세청 제공 후 파기합니다)
◎제3자 제공 동의(개인정보보호법 제17호)

구분	내용	동의	서명
제공받는 자·기관	국세청	☐ 동의함 ☐ 동의하지 않음	
정보의 제공범위	성명, 주민등록번호, 주소		
정보의 제공목적	세금(소득세 등) 신고·납부		
정보의 보유·이용기간	이용목적 달성완료시까지		

◎동의를 거부할 권리 및 동의를 거부할 경우의 불이익
▶개인정보의 수집·이용·제공에 대한 동의를 거부할 수 있으며, 동의 후에도 언제든지 철회가 가능합니다. 다만, 필수항목에 대해서 동의하지 않을 경우 수집·이용·제공 목적과 관련된 세금 신고·납부 등을 처리할 수 없어 수당지급을 할 수 없습니다.

제6장 인건비·인건비성경비 지출

「회의참석수당 지급명세서」의 일반적인 양식은 다음과 같다.

회의참석수당 지급명세서

○ 회 의 명:
○ 회의일시: 시간을 명시
○ 금   액:

참석자	수 당 (A)	(사업소득 / 기타소득) 원천징수 공제액			실지급액 (A-B)	입금 계좌
		계((B)	소득세	주민세		
계						
홍길동						농협 00-0000
너성실						농협 00-0000

위 내용을 확인함
2021. 10. 11.

작성자: (직위)   (서명)
확인자: (직위)   (서명)

제2부 집행실무

4 자문료·통역료·번역료

자문료는 사업수행에 결정적인 도움을 줄 수 있는 일정한 자격을 갖춘 자의 자문에 대한 사례비를 말한다. 구체적인 자문 내용을 서면으로 제출받아 자문의 내용과 대상을 확인할 수 있는 관련 자료를 첨부하여야 하며, 단위 사업당 지급한도가 높지 않다. 따라서 회의참석수당으로 지급하는 것이 보다 효율적이다.

행정안전부의 「2024년 비영리민간단체 공익활동 지원사업 집행지침」은 자문료를 다음과 같이 정의한다.

기준	사용한도액
단체가 사업을 수행하는 데 있어 결정적인 도움을 줄 수 있는 일정한 자격을 갖춘 자의 자문에 대한 사례비	단위사업당 20만 원

자문료를 지급하기 위해서 필요한 관련서류는 다음과 같다.

- 자문자료
- 수당청구서
- 계좌이체확인증

통역료와 번역료는 한국외국어대학교 통역번역센터(hufscit.com)의 통·번역 요율표 기준 단가에 의하여 집행한다. 통역료·번역료를 지급하기 위해서 필요한 관련서류는 다음과 같다.

- 회의통역의 경우 수당청구서, 회의자료 첨부
- 번역의 경우, 번역대상원고와 번역원고를 모두 첨부
- 통·번역인력 자격 확인자료
- 계좌이체확인증

간단한 설문지 번역은 지역의 「외국인노동자지원센터」나 결혼이민자를 활용하면 효율적이다.

5 사례탐구

- 아동복지시설 종사자 전문상담 교육을 실시하면서 유명예술인 및 종교인은 1급 강사로 책정하고 강사비를 지급하여야 함에도, 원거리 등으로 강사초빙이 어렵다는 이유로 지급기준에 맞지 않게 특급강사로 상향조정하여 과다 지급했다.

- 강사수당, 원고료 등 인건비성 경비 지급 시, 산출내역을 첨부하지 않았다.

- 강사료를 지급하고자 하면 지급기준 및 실제 교육실시 여부 등을 관련서류에 따라 확인한 후 지급하여야 하는데도, 강사료의 산출내용이 분명하지 않다.

- 인건비성 경비를 지출할 때 현금으로 인출하여 지출했다.

- 수료식에는 강의가 진행되지 않았음에도 강사수당을 지급했다.

- 사업계획을 위한 추진위원회 및 사업운영을 위한 운영위원회 운영실적을 확인하는 회의록 또는 구체적인 기록 증빙자료가 없거나 기록이 소홀하다.

- 협의회 참석수당으로 1일 2시간의 협의회를 실시하였으나 4시간으로 인정하여 과다 지급했고, 전문위원으로 위촉되지 않은 위원에게 부당 지급했다.

- 보조사업자가 행사 준비를 위한 회의를 개최하면서 사무국 직원 A에게 회의수당을 지급해서, A에게 지급한 회의수당을 환수했다.

- 보조사업자 대표(사업참여인력)가 위원으로 회의에 참여하고, 수당을 지급했다.

- 협의회 회의 후 회의록과 참석자 명단이 없이 회의수당을 지출했다.

- 회의를 개최한 날짜에 식대가 결제된 것이 아니라, 회의 개최 3일 후 식대가 결제되었다.

- 해당 강의 및 강사와 무관한 사람이 작성한 원고에 대해서 원고료를 지급했다.

- 자문료를 지급했는데, 자문을 제공한 사람의 전문성을 확인할 수 있는 이력서 등(학위증명, 경력증명)이 없다.

제7장
소득유형과 원천징수

1. 원천징수
2. 근로소득 원천징수
3. 기타·사업소득 원천징수
4. 원천징수 신고·납부
5. 개인정보 이용에 대한 동의

1 원천징수

원천징수란 소득자가 자신의 세금을 직접 납부하지 않고, 원천징수 대상소득을 지급하는 원천징수 의무자(국가, 법인, 개인사업자, 비사업자 포함)가 소득자로부터 세금을 미리 징수하여 국가(국세청)에 납부하는 제도이다. 즉, 소득을 지급하는 자가 그 소득을 받는 자가 내야 할 세금을 미리 떼어서 세무서에 납부하는 제도이다.

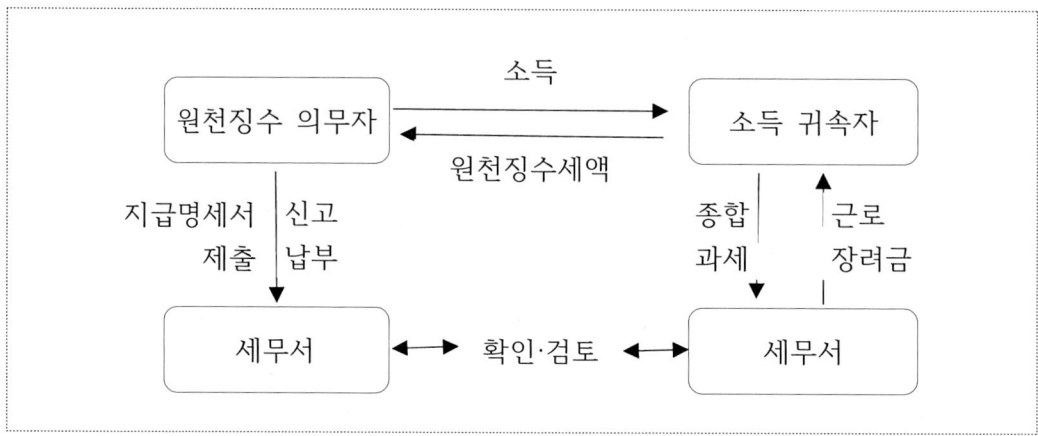

원천징수의 대상이 되는 소득은 이자소득, 배당소득, 사업소득, 근로소득, 연금소득, 기타소득, 퇴직소득, 대통령령으로 정하는 봉사료이다(소득세법 제127조). 이 가운데 보조사업에서 발생하는 원천징수 대상 소득은 근로소득, 퇴직소득, 사업소득 및 기타소득이다. 특히 강사료, 인건비, 원고료 등의 각종 수당은 소득세법에 따라 원천징수한 후 보조사업자의 관할 세무서 등에 납부한다.

원천징수 의무자는 국내에서 소득세법에 따른 원천징수 대상 소득을 지급하는 자(개인이나 법인)로서, 소득을 지급하는 자가 사업자등록번호 또는 고유번호가 없는 개인인 경우에도 원천징수 의무자에 해당한다. 보조사업에서는 사업을 집행하는 보조사업자가 원천징수 의무자이며, 보조사업자가 원천징수해야 하는 소득은 근로소득, 퇴직소득, 사업소득 및 기타소득이다.

제7장 소득유형과 원천징수

원천징수는 일용근로소득, 근로소득, 사업소득 및 기타소득을 구분하여 신고·납부하는데, 그 차이를 그림으로 나타내면 다음과 같다.

[소득구분 체크리스트]

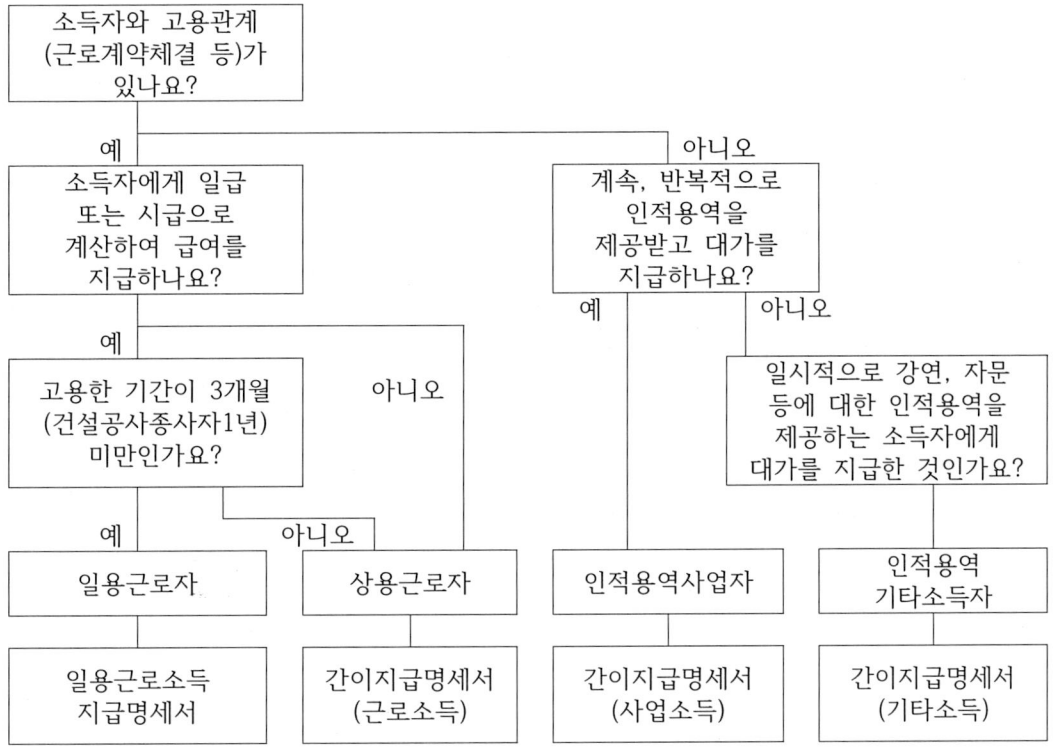

2. 근로소득 원천징수

1 근로소득 원천징수

근로소득에 대한 원천징수를 할 때는 소득세법시행령의 「근로소득 간이세액표」를 적용하여 원천징수세액을 산정한다.

> **소득세법**
> **제129조(원천징수세율)** ③ 매월분의 근로소득과 공적연금소득에 대한 원천징수 세율을 적용할 때에는 제1항제4호 및 제5호에도 불구하고 대통령령으로 정하는 근로소득 간이세액표(이하 "근로소득 간이세액표"라 한다) 및 연금소득 간이세액표(이하 "연금소득 간이세액표"라 한다)를 적용한다.

「근로소득 간이세액표(소득세법 시행령 별표2)」는 월급여액과 공제대상 가족수를 고려하여 근로소득 원천징수 세액을 산정한다.

[근로소득 간이세액표]

월급여액(천원) [비과세 및 학자금 제외]		공제대상가족의 수										
이상	미만	1	2	3	4	5	6	7	8	9	10	11
2,400	2,410	32,380	25,380	14,530	11,160	7,780	4,410	1,030	-	-	-	-
2,410	2,420	32,700	25,700	14,730	11,360	7,980	4,610	1,230	-	-	-	-
2,420	2,430	33,020	26,020	14,930	11,560	8,180	4,810	1,430	-	-	-	-
2,430	2,440	33,340	26,340	15,130	11,760	8,380	5,010	1,630	-	-	-	-
2,440	2,450	33,660	26,660	15,330	11,950	8,580	5,200	1,830				
2,450	2,460	33,980	26,980	15,530	12,150	8,780	5,400	2,030				
2,460	2,470	34,300	27,300	15,730	12,350	8,980	5,600	2,230				
⋮	⋮	⋮	⋮	⋮	⋮	⋮	⋮	⋮	⋮	⋮	⋮	⋮

급여를 지급할 때 매월 원천징수하고, 다음 달 10일까지 신고·납부한다. 또한 다음 연도 2월분 급여를 지급할 때 연말정산을 하고 신고·납부해야 한다.

2 일용근로소득 원천징수

근로소득 가운데 일용근로자의 근로소득을 「일용근로소득」이라고 한다. 일용근로자는 「3월 미만의 기간동안 근로(건설공사에 종사하는 경우 1년 미만)를 제공하면서 근로를 제공한 날 또는 시간의 근로성과에 따라 급여를 계산하여 받는 근로자(일당, 파트타임, 아르바이트 등)」를 말한다(소득세법시행령 제20조).

일용근로소득에 대한 원천징수는 근로소득과 원천징수 세액 계산방법이 다르고 신고시기도 다르므로 유의해야 한다. 일당 20만 원으로 5일을 근무한 경우, 일용근로자 원천징수 세액을 계산해 보자.

계산구조	금액(원)
하루 지급금액(비과세 제외)	200,000
(-)근로소득공제(일 15만 원)	150,000
(=)일용근로 소득금액	50,000
(×)세율(6%)	
(=)산출세액	3,000
(-)근로소득세액공제(산출세액의 55%)	1,650
(=)결정세액	1,350

※원천징수세액=1,350원×5일=6,750원 (지방소득세 670원 별도납부)

[출처] 국세청 홈페이지, 국세신고안내.

3 기타 · 사업소득 원천징수

1 사업소득과 기타소득

강사수당과 회의참석수당 등을 「인건비성 경비」라고 하며, 사업소득 또는 기타소득에 해당하므로 원천징수 해야 한다. 사업소득은 「영리를 목적으로 자기의 계산과 책임하에 계속적·반복적으로 행하는 활동을 통하여 얻는 소득(소득세법 제19조)」을 말한다. 즉, 사업소득은 고용관계 없이 독립된 자격으로 계속적, 반복적으로 직업상 용역을 제공하고 성과에 따라 지급받는 소득은 사업소득이고, 고용관계 없이 독립된 자격으로 일시적, 우발적으로 용역을 제공하고 받는 수당은 기타소득이다. 사업소득과 기타소득의 차이는 직업성과 계속성·반복성인데, 예를 들어 주민자치센터에서 직업강사가 계속, 반복적으로 수행하는 강좌의 강사료는 사업소득에 해당하고, 그렇지 않으면 기타소득이다.

소득세법
제19조(사업소득) ① 사업소득은 해당 과세기간에 발생한 다음 각 호의 소득으로 한다.
　21. 제1호부터 제20호까지의 규정에 따른 소득과 유사한 소득으로서 영리를 목적으로 자기의 계산과 책임 하에 계속적·반복적으로 행하는 활동을 통하여 얻는 소득
제21조(기타소득) ① 기타소득은 이자소득·배당소득·사업소득·근로소득·연금소득·퇴직소득 및 양도소득 외의 소득으로서 다음 각 호에서 규정하는 것으로 한다.
　19. 다음 각 목의 어느 하나에 해당하는 인적용역(제15호부터 제17호까지의 규정을 적용받는 용역은 제외한다)을 일시적으로 제공하고 받는 대가
　　가. 고용관계 없이 다수인에게 강연을 하고 강연료 등 대가를 받는 용역
　　나. 라디오·텔레비전방송 등을 통하여 해설·계몽 또는 연기의 심사 등을 하고 보수 또는 이와 유사한 성질의 대가를 받는 용역
　　다. 변호사, 공인회계사, 세무사, 건축사, 측량사, 변리사, 그 밖에 전문적 지식 또는 특별한 기능을 가진 자가 그 지식 또는 기능을 활용하여 보수 또는 그 밖의 대가를 받고 제공하는 용역
　　라. 그 밖에 고용관계 없이 수당 또는 이와 유사한 성질의 대가를 받고 제공하는 용역.

2 사업소득

사업소득 가운데 원천징수하는 소득을 「원천징수 대상 사업소득」이라고 하는데, 이에는 개인이 물적 시설 없이 근로자를 고용하지 아니하고 독립된 자격으로 부가가치세가 면제되는 「면세사업」을 영위하는 「저술가·작곡가나 그 밖의 자가 직업상 제공하는 인적(人的) 용역」이 해당한다(소득세법시행령 제184조제1항, 부가가치세법 제26조제1항제15호).

「원천징수 대상 사업소득」 가운데, 「저술가·작곡가나 그 밖의 자가 직업상 제공하는 인적(人的) 용역」은 개인이 물적 시설 없이 근로자를 고용하지 아니하고 독립된 자격으로 용역을 공급하고 대가를 받는 다음 각 목의 인적 용역을 말한다(부가가치세법시행령 제42조).

가. 저술·서화·도안·조각·작곡·음악·무용·만화·삽화·만담·배우·성우·가수 또는 이와 유사한 용역
나. 연예에 관한 감독·각색·연출·촬영·녹음·장치·조명 또는 이와 유사한 용역
다. 건축감독·학술 용역 또는 이와 유사한 용역
라. 음악·재단·무용(사교무용을 포함한다)·요리·바둑의 교수 또는 이와 유사한 용역
마. 직업운동가·역사·기수·운동지도가(심판을 포함한다) 또는 이와 유사한 용역
바. 접대부·댄서 또는 이와 유사한 용역
사. 보험가입자의 모집, 저축의 장려 또는 집금(集金) 등을 하고 실적에 따라 보험회사 또는 금융기관으로부터 모집수당·장려수당·집금수당 또는 이와 유사한 성질의 대가를 받는 용역과 서적·음반 등의 외판원이 판매실적에 따라 대가를 받는 용역
아. 저작자가 저작권에 의하여 사용료를 받는 용역
자. 교정·번역·고증·속기·필경(筆耕)·타자·음반취입 또는 이와 유사한 용역
차. 고용관계 없는 사람이 다수인에게 강연을 하고 강연료·강사료 등의 대가를 받는 용역
카. 라디오·텔레비전 방송 등을 통하여 해설·계몽 또는 연기를 하거나 심사를 하고 사례금 또는 이와 유사한 성질의 대가를 받는 용역
타. 작명·관상·점술 또는 이와 유사한 용역
파. 개인이 일의 성과에 따라 수당이나 이와 유사한 성질의 대가를 받는 용역

보조사업에서 발생하는 사업소득은 「고용관계 없는 사람이 다수인에게 강연을 하고 강연료·강사료 등의 대가를 받는 용역」이나 「개인이 일의 성과에 따라 수당이나 이와 유사한 성질의 대가를 받는 용역」에 주로 해당한다

3 원천징수

사업소득에 대한 원천징수세율은 수입금액의 3%를 적용하며, 지방소득세(사업소득세액의 10%)를 더해서 3.3%를 원천징수한다. 기타소득에 대한 원천징수 세율은 수입금액의 60%를 필요경비로 인정하기 때문에, 수입금액에서 필요경비(60%)를 제외하고 남은 기타소득금액의 40%에 세율 20%를 곱한 8%를 적용하고 지방소득세(기타소득세액의 10%)를 더해서 8.8%를 원천징수한다(소득세법 제129조제1항, 소득세법시행령 제87조).

> **사업소득 원천징수세액** = (사업소득 × 3%) × (1 + 10%)
> = 사업소득 × 3.3%
> **기타소득 원천징수세액** = 총수입금액 × 세율
> = (기타소득 × (1-60%)) × 20% × (1 + 10%)
> = 기타소득 × 8.8%

기타소득은 과세최저한이 적용되는데, 필요경비 60%를 제외한 기타소득금액이 건별로 50,000원 이하면 과세하지 않는다. 이를 필요경비를 포함한 수입금액으로 환산하면 125,000원이 된다. 따라서 기타소득에 해당하는 수입금액이 125,000원 이하이면 원천징수를 하지 않는다(소득세법 제84조).

위에서 기타소득의 과세최저한 해당 여부는 「건별」로 판단한다. 여기에서 「건별」이란 지급 건별이 아니라, 당해 소득을 지급하는 개별적인 사유별로 판단하는 것으로서 계약단위라고 보면 된다. 예를 들어 동일한 일자에 한 강사가 전혀 다른 두 번의 강의를 한 경우 두 건으로 보며, 동일 과정에 대해 각기 다른 날에 강의하고 한꺼번에 강의료를 지급받거나 동일 과정을 하루 8시간씩 3일간 연속 강의를 한 경우 동일 과정 전체에 대해서 한 건으로 본다. 즉, 형식적으로 두 개 이상의 계약이 존재하더라도 실질적으로 한 개의 계약에 해당하는 경우는 전체를 한 건으로 보아 판단한다.

사업소득과 기타소득의 대상이 되는 비목(강사수당, 원고료, 회의참석수당, 자문료, 통역료, 번역료 등)을 통칭 「활동비성 경비」라고도 한다.

> ### 📝 요모조모 뜯어보기
>
> 연간 기타소득 금액이 300만 원 이하이면 종합소득세에 합산하지 않아도 됩니다. 그러나 300만 원을 초과했으면 종합소득세 신고 때 합산하여 신고해야 합니다. 이를 분리과세(소득세법 제14조제3항제8호)라고 합니다.

4 원천징수 신고·납부

1 원천징수 신고·납부

원천징수의무자가 원천징수 대상 소득금액을 「지급하는 때」에 소득세를 원천징수한다. 원천징수의무자가 소득세를 원천징수한 경우 지방소득세를 소득세와 함께 특별징수한다. 지방소득세는 소득세액의 10%이다.

> **지방소득세 = 소득세액의 10%**

소득세와 지방소득세를 원천징수하고, 원천징수의무자는 원천징수한 내용을 소득지급일이 속하는 달의 다음 달 10일까지 국세청(홈택스, hometax.go.kr)에 신고하고, 지방소득세는 지방자치단체(위택스, wetax.go.kr)에 신고한다. 그러나 원천징수 세액이 1,000원 미만이면 소액부징수(인적용역에 대한 사업소득 원천징수 제외)에 의해서 징수하지 않는다(소득세법 제86조).

[원천징수 신고·납부 시기]

구분	법정기한	소득지급시기별 신고·납부기한	제출대상 서류
일반	소득 지급일이 속하는 달의 다음 달 10일까지	매월인 경우 다음 달 10일까지	원천징수 이행상황 신고서(소득세법 시행규칙 별지 제21호 서식)
반기납부[1]	소득 지급일이 속하는 반기(1월~6월, 7월~12월)의 다음 달 10일까지	1월~6월인 경우 7.10.까지 / 7월~12월인 경우 1.10.까지	

1) 직전연도 사업장 상시고용인원이 20명 이하인 사업장은 반기납부 가능

원천징수를 기한에 맞춰서 신고·납부하기 쉽지 않아서, 대개 세무대리인(세무사, 공인회계사 및 변호사)을 이용한다.

보조사업자는 소득세와 지방소득세에 대한 원천징수 신고기한까지 신고와 함께 납부한다. 보조사업자는 기관 전체 원천징수 총액을 한꺼번에 신고·납부하므로, 대개 원천징수금액 납부를 위한 별도의 기관계좌를 가지고 있다. 따라서 보조금계좌에서 보조사업자의 원천징수 납부를 위한 기관계좌로 계좌이체하고, 원천징수납부계좌에서 기관전체의 원천징수 금액을 한꺼번에 납부한다. 납부는 홈택스(국세)와 위택스(지방세)에서 하면 되지만, 은행의 인터넷뱅킹도 국세와 지방세 납부를 위한 메뉴를 제공하고 있어서, 은행의 인터넷뱅킹에서 국세와 지방세를 한꺼번에 납부하면 편리하다.

제7장 소득유형과 원천징수

원천징수한 세액을 납부한 자는 다음 달 10일까지 원천징수이행상황신고서(소득세법시행규칙 별지제21호서식)를 세무서에 제출하는데, 그 양식은 다음과 같다.

① 신고구분						[ ]원천징수이행상황신고서		② 귀속연월		년 월
매월	반기	수정	연말	소득처분	환급신청	[ ]원천징수세액환급신청서		③ 지급연월		년 월
원천징수 의무자		법인명(상호)				대표자(성명)		일괄납부 여부		여, 부
								사업자단위과세 여부		여, 부
		사업자(주민) 등록번호				사업장 소재지		전화번호		
								전자우편주소		@

❶ 원천징수 명세 및 납부세액

(단위: 원)

소득자 소득구분			코드	원천징수명세					납부세액	
				소득지급 (과세 미달, 일부 비과세 포함)		징수세액			⑨ 당월 조정 환급세액	⑩ 소득세 등 (가산세 포함) / ⑪ 농어촌특별세
				④ 인원	⑤ 총지급액	⑥ 소득세 등	⑦ 농어촌특별세	⑧ 가산세		
개인 (거주자·비거주자)	근로소득	간이세액	A01							
		중도퇴사	A02							
		일용근로	A03							
		연말정산 합계	A04							
		연말정산 분납신청	A05							
		연말정산 납부금액	A06							
		가감계	A10							
	퇴직소득	연금계좌	A21							
		그 외	A22							
		가감계	A20							
	사업소득	매월징수	A25							
		연말정산	A26							
		가감계	A30							
	기타소득	연금계좌	A41							
		종교인소득 매월징수	A43							
		종교인소득 연말정산	A44							
		가상자산	A49							
		그 외	A42							
		가감계	A40							
	연금소득	연금계좌	A48							
		공적연금(매월)	A45							
		연말정산	A46							
		가감계	A47							
	이자소득		A50							
	배당소득		A60							
	금융투자소득		A71							
	저축 등 해지 추징세액 등		A69							
	비거주자 양도소득		A70							
법인	내·외국법인원천		A80							
수정신고(세액)			A90							
총 합 계			A99							

❷ 환급세액 조정

(단위: 원)

전월 미환급 세액의 계산			당월 발생 환급세액				⑱ 조정대상 환급세액계 (⑭+⑮+⑯+⑰)	⑲ 당월 조정 환급세액계	⑳ 차월이월 환급세액 (⑱-⑲)	㉑ 환급 신청액
⑫ 전월 미환급세액	⑬ 기환급 신청세액	⑭ 차감잔액 (⑫-⑬)	⑮ 일반환급	⑯ 신탁재산 (금융회사 등)	⑰ 그밖의 환급세액					
					금융회사등	합병 등				

원천징수의무자는 「소득세법 시행령」 제185조제1항에 따라 위의 내용을 제출하며, 위 내용을 충분히 검토하였고 원천징수의무자가 알고 있는 사실 그대로를 정확하게 적었음을 확인합니다.

년 월 일

신고인 (서명 또는 인)

세무대리인은 조세전문자격자로서 위 신고서를 성실하고 공정하게 작성하였음을 확인합니다.

세무대리인 (서명 또는 인)

세 무 서 장 귀하

신고서 부표 등 작성 여부 ※ 해당란에 "○" 표시를 합니다.		
부표(4~5쪽)	환급(7쪽~9쪽)	승계명세(10쪽)
세무대리인		
성 명		
사업자등록번호		
전화번호		
국세환급금 계좌신고 ※ 환급금액 5천만원 미만인 경우에만 적습니다.		
예입처		
예금종류		
계좌번호		

② 지급명세서와 원천징수영수증

원천징수의무자는 다음과 같은 지급명세서를 국세청에 제출한다. 특히 근로소득은 다음 연도 2월분 급여를 지급할 때까지 연말정산을 실시하고, 3월 10일까지 원천징수이행상황신고서와 근로소득지급명세서를 국세청에 신고해야 한다.

[지급명세서 제출 시기]

구분		지급명세서 제출 시기
근로소득	근로소득 간이지급명세서	반기의 다음 달 말일까지
	근로소득 지급명세서	다음 연도 3월 10일까지(연말정산)
	일용근로소득 지급명세서	매월 다음 달 말일까지
사업소득	사업소득 간이지급명세서	매월 다음 달 말일까지
	사업소득 지급명세서	다음 연도 3월 10일까지
기타소득	인적용역 기타소득 간이지급명세서	매월 다음 달 말일까지
	기타소득 지급명세서	다음 연도 2월 말일까지

제7장 소득유형과 원천징수

매월 신고하는 근로소득 및 사업소득 간이지급명세서 양식(소득세법시행규칙 별지 제24호의4서식)은 다음과 같다. 기타소득 간이지급명세서 양식은 사업소득 간이지급명세서 양식과 유사하다.

간 이 지 급 명 세 서
(근 로 소 득)
([ ]지급자 보관용 [ ]지급자 제출용)

❶ 원천징수의무자 인적사항 및 지급내용 합계사항

원천징수의무자	① 상호(법인명)		② 성명(대표자)	③ 사업자등록번호
	④ 주민(법인) 등록번호		⑤ 소재지(주소)	
	⑥ 전화번호		⑦ 전자우편주소	

지급내용	⑧ 귀속연도	년	⑨ 지급 시기	[ ] 상반기(1월~6월) [ ] 하반기(7월~12월)
	⑩ 근로자 총 인원	명	⑪ 과세소득 (⑱번 합계 + ⑲번 합계)	

❷ 소득자 인적사항 및 근로소득 내용

일련번호	⑫ 주민등록번호 ⑬ 성명	⑭ 내·외국인 ⑮ 거주자구분	⑯ 근무기간	⑰ 지급월	⑱ 급여 등	⑲ 인정상여
1			-	1월/7월		
				2월/8월		
				3월/9월		
				4월/10월		
				5월/11월		
				6월/12월		
				합계		
2			-	1월/7월		
				2월/8월		
				3월/9월		
				4월/10월		
				5월/11월		
				6월/12월		
				합계		

원천징수의무자는 「소득세법」 제164조의3제1항에 따라 위의 내용을 제출하며 위 내용을 충분히 검토하고 원천징수의무자가 알고 있는 사실 그대로를 정확하게 적었음을 확인합니다.

년   월   일

제출자: (서명 또는 인)

제2부 집행실무

간 이 지 급 명 세 서
(거 주 자 의 사 업 소 득)
([ ]지 급 자 보 관 용   [ ]지 급 자 제 출 용)

❶ 지급자 인적사항 및 지급내용 합계사항

① 상호 (법인명, 성명)	② 사업자(주민) 등록번호	③ 소재지 (주 소)	④ 소득인원	⑤ 총지급액 (⑭번 합계)

⑥ 지급연도		⑦ 지급월 (해당 월에 "○")	[ ]1월 [ ]2월 [ ]3월 [ ]4월 [ ]5월 [ ]6월 [ ]7월 [ ]8월 [ ]9월 [ ]10월 [ ]11월 [ ]12월

❷ 소득자 인적사항 및 사업소득 내용

일련 번호	⑧ 귀속 연도	⑨ 귀속 월	⑩ 업종 구분	⑪ 소득자 성명(상호)	⑫ 주민(사업자) 등록번호	⑬ 외국인 여부 외국인 "○"	⑭ 지급액	⑮ 세율	⑯ 소득세	⑰ 지방 소득세	⑱ 계 (⑯+⑰)
1											
2											
3											
4											
5											
6											
7											
8											
9											
10											
11											
12											
13											
14											
15											

지급자는 「소득세법」 제164조의3제1항에 따라 위의 내용을 제출하며, 위 내용을 충분히 검토하고 지급자가 알고 있는 사실 그대로를 정확하게 적었음을 확인합니다.

년   월   일

제출자: (서명 또는 인)

제7장 소득유형과 원천징수

    소득자는 홈택스의 「My홈택스」에서, 보조사업자가 신고한 근로·사업·기타소득의 「원천징수영수증」을 조회·출력할 수 있다. 근로소득 원천징수영수증(지급명세서) 양식(소득세법시행규칙 별지 제24호 서식)은 다음과 같다.

관리번호		[ ]근로소득 원천징수영수증 [ ]근로소득 지 급 명 세 서 ([ ]소득자 보관용 [ ]발행자 보관용 [ ]발행자 보고용)			거주구분	거주자1/비거주자2
					거주지국	거주지국코드
					내·외국인	내국인1/외국인9
					외국인단일세율적용	여1/부2
					외국법인소속 파견근로자 여부	여1/부2
					종교관련종사자 여부	여1/부2
					국적	국적코드
					세대주 여부	세대주1, 세대원2
					연말정산 구분	계속근로1, 중도퇴사2

징수 의무자	① 법인명(상 호)			② 대 표 자(성 명)		
	③ 사업자등록번호			④ 주 민 등 록 번 호		
	③-1 사업자단위과세자 여부		여1 / 부2	③-2 종사업장 일련번호		
	⑤ 소 재 지(주소)					
소득자	⑥ 성 명			⑦ 주 민 등 록 번 호(외국인등록번호)		
	⑧ 주 소					

	구 분	주(현)	종(전)	종(전)	⑯-1 납세조합	합 계
I 근무처 별소득명 세	⑨ 근 무 처 명					
	⑩ 사업자등록번호					
	⑪ 근무기간	~	~	~	~	~
	⑫ 감면기간	~	~	~	~	~
	⑬ 급 여					
	⑭ 상 여					
	⑮ 인 정 상 여					
	⑯-1 주식매수선택권 행사이익					
	⑯-2 우리사주조합인출금					
	⑯-3 임원 퇴직소득금액 한도초과액					
	⑯-4 직무발명보상금					
	⑯ 계					

II 비과세 및 감면 소득 명세	⑱ 국외근로	MOX				
	⑱-1 야간근로수당	OOX				
	⑱-2 출산·보육수당	QOX				
	⑱-4 연구보조비	HOX				
	⑱-5					
	~					
	⑱-36					
	⑲ 수련보조수당	Y22				
	⑳ 비과세소득 계					
	⑳-1 감면소득 계					

	구 분			㉘ 소 득 세	㉙ 지방소득세	㉚ 농어촌특별세
III 세액명 세	㉗ 결 정 세 액					
	기납 부 세 액	㉓ 종(전)근무지 (결정세액란의 세액 을 적습니다)	사업자 등록 번호			
		㉔ 주(현)근무지				
	㉕ 납부특례세액					
	㉖ 차 감 징 수 세 액 (㉗-㉓-㉔-㉕)					

위의 원천징수액(근로소득)을 정히 영수(지급)합니다.

                                                                     년 월 일

                         징수(보고)의무자   (서명 또는 인)

세 무 서 장   귀하

제2부 집행실무

매년 신고하는 사업소득 지급명세서 양식(소득세법 시행규칙 별지 제23호 서식)은 다음과 같다. 기타소득 지급명세서 양식은 사업소득 지급명세서 양식과 유사하다.

거주자의 사업소득 지급명세서(발행자 보고용)
(사업소득 원천징수영수증 발행자 보관용 소득자별 연간집계표)

귀속연도	년

관리번호	

❶ 원천징수의무자 인적사항 및 지급내용 합계사항

① 법인명(상호, 성명)	③ 소재지(주소)	④ 연간 소득인원	⑤ 연간 총 지급건수	⑥ 연간 총 지급액 계	⑦ 세액 집계현황		
					⑧ 소득세	⑨ 지방소득세	⑩ 계

❷ 소득자 인적사항 및 연간 소득내용

일련번호	⑪ 업종구분	⑫ 소득자 성명(상호)	⑬ 주민(사업자)등록번호	⑭ 내·외국인(1·9)	⑮ 지급년도	⑯ 지급건수	⑰ (연간)지급총액	⑱ 세율	⑲ 소득세	⑳ 지방소득세	㉑ 계
	소득자별 연간소득 내용 합계										
	소액 부징수 연간 합계										
1											
2											
3											
4											
5											
6											
7											
8											
9											
10											
11											
12											
13											
14											
15											

3 사례탐구

- 전문강사 A는 여러 업체에 강의를 제공하고 강의료를 지급받았으며, 업체들은 강의료에 대해 기타소득으로 원천징수하여, A는 이듬해 종합소득세 신고 시 소득 종류를 기타소득으로 신고했다. 고용관계 없이 독립된 자격으로 계속적·반복적으로 용역을 제공하고 지급받는 대가는 사업소득에 해당한다.

- A시설은 강사료를 지급할 때, 원천징수를 하지 않고 총액으로 지급했다. 세법에 따르면 원천징수 대상 강사료를 지급하는 경우 세액을 원천징수하여 관할 세무서에 납부해야 한다.

- 보조사업자는 업무추진비를 활용하여 직원 격려금 성격으로 설·추석 명절 및 크리스마스에 백화점 상품권을 직원들에게 지급하고 있는 바, 직원에게 지급하는 명절 상품권은 소득세법상 비과세항목에 해당하지 않으므로 근로소득으로 원천징수 의무가 발생한다. 명절 상품권 지급 관련 예산은 보조금 예산 편성 시부터 인건비 항목으로 반영해서 심사를 받아야 하고, 근로소득에 대한 원천징수를 누락하지 않도록 유의해야 한다.

- 대회에 참가하면서 사전훈련 및 대회 기간동안 수고비 명목으로 감독, 코치 등에게 사례금 지급 시 이에 대한 소득세 및 지방소득세 ○○천원을 원천징수하지 않았다.

5　개인정보 이용에 대한 동의

1 개인정보 수집·이용·제공

「개인정보보호법」은 「개인정보」를 「성명, 주민등록번호 및 영상 등을 통하여 개인을 알아볼 수 있는 정보와 해당 정보만으로는 특정 개인을 알아볼 수 없더라도 다른 정보와 쉽게 결합하여 알아볼 수 있는 정보」라고 정의한다(개인정보보호법 제2조).

개인정보처리자는 개인정보의 처리 목적을 명확하게 하여야 하고 그 목적에 필요한 범위에서 최소한의 개인정보만을 적법하고 정당하게 수집하여야 하며, 개인정보의 처리 목적에 필요한 범위에서 적합하게 개인정보를 처리하여야 하고, 그 목적 외의 용도로 활용해서는 안 된다.

또한 정보주체의 동의를 받아야 개인정보를 수집하고 이용할 수 있도록 규정한다. 이때 개인정보의 수집·이용 목적, 수집하려는 개인정보의 항목, 개인정보의 보유·이용 기간, 그리고 동의를 거부할 권리가 있다는 사실 및 동의 거부에 따른 불이익이 있는 경우에는 그 불이익의 내용을 정보주체에게 알려야 한다(개인정보보호법 제15조).

특히 법령에 따라 개인을 고유하게 구별하기 위하여 부여된 고유식별정보를 처리할 때 유의해야 하는데, 주민등록번호, 여권번호, 운전면허번호, 외국인등록번호가 해당한다(개인정보보호법 제24조, 시행령 제19조).

제3자에게 개인정보를 제공할 때에도 정보주체의 동의를 얻어야 한다. 이때, 개인정보를 제공받는 자, 개인정보를 제공받는 자의 개인정보 이용 목적, 제공하는 개인정보의 항목, 개인정보를 제공받는 자의 개인정보 보유 및 이용 기간, 그리고 동의를 거부할 권리가 있다는 사실과 동의 거부에 따른 불이익이 있는 경우에는 그 불이익의 내용을 정보주체에게 알려야 한다(개인정보보호법 제17조).

2 보조금의 개인정보 수집·이용·제공

「개인정보보호법」에 따라서 「보조금 관리에 관한 법률 시행령」 제19조는 개인식별정보가 포함된 자료를 처리할 수 있도록 했으며, 「국고보조금 통합관리지침」 제20조의2는 「개인정보 수집·이용·제3자 제공 동의서」를 정의했다. 「국고보조금 통합관리지침」의 「개인정보 수집·이용·제3자 제공 동의서」는 다음과 같다.

개인정보 수집·이용·제3자 제공 동의서

※ 「개인정보보호법」 제15조(개인정보의 수집·이용), 제17조(개인정보의 제공), 제22조(동의를 받는 방법)에 따라 보조금 시스템 회원정보 등록과 업무처리 등을 위하여 개인정보를 수집·이용 및 제3자 제공을 하고자 합니다.
※ 아래 동의 사항을 자세히 읽으신 후 동의 여부를 결정하여 작성하십시오. [ ]에는 해당되는 곳에 √표를 합니다.

개인정보 수집·이용 내역

구분	수집·이용항목	수집·이용 목적	보유기간
필수	성명(법인명), 휴대전화번호, 주소, 은행명, 계좌번호, 예금주명	회원가입 및 관리 회원가입, 회원제 서비스 이용 및 제한적 본인확인 절차에 따른 본인확인, 개인식별, 부정이용방지, 비인가 사용방지, 가입 의사 확인, 분쟁 조정을 위한 기록보존, 불만 처리 등 민원처리, 고지사항 전달, 보조금 사용내역 정산	5년
선택	전화번호, 이메일, 팩스번호	보조금 시스템 업무처리를 위한 추가 정보 제공	

※ 위의 개인정보 수집·이용에 대한 동의를 거부할 권리가 있습니다. 그러나 동의를 거부할 경우 이와 관련된 업무 처리가 불가능할 수 있음을 알려드립니다.
☞ 위와 같이 개인정보를 수집·이용하는데 동의하십니까?
[ ]동의   [ ] 미동의

개인정보 제3자 제공 내역

제공받는자	제공하는 개인정보	제공받는 자의 수집·이용 목적	제공받는 자의 보유기간
보조금시스템 운영기관 (한국재정정보원)	성명(법인명), 휴대전화번호, 주소, 은행명, 계좌번호, 예금주명, 전화번호, 이메일, 팩스번호	보조금 시스템 회원정보 등록과 업무처리	5년
보조사업 관리기관 (중앙부처, 지방자치단체, 공공기관 등)	성명(법인명), 주소, 휴대전화번호, 이메일주소	보조금 사업 관리	5년
금융결제원	은행명, 계좌번호, 예금주명	보조금 교부 및 집행 시 계좌이체	목적 달성시까지

※ 위의 개인정보 제공에 대한 동의를 거부할 권리가 있습니다. 그러나 동의를 거부할 경우 이와 관련된 업무 처리가 불가능할 수 있음을 알려드립니다.
☞ 위와 같이 개인정보를 제3자 제공하는데 동의하십니까?
[ ]동의   [ ] 미동의

주민등록번호 처리 고지 사항

처리 근거	개인정보 항목	개인정보 처리 목적	보유기간
보조금 관리에 관한 법률 시행령 제19조 (고유식별정보의 처리)	주민등록번호	보조금수령자의 자격검증 및 부정수급 방지를 위한 사무	5년

※ 「보조금 관리에 관한 법률」 제26조의5(보조금관리정보 등의 파기) 제1항에 의해 보조금의 중복·부정 수급 방지를 위하여 보유할 필요가 있다고 인정되는 경우 5년을 초과하여 필요성이 인정되는 때까지 보유할 수 있음을 알려드립니다.

「국고보조금 통합관리지침」 제20조의2(업무처리의 대행)에 따라 위와 같이 개인정보 수집·이용 및 제3자 제공 동의서를 제출합니다.

년   월   일

신청인   (서명 또는 인)

업무대행기관의 장 귀하

제8장
구매 및 임차

1. 구매 · 임차
2. 시설공사
3. 선금
4. 중요재산

1 구매 · 임차

1 물품

보조사업에서 물품(비소모품) 구입을 일반적으로 제한하므로, 보조사업자는 물품(비소모품)의 범위에 대해서 명확하게 인식하고 있어야 한다. 일반적으로 소모성 물품 구입은 일반수용비에 해당하고, 비소모성 물품은 자산취득비에 해당한다. 조달청고시 「물품분류지침」은 내구성물품과 소모품을 다음과 같이 1년 기준과 50만 원 기준을 함께 사용한다.

> **물품분류지침**
> **제2조(물품분류 기준)** 물품관리법 제5조의 규정에 의한 물품의 분류기준은 다음과 같다.
> 1. 각 기관이 고유한 행정활동에 사용할 목적으로 취득한 물품을 성질별로 다음과 같이 분류한다.
> 가. 내구성물품
>   사무용 집기·비품·차량운반구 등과 같이 1년 이상 계속 사용할 수 있는 물품(취득시 물품취득원장에 등재하고 처분할 때까지 관리하여야 한다.)
> 나. 소모품
>   1) 사용에 따라 다시 사용할 수 없거나 소모되어 1년 이상 계속 사용할 수 없는 물품
>   2) 일반수용비로 취득한 물품 중 취득단가 50만원 미만인 물품

소모품은 취득단가 50만 원 미만 기준을 함께 사용하기도 하지만, 규정마다 금액 기준이 다르므로 유의해야 한다. 서울특별시는 「민간위탁사무 수탁기관용 예산·회계 및 인사·노무 운영 매뉴얼(2023)」에서 비품과 소모품을 다음과 같이 1년 기준과 10만 원 기준을 함께 사용하고 있다. 따라서 보조금지원기관별로 지침을 확인해야 한다.

서울특별시 민간위탁사무 수탁기관용 예산 · 회계 및 인사 · 노무 운영 매뉴얼

위탁사업 관련 보유하고 있는 동산 중 현금, 유가증권 및 부동산 이외의 것으로 그 성질에 따라 비품과 소모품으로 구분됨.
- 비품: 품질현상이 변하지 않고 비교적 장시간 사용할 수 있는 물품으로 내용연수가 1년 이상이고, 취득단가 10만원 이상의 물품으로 소모성 물품에 속하지 않는 물품
- 소모품: 성질이 상함으로써 소모되거나 파손되기 쉬운 물품과 공작물, 그 밖에 물품이나 공작물의 구성부분이 되는 물품(원재료, 사무용품, 일회용품, 부속품 등)

2 보조사업 관련 계약

보조사업자가 계약대상자 선정 시 다른 법령 등에 특별한 규정이 없는 한 「국고보조금 통합관리지침」을 준수해야 한다. 따라서 2천만 원(부가가치세 별도)을 초과하는 물품 및 서비스 구입 계약을 체결하는 경우, 「전자조달의 이용 및 촉진에 관한 법률」에 의한 「나라장터(국가종합전자조달시스템)」를 사용하여야 한다(국고보조금 통합관리지침 제21조). 또한 보조사업자가 생산하는 제품을 구매할 수 없도록 하는 보조사업도 있으므로 유의해야 한다.

따라서 대부분 보조사업에서 시설이나 장비에 대한 계약은 「전자조달의 이용 및 촉진에 관한 법률」에 의한 국가종합전자조달시스템인 「나라장터」를 이용하도록 요구하고 있다. 다음의 사례를 살펴보자.

국가인적자원개발컨소시엄 운영규칙

제42조(훈련시설 및 장비 등의 계약) ① 공동훈련센터는 훈련시설 및 장비 등의 계약을 체결하는 경우 「국가를 당사자로 하는 계약에 관한 법률」 또는 「지방자치단체를 당사자로 하는 계약에 관한 법률」에 따라 계약을 체결하고 집행하여야 한다.

② 공동훈련센터는 제1항의 법률에서 정한 일정 금액 이상의 계약을 체결하고자 하는 경우에는 「전자조달의 이용 및 촉진에 관한 법률」에 따른 국가종합전자조달시스템을 이용하여 공고·입찰·계약체결 등을 하여야 한다.

「국고보조금 통합관리지침」은 2천만 원 기준금액을 회피하기 위한 「의도적 쪼개기 계약」에 대해서 중앙관서의 장이 관리하도록 규정했다. 「국가를 당사자로 하는 계약에 관한 법률 시행령」과 「지방자치단체를 당사자로 하는 계약에 관한 법률 시행령」도 유사한 규정을 한다.

국고보조금 통합관리지침
제21조(보조사업 관련 계약) ⑦ 중앙관서의 장은 제3항 각 호의 금액 기준에 관하여 보조사업자나 간접보조사업자가 계약을 부당하게 여러 건으로 나누는 방식으로 절차를 우회하지 않도록 감독하여 계약 절차가 실질적으로 적용되도록 하여야 한다.

국가를 당사자로 하는 계약에 관한 법률 시행령
제68조(공사의 분할계약금지) ①각 중앙관서의 장 또는 계약담당공무원은 기획재정부장관이 정하는 동일 구조물공사 및 단일공사로서 설계서등에 의하여 전체 사업내용이 확정된 공사는 이를 시기적으로 분할하거나 공사량을 분할하여 계약할 수 없다.

지방자치단체를 당사자로 하는 계약에 관한 법률 시행령
제77조(공사의 분할계약 금지) ① 지방자치단체의 장 또는 계약담당자는 행정안전부장관이 정하는 동일 구조물공사 또는 단일공사로서 설계서 등에 따라 전체 사업내용이 확정된 공사는 이를 시기적으로 분할하거나 공사량을 분할하여 계약할 수 없다.

민간보조사업자 등이 계약을 체결하는 경우에, 원칙적으로 일반경쟁에 부쳐야 한다. 수의계약을 체결하고자 할 때에는 사전에 최소 2개 이상의 업체로부터 견적을 받아 집행금액의 적정성 등을 확인한 후 계약을 체결하여야 한다. 다만, 계약의 목적이나 보조사업의 특성상 견적서 제출이 어려운 경우 또는 견적서 제출자가 1인 밖에 없을 것으로 예상되는 경우 등으로 중앙관서의 장이 인정하는 경우에는 예외로 한다(국고보조금통합관리지침 제21조의2).

계약서는 「국가를 당사자로 하는 계약에 관한 법률 시행규칙」의 별지 양식을 사용한다. 이에 따른 물품구매표준계약서와 용역표준계약서는 다음과 같다.

물품구매표준계약서

계약번호 제　　호
공고번호 제　　호

계약자	발 주 처	○○부(처, 청)중앙관서의 장 또는 계약담당공무원 성명	
	계 약 상 대 자	·상호 또는 법인명칭 ·주소 ·대표자	·법인등록번호 ·전화번호

계약내용	물 품 명	
	계 약 금 액	금　　　　　원정(₩　　　　　)
	총 제 조 부 기 금 액	금　　　　　원정(₩　　　　　)
	계 약 보 증 금	금　　　　　원정(₩　　　　　)
	지 체 상 금 률	%
	물가변동계약금액조정방법	
	납 품 일 자	．　．　．～．　．　．
	납 품 장 소	
	기 타 사 항	

중앙관서의 장(계약담당공무원)과 계약상대자는 상호 대등한 입장에서 붙임의 계약문서에 의하여 위의 물품에 대한 구매계약을 체결하고 신의에 따라 성실히 계약상의 의무를 이행할 것을 확약하며, 이 계약의 증거로서 계약서를 작성하여 당사자가 기명날인한 후 각각 1통씩 보관한다.

붙임서류 : 1. 물품구매입찰유의서 1부
　　　　　2. 물품구매계약일반조건 1부
　　　　　3. 물품구매계약특수조건 1부
　　　　　4. 규격 및 내용서 1부
　　　　　5. 산출내역서 1부

．　．　．
중앙관서의 장 또는
계약담당공무원　　　　　(인)
계약상대자　　　　　　　(인)

물품내역서

품명	규격	단위	수량	단가	금액

	용역표준계약서		계약번호 제 호
			공고번호 제 호

계약자	발 주 처	○○부(처, 청)중앙관서의 장 또는 계약담당공무원 성명	
	계 약 상 대 자	·상호 또는 법인명칭 ·주소 ·대표자	·법인등록번호 ·전화번호

계약내용	용 역 명	
	계 약 금 액	금 원정(₩)
	총용역부기금액	금 원정(₩)
	계 약 보 증 금	금 원정(₩)
	지 체 상 금 률	%
	계 약 기 간	. . . ~ . . .
	위 치	
	기 타 사 항	

중앙관서의 장(계약담당공무원)과 계약상대자는 상호 대등한 입장에서 붙임의 계약문서에 의하여 위의 용역에 대한 도급계약을 체결하고 신의에 따라 성실히 계약상의 의무를 이행할 것을 확약하며, 이 계약의 증거로서 계약서를 작성하여 당사자가 기명날인한 후 각각 1통씩 보관한다.

붙임서류 : 1. 용역입찰유의서 1부
          2. 용역계약일반조건 1부
          3. 용역계약특수조건 1부
          4. 과업내용서 1부
          5. 산출내역서 1부

.   .   .
중앙관서의 장 또는
계약담당공무원   (인)

계약상대자   (인)

용역내역서

용역명	규격·단위 또는 세부사항	금액

제2부 집행실무

③ 수의계약과 견적서

「지방자치단체를 당사자로 하는 계약에 관한 법률 시행령」 제30조는 수의계약의 경우 2명 이상의 견적서를 받도록 하고 있으며, 수의계약 시 2천만 원 이하이면 1명의 견적을 받아도 되도록 규정하고 있다.

[수의계약 유형]

구분	유형	주요 내용
2명 이상 견적서 제출	금액기준	추정가격 5천만 원 이하 2천만 원 초과인 물품의 제조·구매계약
1명 견적서 제출 가능		지정정보처리장치를 이용하여 견적서를 제출받았으나 견적서 제출자가 1인뿐인 경우
	금액기준	추정가격 2천만 원 이하인 물품의 제조·구매계약 ※ 다만, 다음의 어느 하나에 해당하는 기업 또는 조합과 계약을 체결하는 경우는 5천만 원 이하인 경우로 함 ①여성기업(여성기업 지원에 관한 법률), 장애인기업(장애인기업활동촉진법) ②사회적기업(사회적기업 육성법), 사회적협동조합(협동조합기본법), 자활기업(국민기초생활 보장법), 마을기업(도시재생 활성화 및 지원에 관한 특별법)으로서 행정안전부장관이 정하는 기준에 적합한 기업
		천재지변 등

그러나 보조사업은 2개 업체 이상, 동일 사양에 대한 견적서를 받아 금액을 비교하고, 한국물가협회와 인터넷 등의 물가정보 안내(거래실례가격)를 적극 활용하여 예산을 절감하기 위해 노력하도록 하고 있으며, 다음과 같이 일정 금액을 초과하면 비교견적서를 받도록 하기도 하므로, 유의해야 한다.

> **2018년 지역공동체 학습플랫폼 지원사업 운영, 보조금 예산편성 관리기준(경기도평생교육진흥원)**
> 인쇄비, 홍보비, 물품구입비, 임차비, 교구재비의 경우 50만 원 이상일 경우 견적서, 비교견적서 모두 첨부하여야 한다.

4 중소기업 제품 우선 구매

회계연도 기준으로 100억 원 이상 보조금을 수령한 보조사업자는 보조사업과 관련하여 제품을 구매하는 경우 중소기업제품을 우선 구매하여야 한다.

국고보조금 통합관리지침
제20조의3(중소기업제품 우선 구매) 회계연도 기준으로 100억원 이상 보조금을 수령한 보조사업자 또는 간접보조사업자는 보조사업과 관련하여 제품을 구매하는 경우 중소기업제품 구매촉진 및 판로지원에 관한 법률 제4조제3항을 따른다.

중소기업제품 구매촉진 및 판로지원에 관한 법률(판로지원법)
제4조(구매 증대) ③ 중소벤처기업부장관은 정부의 국고보조금을 대통령령으로 정하는 일정한 금액 이상 수령한 기관 또는 법인이 보조사업과 관련하여 제품을 구매하려는 때에는 중소기업제품을 우선적으로 구매하도록 권고할 수 있다.

중소기업제품 구매촉진 및 판로지원에 관한 법률 시행령(판로지원법 시행령)
제2조의2(중소기업자와의 우선조달계약) ④ 법 제4조제3항에서 "대통령령으로 정하는 일정한 금액"이란 100억원을 말한다.

5 지역개발채권

지방자치단체와 계약하려면 지역개발채권을 매입해야 한다. 지역개발채권을 매입해야 하는 조건은 지방자치단체별로 다르므로 유의해야 한다. 아래와 같이 경기도는 2000만 원 미만의 계약은 채권을 매입하지 않아도 되지만, 충청남도는 100만 원 미만의 계약만 제외한다.

[지역개발채권 매입대상 및 매입기준]

구분	매입대상	매입기준
경기도	공사도급, 용역계약, 물품의 구매.수리.제조계약 ※계약금액(부가가치세 제외)이 2,000만 원 미만의 계약은 제외	대금청구액(부가가치세 제외)의 100분의 1.5
충청남도	가. 건설공사 도급계약, 용역 계약	대금공급가액의 2.5/100 (부가세 제외)
	나. 물품구매, 수리.제조 계약	대금공급가액의 1.5/100 (부가세 제외)
	※가.나 공히 계약금액 100만원 미만의 계약은 제외 ※1건당 5,000원 미만의 단수는 절사하여 5,000원 단위로 계산	

[출처] 경기도 지역개발기금 설치 조례, 충청남도 지역개발기금 설치 및 운용 조례

위 조례는 지방자치단체가 전액 출자·출연한 법인과의 계약체결을 포함하므로, 보조금사업에도 적용하기도 하므로 이를 고려해야 한다. 즉 보조금사업으로 위 지역개발채권 매입기준에 해당하는 계약을 체결하면, 공급자가 지역개발채권을 구입하여 보조사업자에게 제출해야 한다. 지역개발채권은 해당 지역의 은행에서 구입할 수 있다.

6 임차

보조사업 수행 시 각종 회의 및 행사는 되도록 자가시설이나 공공시설을 활용한다. 그러나 여의찮으면 시설과 장비를 임차해야 한다.

물품이나 서비스를 임차하면, 임차계약서를 체결한다. 특히 계약금액이 100만원 이상이면 타인견적을 받아 가장 저렴하고 안전한 업체와 계약을 체결한다. 임차료는 원칙적으로 임차가 완료된 때 지급하되, 선금을 지급할 수도 있고, 선금 지급 시 월별 또는 분기별 등 다양하게 지급할 수 있다. 그러나 일반적으로 임차보증금은 사업비로 지불할 수 없다.

시설·장비를 임차할 때 임차기간은 보조사업 수행을 위해 필요한 기간만 임차하되, 사업 전후 준비기간과 정리기간이 필요하므로 이를 최대 2개월 정도 인정하기도 한다. 보조사업자 임직원 소유 시설·장비는 임차비를 지원하지 않기도 하며, 단체 간에 강당, 회의장 등의 시설을 상호 유상 대여하는 경우도 있는데, 이는 지양해야 한다.

요모조모 뜯어보기

임차비는 임차계약서를 첨부해야 합니다. 그러나 이러한 정산방식에 적합하지 않은 경우가 있는데, 현장체험을 위해서 전세버스 또는 관광버스를 하루 임차하는 것입니다. 관광버스 사업자가 대부분 1인의 영세사업자이고 하루 단기 임차여서 임차계약서를 작성하지 않는 경우가 많습니다. 임차계약서를 작성하는 취지에도 맞지 않지만, 하루 버스를 임차하는 경우도 임차계약서를 요구하는 보조사업이 많으니, 유의해야 합니다.

제2부 집행실무

일반적인 임대차계약서의 양식은 다음과 같다.

임대차계약서

갑과 을은 하기 각 조항에 의거 임대차 계약을 체결한다.

2022년 6월22일

구분	갑	을
사업자등록번호		
주소		
상호	임차인	임대인
대표자		
전화번호		

제1조(대상 장비)

장비 및 대수	설치 및 요금개시일	설치장소

제2조(계약기간)
(1)본 계약의 기본 계약기간은 2023년 6월 21일까지로 한다.
(2)계약기간 만료 후 상호 합의에 따른다.

제3조(임차료-월단위)

월 임차요금	기간	비고

제4조(요금의 지불)
임차요금은 매월말일까지 청구(7월말 청구 개시)하며 익월 15일 이내에 아래 계좌로 지출한다.
(임차요금지불 계좌)

제5조(보수서비스)
(1)보수 서비스 등의 일체의 작업실시는 을의 영업시간 내에 한한다.
(2)갑 또는 본건 제품 사용자의 고의 또는 과실로 인한 고장의 수리에 대하여는 을은 소정의 부품수요 요금을 청구한다.

제6조(계약조항의 변경)
본 계약의 조항 변경을 요하는 때에는 갑, 을이 협의하여 변경할 수 있다.

제7조(손해배상)
갑은 본계약을 이행하지 아니한 때, 을과 협의한 일체의 손해를 을에게 즉시 배상하여야 한다.

제8조(기타)
위 각 조합에 명시되지 아니한 사항에 관하여는 일반 상관례 및 관계법령에 의한다.

상기 계약 체결의 증거로서 본 계약서 2통을 작성하여 갑, 을 기명 날인한 후 각 1통씩 보관한다.

7 사례탐구

- 보조사업과 무관한 비품(전자수첩, 핸드폰, 복사기, 팩스, 에어컨, 선풍기, 난방기, 책상, 책장 등 범용기자재)을 구매한 경우, 불인정된다.

- 보조사업 종료 단계에서 구입하는 물품·서비스는 보조사업에 사용하지 못했을 가능성이 크므로, 불인정될 수 있다.

- 외주업체와 허위계약을 맺고, 외주용역 대금 중 일부를 되돌려 받았다.

- A협의회는 5000만 원을 초과하는 용역사업의 경우 일반경쟁을 하여야 하나, 수의계약 체결 5000만 원 미만의 수의계약 사유에 해당하는 것처럼 꾸미기 위해 대금을 지급할 때마다 용역사업을 세부사업별로 견적서를 나눠서 처리했다.

- 보조사업자는 'OOO리더십 학교 항공권 발권 계약'을 2곳의 업체와 각각 1330만 원과 1466만 원으로 나누어 수의계약을 진행하였으나, 이는 성격이 유사한 내용이라 통합 발주 등의 방법을 통해 경쟁입찰의 절차로 예산절감을 할 수 있었으므로, 특별한 사유 없이 분리발주 하여 계약을 체결하지 않도록 해야 한다.

- 책자를 인쇄하면서 시기를 나누거나 분할하여 계약을 할 이유가 없음에도 입찰을 통하지 않고 사업량을 임의로 분할하여 협회 부위원장이 대표로 운영하는 업체와 수의계약을 체결하여 집행했다.

[단위: 천 원]

계약명	계약일	구입금액			계약업체	계약방법
		예정가격(A)	계약금액(B)	비율(B/A)		
○○○ 제22호 발간	21.12.03	5,720	5,720	100%	△△△	1인수의
○○○ 발간	21.12.09	11,000	11,000	100%		
○○○ 이야기 발간	21.12.29	11,300	11,300	100%		
계		28,020	28,020	100%		

- A협회는 대회가 끝난 같은 해에, 조직위원장 개인 목적으로 운영 중인 회사 사무실에 인테리어 및 사무기 설치비 명목으로 사업비를 지출했다.

- 산업용 목재펠릿 보일러 사업에서 지난해 설치한 보일러를 당해 연도에 설치한 것으로 보조금을 신청했다.

- 취득단가가 소액이어서 주의를 기울이지 않거나, 홈페이지 구축 등과 같이 자본재로 간주되는 무형의 자산이 있음을 인지하지 못하고, 자산취득비인 전산시스템 설치비 및 프로그램 구입(상용 소프트웨어 구입 등)을 했다.

- 보조사업자가 자신이 보유한 장비나 시설을 임차하는 경우, 불인정될 수 있다.

- 전세버스운송사업 면허가 없는 회사와 부적정하게 계약 체결했으며, 전세버스 임차계약서, 차량보험증권 사본, 현장사진 등의 증빙자료를 첨부하지 않았다.

- 외국인선수단 및 임원 숙박자료에 따르면 총 75명뿐인데도 45인승 버스 11대, 15인승 4대 등 과도하게(총 555명분) 집행했으며, 고속도로 하이패스 영수증 등 추가 증빙자료를 요청했으나 자료 미제출로 인해 실제 버스운행 내역 확인이 불가하다.

2 시설공사

1 시설공사

보조사업자는 다음과 같은 시설공사의 경우 e나라도움을 통해서 계약업무를 관리해야 하고, 나라장터를 통해서 계약을 체결해야 한다(국고보조금통합관리지침 제21조제3항).

- 「건설산업기본법」에 따른 건설공사(같은 법에 따른 전문공사는 제외한다)로서 추정가격이 2억 원을 초과하는 공사계약을 체결하는 경우
- 「건설산업기본법」에 따른 전문공사로서 추정가격이 1억 원을 초과하는 공사계약을 체결하는 경우
- 그 밖의 공사 관련 법령에 따른 공사로서 추정가격이 8천만 원을 초과하는 공사계약을 체결하는 경우

> **건설산업기본법**
> **제2조(정의)** 이 법에서 사용하는 용어의 뜻은 다음과 같다.
> 4. "건설공사"란 토목공사, 건축공사, 산업설비공사, 조경공사, 환경시설공사, 그 밖에 명칭과 관계없이 시설물을 설치·유지·보수하는공사(시설물을 설치하기 위한 부지조성공사를 포함한다) 및 기계설비나 그 밖의 구조물의 설치 및 해체공사 등을 말한다. 다만, 다음 각 목의 어느 하나에 해당하는 공사는 포함하지 아니한다.
> 　가. 「전기공사업법」에 따른 전기공사
> 　나. 「정보통신공사업법」에 따른 정보통신공사
> 　다. 「소방시설공사업법」에 따른 소방시설공사
> 　라. 「국가유산수리 등에 관한 법률」에 따른 국가유산 수리공사
> 6. "전문공사"란 시설물의 일부 또는 전문 분야에 관한 건설공사를 말한다.

또한 추정가격이 30억 원 이상인 공사 관련 계약을 체결하는 보조사업자는 다음 각호의 사항을 조달청장에게 요청하여야 한다(국고보조금통합관리지침 제22조).

- 실시설계 단계에서의 설계적정성 검토
- 공사계약 체결
- 공사비가 계약금액의 10% 이상 증가하는 설계변경에 대한 타당성 검토

2 사례탐구

- 보조사업자가 1억 8500만 원 상당의 시설물 보수공사를 수의계약을 통하여 진행하여, 계약업체 선정의 공정성과 객관성을 확보하지 못했다.

- A센터는 보조금을 지원받아 집행하면서 잔액이 발생하자 소방공사를 할 필요와 계획이 없었는데도, 소방공사 견적을 제출받고 소방공사를 한 것처럼 허위로 지출증빙을 만들고 업체에 비용을 이체했다.

3 선금

1 선금

보조사업에서 특별히 선금을 제한하는 규정은 없다. 그러나 보조금과 민간위탁이 1년 단위로 이루어짐을 고려할 때 선금은 제한적으로 지급되어야 한다. 공사, 물품 제조 또는 용역계약에 대해서 「미리 지급하지 않으면 해당 사업에 지장을 가져올 우려가 있는 경우」에 계약금액의 100분의 70을 초과하지 않는 범위 내에서 선금을 지급할 수 있도록 하고 있다.

국고금관리법
제26조(선급과 개산급) 지출관은 운임, 용선료(傭船料), 공사·제조·용역 계약의 대가, 그 밖에 대통령령으로 정하는 경비로서 그 성질상 미리 지급하지 아니하거나 개산(槪算)하여 지급하지 아니하면 해당 사무나 사업에 지장을 가져올 우려가 있는 경비의 경우에는 이를 미리 지급하거나 개산하여 지급할 수 있다.

국고금관리법 시행령
제40조(선급) ① 법 제26조에 따라 미리 지급할 수 있는 경비는 다음 각 호와 같다.
  15. 공사, 제조 또는 용역 계약의 대가로서 계약금액의 100분의 70(원활한 공사 진행 등에 필요하여 중앙관서의 장이 기획재정부장관과 협의한 경우에는 100분의 80)을 초과하지 않는 금액

지방회계법
제35조(선금급과 개산급) 지출원은 운임, 용선료(傭船料), 여비(旅費), 그 밖에 대통령령으로 정하는 경비로서 그 성질상 선금으로 또는 개괄산정하여 지급하지 아니하면 사무 또는 사업에 지장을 줄 우려가 있는 경우에는 선금급(先金給)이나 개산급(槪算給)으로 지급할 수 있다.

지방회계법 시행령
제44조(선금급) ① 법 제35조에 따라 선금급으로 지급할 수 있는 경비는 다음 각 호와 같다.
13. 공사·제조 또는 용역 계약의 대가로서 계약금액의 100분의 70(지방자치단체의 장이 원활한 공사 진행 등에 필요하다고 인정하는 경우에는 100분의 80)을 초과하지 않는 금액

2 채권확보

선금은 계약이 이행되기 이전에 지급하므로, 선금 지급 후 계약이 이행될 수 있다는 보증이 있어야 한다. 따라서 계약상대자는 보증보험증권을 제출해야 한다. 이때 보증금액은 선금 금액에 「그 금액에 대한 보증기간에 해당하는 약정이자상당액」을 가산한 금액 이상으로 하여야 하고, 보험기간의 개시일은 선금지급일 이전이어야 하며 그 종료일은 이행 기간의 종료일 다음 날부터 60일 이상으로 하여야 한다. 일반적으로 계약상대자가 보증보험사의 온라인사이트에 계약내역과 계약서를 올리면, 보증보험회사가 위 내역을 반영하여 보증보험증권을 발행해 준다.

(계약예규)정부 입찰·계약 집행기준
제35조(채권확보) ① 계약담당공무원은 선금을 지급하고자 할 경우에는 계약상대자로 하여금 시행령 제37조제2항에 의한 증권 또는 보증서를 제출하게 하여야 한다.

국가를 당사자로 하는 계약에 관한 법률 시행령
제37조(입찰보증금) ②입찰보증금은 현금(체신관서 또는 「은행법」의 적용을 받는 은행이 발행한 자기앞수표를 포함한다. 이하 같다) 또는 다음 각 호의 보증서등으로 납부하게 해야 한다.
 3.「보험업법」에 따른 보험회사가 발행한 보증보험증권

지방자치단체 입찰 및 계약 집행기준
4. 채권 확보
 가. 채권확보 방법
  1) 보증서제출
    계약담당자는 선금을 지급할 경우에는 계약상대자로 하여금 시행령 제37조 제2항에 따른 증권 또는 보증서를 제출하게 해야 한다.

③ 사례탐구

- 「정수기 관리비용」은 선금급으로 지출할 수 있는 경비가 아님에도 선지급했다.

- 보조사업자가 선금 지급 시 증권 또는 보증서를 징구하여 채권확보를 해야 함에도 이를 소홀히 했다.

4 중요재산

1 중요재산

보조사업자는 보조금으로 취득했거나 그 효용이 증가한 다음 자산을 「중요재산」으로 정의하고 관리하여야 한다(보조금법시행령 제15조, 지방보조금법시행령 제12조).

- 부동산과 그 종물(從物)
- 선박, 부표(浮標), 부잔교(浮棧橋: 부두에 방주를 연결하여 띄워서 수면의 높이에 따라 위아래로 자유롭게 움직이도록 한 잔교를 말한다) 및 부선거(浮船渠: 선박을 건조 또는 수리하거나 선박에 짐을 싣고 부리기 위한 설비를 말한다)와 그 종물
- 항공기
- 그 밖에 지방자치단체의 장이 보조금의 교부 목적을 달성하기 위하여 특별히 필요하다고 인정하는 재산

위에서 종물(從物)이란 물건의 소유가가 그 물건의 사용에 공하기 위하여 자기 소유인 다른 물건을 이에 부속하게 한 것으로서, 주유소와 주유기, 건물과 전화교환설비, 본채 건물과 떨어진 방·창고·주차장 등이 있다.

> **민법**
> **제100조(주물, 종물)** ① 물건의 소유자가 그 물건의 상용에 공하기 위하여 자기 소유인 다른 물건을 이에 부속하게 한 때에는 그 부속물은 종물이다.
> ② 종물은 주물의 처분에 따른다.

2 중요재산의 범위

중요재산은 보조사업 내용, 보조금액, 사업성격에 따라 범위가 달라질 수 있으며, 일률적으로 중요재산을 지정하기 어렵다. 따라서 보조금지원기관의 사업부서에서 보조금 교부 시 중요재산을 지정하여야 한다. 사업부서는 보조사업 종류·내용을 검토하여 미리 중요재산을 지정하거나, 각 보조사업 교부 시 교부조건으로 중요재산을 지정할 수 있다. 행정안전부의 「지방자치단체 정수관리 대상 주요물품 고시」를 참조하기도 한다.

[지방자치단체 정수관리 대상 주요물품]

구분	내용
차량 36종	미니버스, 버스, 일반승용차, 미니밴 또는 밴, 스포츠 유틸리티차량, 승용전기자동차, 덤프트럭, 화물트럭, 화물전기자동차, 구급차, 소방펌프차, 소방물탱크차, 소방화학차, 소방사다리차, 구조공작차, 배연차, 조연차, 무인방수탑차, 화재조사차, 지휘차, 제독차, 살수차, 저속전기자동차, 가드레일청소차, 제설차, 칼슘살포차, 조명차, 도로보수차, 노면청소차, 고소작업차, 분무기탑재차, 견인트럭, 쓰레기수거용트럭, 유개트럭, 탱크트럭, 발전차
전자·통신 8종	노트북컴퓨터, 구내교환장비, 비디오프로젝터, 구내방송장치, 비디오편집기, 영상정보디스플레이장치, 디지털캠코 또는 비디오카메라, 디지털비디오레코드
기타물품 15조	무인비행기, 무정전전원장치, 냉방기, 항온항습기, 냉난방기, 실험용세척기, 미량원심분리기, 건조캐비닛 또는 오븐, 실체현미경, 전자현미경, 신호발생기, 분광광도계, 기체크로마토그래프, 액체크로마토그래프, 고압증기멸균기 또는 소독기

중요재산을 정할 때, 취득가격 등 일정한 기준금액 이상인 재산에 대해서 중요재산으로 정하는 방법도 있을 수 있으며, 금액을 적용할 때에는 거래가격을 적용할 것인지,「지방세법」에서 규정한 시가표준액을 적용할 것인지에 대해서도 검토가 필요하다.「국고보조금 통합관리지침」제46조는 취득가액이 50만 원 이하이면 중요재산에서 제외하고 있으며, 지방세법도 취득가액이 50만 원 이하이면 취득세를 부과하지 않는 점을 참고할 만하다(지방세법 제17조).

3 중요재산 관리

보조사업자는 중요재산의 현재액과 증감을 명백히 하여야 하고, 그 현황을 보조금지원기관에게 보고하여야 한다. 보조금지원기관은 중요재산의 현황을 보조금시스템에 공시하여야 한다. 공시 기간은 최초공시일로부터 다음 기간동안 공시한다(국고보조금 통합관리지침 제46조).

- 부동산과 그 종물의 경우 10년
- 선박, 부표, 부잔교, 부선거와 그 종물의 경우 10년
- 항공기의 경우 10년
- 그 밖의 기계, 장비 등 중요재산의 경우 5년

중요재산의 관리대장은 다음과 같다.

[중요재산 관리대장]

사업명	보조사업자	취득재산명	규격 및 모델명	취득연도	단가(원)	수량	취득가액(원)	설치(시설)주소	변동내용

상세한 중요재산 관리대장은 다음과 같다.

보조금 중요재산 관리대장

1 중요재산 증감 현황
  ○ 부동산 (단위: 백만 원)

재산명	취득원가	취득년도	재산증감		현재액	소재지
			증가	감소		

<작성요령>
1. 재산명 : 토지, 건물 등 구체적인 재산내역 기재
2. 현재액 : 취득원가+재산증감

  ○ 동산 (단위: 백만 원)

재산명	취득원가	취득년도	규격 및 모델명	단가	수량	재산증감		현재액
						증가	감소	

<작성요령>
1. 재산명 : 버스, 승용차 등 구체적인 재산내역 기재
2. 규격 및 모델명이 같더라도 단가가 다른 경우 별도 항목으로 기재
3. 현재액 : 취득원가+재산증감

2 중요재산 처분 현황 (단위: 백만 원)

재산명	취득년도	현재액	처분내용	처분사유	승인일자

<작성요령>
1. 처분내용 : 양도, 교환, 대여, 담보의 제공 등 기재
2. 처분사유 : 단체장(보조사업부서)이 승인한 처분 사유를 구체적으로 기재
3. 승인일자 : 단체장(보조사업부서)이 승인한 일자

4 지방보조금지원 표지판 설치

보조사업자는 보조금지원기관의 보조사업임을 밝히는 표지판을 설치해야 한다. 충청남도의 경우 도비 5천만 원 이상이 포함된 지방 보조금을 지원받는 법인·단체는 지방보조금지원 표지판을 설치하도록 하고 있다.

> **국고보조금 통합관리지침**
> **제46조(중요재산의 보고 및 공시)** ⑤ 중앙관서의 장 또는 지방자치단체의 장은 보조사업자 및 간접보조사업자로 하여금 중요재산 취득가액 및 시기, 사용장소, 재정 지원 내용 등의 재산정보를 표기한 안내문 등을 부착하여 관리하게 할 수 있다.

> **충청남도 지방보조금지원 표지판 설치에 관한 조례 시행규칙**
> **제2조(지방보조금지원 표지판 설치대상의 범위 등)** ①「충청남도 지방보조금지원 표지판 설치에 관한 조례」(이하 "조례"라 한다) 제3조제2항에 따른 지방보조금지원 표지판(이하 "표지판"이라 한다) 설치 대상은 사업별로 도비 5천만 원 이상이 포함된 지방 보조금을 지원받는 법인 또는 단체(이하 "보조사업자"라 한다)로 한다.

 보조금을 지원받아 공사를 수행하는 보조사업자는 공사표지판을 공사현장에 설치하고, 보조금을 지원받아 시설을 건립한 보조사업자는 시설표지판을 설치한다. 그리고 보조금을 지원받아 사업을 운영하면 관리·운영 중인 시설에 운영표지판을 설치한다. 홍보(인쇄)물의 경우 보조금을 지원받아 제작되었음을 알 수 있도록 표시한다.

5 중요재산 처분 제한

보조사업자는 보조금으로 취득하거나 그 효용이 증가된 중요재산은 당해 사업을 완료한 후에 자치단체장의 승인 없이 임의로 처분할 수 없다. 여기서 「처분」이란 보조금의 교부 목적에 위배되는 용도에 사용, 양도, 교환 또는 대여 하거나 담보로 제공하는 것을 말한다(보조금법 제35조제3항). 이에 위반하여 중앙관서의 장의 승인 없이 중요재산에 대하여 금지된 행위를 하면 5년 이하의 징역 또는 5천만 원 이하의 벌금에 처한다(보조금법 제41조제3호).

다만, 보조금의 전부에 상당하는 금액을 반환하거나 보조금의 교부 목적과 해당 재산의 내용연수(조달청고시)를 감안하여 보조금지원기관이 정하는 기간을 경과한 경우에는 승인 없이 처분할 수 있다(지방보조금법 제21조제4항). 중요재산의 표준 내용연수는 다음과 같다.

[중요재산 표준 내용연수]

구분		내용연수
분류	대상	
부동산	철근콘크리트조 건축물 또는 강구조건축물	50년
	그 외의 건축물	35년
고가 동산 (5천만 원 이상)	선박, 항공기	30년
	차량	20년
	그 외 기계류 등	15년
기타 동산	위 대상에 포함되지 않는 동산	조달청 내용연수 +5년

(주1) 부동산 중 토지는 내용연수 적용을 받지 않는다.
[출처] 2024년도 예산 및 기금운용계획 집행지침.

6 부기등기

보조사업자는 중요재산 중 부동산에 대한 소유권 등기를 할 때 다음 사항을 표기 내용으로 하는 부기등기(附記登記)를 하여야 한다(보조금법 제35조의2제1항).

1. 해당 부동산은 보조금 또는 간접보조금을 교부받아 취득하였거나 그 효용가치가 증가한 재산이라는 사항
2. 보조금 또는 간접보조금의 교부 목적과 해당 부동산의 내용연수를 고려하여 중앙관서의 장이 정한 기간이 지나지 아니하였음에도 그 부동산을 보조금 또는 간접보조금의 교부 목적에 위배되는 용도에 사용, 양도, 교환, 대여 및 담보로 제공하려는 경우에는 중앙관서의 장의 승인을 받아야 한다는 사항

여기서 부기등기란 그 자체로서는 독립된 번호가 없고 기존의 주등기의 번호를 그대로 사용하고, 다만 이 주등기번호의 아래에 부기○호라는 번호를 붙여서 행하여지는 등기를 말한다. 부기등기가 표시된 등기부 예시는 다음과 같다.

[갑구] (소유권에 관한 사항)				
순위번호	등기목적	접수	등기원인	권리자 및 기타사항
1	소유권보존	일자 기재		소유자 기재
1-1	금지사항등기			이 부동산 건물은 보조금이 지원되어 있으며, ○○년○○월○○일까지는 보조금을 지원한 관할행정기관의 장의 승인없이 보조금의 교부목적에 위배되는 용도에 사용, 양도, 교환, 대여 및 담보의 제공을 할 수 없다. ○○년○○월○○일 부기

7 사례탐구

- 보조사업자가 보조사업으로 개량하여 취득한 선박의 기계·장비에 대하여 보조금 지원기관의 승인 없이 담보로 제공하여 대출을 받았다.

- 보조사업자가 보조사업으로 선박을 취득하면서 보조금을 지원받아 취득하였는데 부기등기를 하지 않았다.

- 어린이집 공기청정기 지원사업으로 공기청정기를 지원받은 어린이집의 폐원신고를 수리하여 폐원사실을 인지하였음에도 지원받은 공기청정기를 내용연수에 따라 현금반납하거나, 타 시설 등에 양도하여 재설치하도록 조치하지 않는 등 어린이집 공기청정기 사후관리를 부적정하게 하여 보조금으로 지원받은 공기청정기를 종사자들에게 무상양도하는 결과를 초래했다.

- 보조사업자는 군수에게 사전 변경보고 및 승인도 없이 감사일 현재까지 '마을 공동체○ 시설운용'이라는 보조금 교부결정 내용과 다르게 '주택임대' 용도로 목적 외 사용하고 있었으며, 이에 따른 임대수입 중 일부 금액을 마을공동운영 경비 등으로 집행하였지만, 감사일 현재까지 그 내역을 보고하지 않았는데도 ○과에서는 이에 대해 시정, 보조금 회수 등 필요한 조치를 하지 않는 등 '마을 공동체○' 사업 관리.감독을 소홀히 했다.

- (질의)민간자본보조금으로 차량을 취득 후(자동차등록명의:보조사업자) 내구연한 경과로 인하여 지자체의 승인을 받아 차량을 매각하고 다시 민간 자본보조금 및 자부담으로 신규 차량을 취득하였습니다. 이와 관련하여 양도 처분한 차량의 매각 대금 전부를 지자체로 반환하여야 하는 법적인 의무가 있는지 여부
⇒ 지방보조금으로 취득하거나 그 효용이 증가된 중요재산에 대한 처분 제한 기간의 기준은 해당 중요재산의 내용연수가 아니라 지방자치단체의 장이 정하는 기간이라 할 것이므로 질의하신 사안에서 지방보조금으로 취득한 중요재산에 대하여 지방자치단체의 장이 정한 처분 제한 기간이 도래하기 전에 지방자치단체의 승인을 받아 처분하는 경우에는 그 매각에 따른 수익금에 대하여 지방보조금의 교부 비율만큼 해당 지방자치단체로 반환하는 것이 타당할 것으로 사료되며, 지방자치단체의 장이 정한 처분 제한 기간이 지난 후에 처분하는 경우에는 그 매각에 따른 수익금은 지방보조사업자에게 귀속되는 것으로 보는 것이 타당하다.

제9장
수익과 부가가치세

1. 수익
2. 수입이자
3. 부가가치세 환급

1 수익

1 수익

보조금 교부결정 시 보조금 교부 목적 달성에 필요하다고 인정되는 조건을 붙일 수 있는데, 대표적인 것이 수익에 대한 조건이다. 보조사업에 의해 수익 발생이 예상되는 경우, 보조금의 교부 목적에 위배되지 않는 범위 내에서 수익금의 전부 또는 일부에 해당하는 금액을 직접 사용토록 하거나, 보조금지원기관에 반환하게 하는 조건을 붙일 수 있다.

보조금관리에 관한 법률
제18조(보조금의 교부 조건) ② 중앙관서의 장은 보조금의 교부를 결정할 때 보조사업이 완료된 때에 그 보조사업자에게 상당한 수익이 발생하는 경우에는 그 보조금의 교부 목적에 위배되지 아니하는 범위에서 이미 교부한 보조금의 전부 또는 일부에 해당하는 금액을 국가에 반환하게 하는 조건을 붙일 수 있다.

지방자치단체 보조금관리에 관한 법률
제9조(지방보조금의 교부 조건) ② 지방자치단체의 장은 지방보조금의 교부를 결정하는 경우 지방보조사업이 완료된 때에 그 지방보조사업자에게 상당한 수익이 발생하는 경우에는 그 지방보조금의 교부 목적에 위배되지 아니하는 범위에서 이미 교부한 지방보조금의 전부 또는 일부를 지방자치단체에 반환하게 하는 조건을 붙일 수 있다.

지방회계법
제25조(수입의 직접 사용 금지) 지방자치단체의 장, 그 보조기관 및 소속 행정기관은 그 관할 지방자치단체의 모든 수입을 지정된 수납기관에 내야 하며, 이 법 또는 다른 법률에서 달리 정하고 있는 경우를 제외하고는 직접 사용하여서는 아니 된다.

보조금 계좌는 1개 사업에 1개 계좌를 신규 개설하여 사용하지만, 보조사업 수행과정에서 수익금이 발생할 경우에 보조사업비와 구분하여 별도 계좌를 개설하여 관리한다(보조사업 실적보고서 및 정산보고서 작성지침 제7조).

2 수익 회계처리

수익은 대개 입장료 등 시설이용료에서 발행하며, 신용카드를 이용하기 때문에 가맹점수수료가 자동으로 차감된다. 그러나 가맹점수수료가 차감된 순액으로 회계처리 하면 안 되고, 가맹점수수료가 차감되기 전의 총액으로 회계처리한다.

> **지방재정법**
> **제34조(예산총계주의 원칙)** ① 한 회계연도의 모든 수입을 세입으로 하고 모든 지출을 세출로 한다.
> ② 세입과 세출은 모두 예산에 편입하여야 한다.

예를 들어 이용료 1,000원을 신용카드로 결제하면, 보조사업자 계좌에 카드수수료를 공제한 금액이 입금되는데, 이는 다음과 같이 회계처리한다.

[수익 회계처리 예시]

수익	이용료수익	1,000원
비용	수수료(카드 가맹점수수료)	20원
계좌입금금액		980원

제2부 집행실무

③ 과오납 반환

「반환」이란 빌리거나 차지했던 것을 되돌리는 것을 말한다. 즉, 세입예산에서 받아야 할 금액을 초과하여 받거나, 착오로 인해 과오납 했던 것을 되돌려 주는 것이다.

> **사회복지법인 및 사회복지시설 재무·회계규칙**
> **제27조(과오납의 반환)** 과오납된 수입금은 수입한 세입에서 직접 반환한다.

반환이 되면 동일 세입예산과목에서 마이너스(-) 수입처리한다. 예를 들어 ○○꿈터 이용료 1,000원을 5월 3일에 입금받았으나, 환불을 요청하였기에 반환했다면, 수입에서 (-)처리하며, 지출에 기입하지 않는다.

방법	일자	내용	수입	지출
올바른 처리 방법	2022. 4. 1.	이용료(홍길동)	1,000	
	2022. 4. 3.	이용료(유관순)	1,000	
	2022. 5. 3.	이용료(이순신)	1,000	
	2022. 5. 3.	이용료(이순신) 환불	-1,000	
	총액		2,000	
잘못된 처리 방법	2022. 4. 1.	이용료(홍길동)	1,000	
	2022. 4. 3.	이용료(유관순)	1,000	
	2022. 5. 3.	이용료(이순신)	1,000	
	2022. 5. 3.	이용료(이순신) 환불		1,000
	총액		3,000	3,000

4 인센티브(부수수익) 사적 사용 금지

신용카드나 인터넷쇼핑몰에서 적립한 포인트, 마일리지, 적립금, 할인쿠폰 등을 「인센티브 또는 부수수익」이라고 하며, 보조금 집행과정에서 발생한 인센티브는 수익으로 봐서 반환한다. 반환이 어려우면 구매에 직접 사용하거나 불우이웃돕기 등 공적인 행정용도로 사용한다. 회계검증을 위해서 구매에 직접 사용했거나 공적인 행정용도로 사용했다는 증빙을 남겨야 한다. 예를 들어 포인트를 12월에 물건을 구매할 때 포인트 사용으로 할인을 받아서 포인트를 0으로 만든 후, 포인트가 0으로 조회되는 화면을 캡쳐해 두어야 한다.

지방자치단체 회계관리에 관한 훈령
제120조(인센티브의 처리) ① 지방자치단체는 신용카드의 사용이나 금융기관 이용 등으로 인해 발생하는 포인트, 마일리지, 적립금 등(이하 "인센티브"라 한다)이 발생한 경우 개인적으로 사용할 수 없으며, 연 1회 이상 세입조치하여야 한다.
② 제1항 외에 대형할인점, 문구점 등에서 구매금액에 따라 인센티브가 적립되지만 세입조치가 불가능한 경우에는 구매에 직접 사용하거나 불우이웃돕기 등 공적인 행정용도에 사용하여야 한다.

2022 광주광역시교육청 지방보조금 예산편성 원칙 및 집행기준 매뉴얼
지방보조사업 정산
○ 사업추진실적 및 정산보고
 - 정산보고서 주요작성 자료 및 첨부자료
  ◦ 보조금 집행잔액 발생내역(잔액 발생시) 및 통장 이자발생 내역, 전용(체크)카드 사용으로 발생한 포인트 내역(이자 및 포인트 등 반환조치 필수)

「국고보조금 통합관리지침」 제19조의2는 보조사업비카드 사용으로 발생하는 캐시백 등 부수수익을 예탁기관이 보조사업자에게 배분하도록 하고 있으며, 다만 국고보조금에 해당하는 부수수익은 한국은행 계좌로 입금한다.

국고보조금 통합관리지침
제19조의2(보조사업비카드 부수수익의 배분 등) 예탁기관은 보조사업비카드 사용으로 발생하는 캐시백 등 부수수익을 보조사업 재원별 비율에 따라 해당 보조사업자에게 배분하여야 한다. 다만, 국고보조금에 해당하는 부수수익은 예탁기관이 기획재정부장관이 지정하는 한국은행 계좌로 입금한다.

5 사례탐구

- 민간위탁 수탁업체의 수익금에 대한 세입예산 편성
  민간위탁하고 있는 재활용품 선별장 수탁업체에서 재활용품 판매수익을 지방자치단체에 세입처리하지 않고 재활용품 선별장의 운영비용으로 사용했다.
  ⇒ 재활용품 판매수익을 민간위탁 수탁업체가 직접 사용한 것은 「지방회계법」 제25조의 「수입의 직접사용금지」에 위반한다.

- ○○축제추진위원회는 협찬수익금을 사전 승인 없이 행사 홍보비용으로 사용하였으며, 그 사용명세를 기재하지 않은 채 정산보고서를 제출했다.

- ○○협회는 보조사업을 수행함에 따라 발생한 수익금으로 ○○협회 지부장에게 인건비로 지급하는 등 자체적으로 사용했다.

- ○○센터를 운영하면서 매년 이용료 수익발생이 예상됨에도 이에 대한 수익금 사용계획을 별도로 세우거나 보조금 교부조건에 수익금의 사용 또는 반환을 명시하는 등의 조치를 취하지 않았다.

- 민간위탁사업의 수익 징수를 수탁기관에 위임하였으나, 징수된 수익에 대한 사용 규정이 협약서에 명기되지 않아서 수탁기관의 수입으로 편입되었다.

- 보조사업자가 보조사업 추진과정에서 용역계약을 맺었는데, 해당 용역을 위탁받은 업체에서 납기일을 준수하지 않아 지연배상금을 받았다.
  ⇒ 배상금은 지방보조사업을 수행함에 있어 발생한 금액이므로, 보조사업의 정산 시 수익에 포함하여 정산한다.

- ○○협의회 보조사업 과정에서 수익금의 발생이 예상되는데도, 수익금을 당해 보조사업 목적에 맞지 않게 사용할 경우 정산 시 이를 반환하게 하는 등의 조건을 붙이지 않은 채 교부결정하였다. 그 결과 협회에서 공연 행사 등을 추진하고 발생한 티켓판매 공연수익금 등 수익금을 관리하면서 당해 보조 사업 목적과 관계없이 협회 전 총장 개인 명의의 계좌로 인터넷 출금하여 용도를 알 수 없게 사용하는 등 보조사업 수익금 관리계좌에서 경상비 계좌나 자신 및 배우자 계좌로 이체 후 당해 보조사업 목적과 관계없이 경상비 용도 등으로 사용한 것이 확인되었는데도 보조금을 반환받을 수 없는 실정이다.

- ○○대회 등에 대해 민간행사사업보조금을 교부하면서 대회요강에 따라 참가비 수익금 발생이 충분히 예상됨에도 수익금에 대한 사용 및 반환의 조건을 붙이지 않고 보조금을 교부하였다. 또한 정산검사 시에도 수익금 발생내역, 보조사업의 목적대로 지출되었는지 여부 등을 철저히 확인하지 않고 정산검사를 완료하여 보조사업 수익금 ○○백만원은 행사비로 추가 집행되거나 집행내역이 확인되지 않는 실정이다.

- 폐차를 매각하여 발생한 수입금과 보험회사로부터 지급받은 사고보상금을 총수입에서 누락하면 안 됨에도 불구하고 누락했다.

- 보조사업자가 수익금이 ○○백만원이 발생할 것으로 사업계획서를 제출하였으나, 예산집행 세부내역에는 보조금으로 집행할 비목과, 수익금(자부담)으로 집행할 비목을 명시하지 않았으며, 실적보고서에도 수익금 발생 금액과, 집행내역을 제출하지 않았다.

- 보조사업자는 시상금을 보조사업에 따라 발생한 수익금으로 충분히 집행이 가능한데도 수익금은 자체 운영비로 사용하고, 자부담으로 집행하여야 할 시상금은 보조금으로 집행하는 등 '○○군 보조금 교부조건'을 위반하여 보조사업을 추진하였다. 그런데, ○○군 ○과에서는 수익금 규모와 사용처에 대한 확인도 없이, 정산을 확정하는 등 정산검사를 소홀히 한 사실이 있다.

2 수입이자

1 수입이자 반환

보조금을 계좌에 입금해 두면 수입이자가 발생한다. 보조금을 최초 교부받은 때부터 정산 후 집행잔액을 반납할 때까지 실제 발생한 모든 수입이자를 반환해야 한다(지방보조금관리기준 제18조).

e나라도움(예치형)의 경우 사용하는 계좌가 「예탁금계좌」와 보조사업자 「보조금계좌」가 있는데, 예탁금계좌에서 발생한 수입이자는 반환하고, 보조사업자 보조금계좌에서 발생한 수입이자는 자기부담금액에서 발생한 수입이자가 대부분이므로 반환하지 않는 것이 일반적이다. 그 밖의 경우는 보조금을 보조사업자 보조금계좌로 직접 받으므로, 수입이자를 반환한다.

수입이자를 계산하기 위해서, 이자율과 이자계산 대상기간을 정의해야 한다. 수입이자는 보조금을 최초에 교부받은 때부터 정산 후 집행 잔액을 반환할 때까지 실제 발생한 모든 이자를 포함한다. 반환이자 산정을 위한 이자율은 해당 계좌의 약정 금리를 적용하여 산정한다. 즉, 계좌에 찍힌 수입이자 금액을 반환하면 된다. 금리 약정이 없는 등 발생이자 산정이 곤란한 경우에는 「민법」 제379조의 법정이자율인 연 5%를 적용하여 산정한다.

> **국고보조금 통합관리지침**
> **제26조(보조사업 실적보고 및 집행잔액 등 반납)** ⑥ 보조사업자 등이 지방자치단체를 제외한 민간사업자인 경우로서 발생이자 산정이 곤란한 때에는 「민법」제379조의 법정이율인 연 5%를 적용한다.
>
> **민법**
> **제379조(법정이율)** 이자있는 채권의 이율은 다른 법률의 규정이나 당사자의 약정이 없으면 연 5분으로 한다.

해당 보조금계좌에서 실제로 발생하지 않은 이자에 대해서는 원칙적으로 반환을 요구할 수는 없으나, 이에 대해 보조금지원기관과 보조사업자 간 별도의 협약이 있는 경우는 그 협약한 기준을 적용하여 산정한다. 보조금 반환 기한을 경과한 경우, 이자 반환 기한을 경과한 날부터 실제 반환일까지의 이자는 보조금지원기관과 보조사업자 간 별도의 협약에 따르되, 별도의 협약이 없는 경우 「민법」에 따른 지연이자를 적용하여 산정한다.

요모조모 뜯어보기

일반적으로 계좌의 「계좌거래내역」의 잔액에 포함된 예금이자 금액으로 반환 대상 수입이자 금액을 산정합니다. 그러나 계좌거래내역에 아래와 같이 예금이자와 여기에서 공제하는 법인세와 지방세를 다 표시하는 경우(사례1)가 있고, 예금이자에서 법인세와 지방세를 차감한 순액만 표시하는 경우(사례2)가 있습니다. 그러나 비영리법인도 수입이자에 대한 법인세를 신고하면 법인세와 지방세를 돌려받게 되므로, 예금이자 총액을 보조금의 수익으로 설정해야 하지만, 비영리법인 대부분이 수입이자에 대한 법인세신고를 하지 않으므로, 법인세와 지방세를 차감한 순액을 보조금에 대한 수익으로 반환합니다. 즉, 계좌잔액에 포함되어 있는 금액을 반환합니다.

[계좌거래내역]

사례	일자	찾으신금액	맡기신금액	남은금액	거래내용
사례1	2021-12-25		49,611	94,544	예금이자
	2021-12-25	6,940		87,604	결산법인세
	2021-12-25	690		86,914	결산지방세
사례2	2021-12-25			41,981	예금이자

② 수입이자 계산사례

사례를 살펴보기 위해서 중앙행정기관이 충청남도청에 보조금을 교부했고, 충청남도청이 다시 사업자에게 교부하는 사업에서, 충청남도청이 사업자A와 사업자B에게 각 15억 원과 9억 원을 집행한 경우를 살펴보자. 이자율은 보통예금 이자율 2%를 적용하기로 약정했으며, 집행일자는 다음과 같다.

[이자계산 사례]

일자	금액	내용
2023년 1월 05일	25억	교부결정
2023년 1월 10일		교부(중앙행정기관 → 충청남도청)
2023년 2월 15일	15억	사업자A에게 집행(충청남도청 → 사업자A)
2023년 7월 10일	9억	사업자B에게 집행(충청남도청 → 사업자B)
2023년 12월 20일		보조사업 완료

위 사례에서 발생한 이자는 다음과 같다.

[충청남도청이 반납할 이자 금액]

기간	이자계산(원단위 절사)
1월 10일~2월 14일	25억 × 2% × 36/365 = 4,931,500원
2월 15일~7월 09일	10억 × 2% × 145/365 = 7,945,200원
7월 10일~12월 20일	1억 × 2% × 164/365 = 898,630원
반납할 이자 금액	13,775,330원

③ 사례탐구

- (질의)집행잔액이 0원으로 반납할 잔액이 없어도, 발생이자를 반납해야 하는지, 아니면 잔액에 대한 이자만 반납하면 되는지 여부?
  ⇒ 집행잔액이 0원으로 된 경우에도 발생한 이자가 있는 경우에는 발생한 이자를 반납하여야 한다.

- 보조금 전용계좌를 사용하지 않고 잔액이 남아 있는 기존 계좌에 보조금을 받아, 보조금 외의 예산과 혼합하여 사용하여 보조금 거래명세와 보조사업에 따른 이자발생액을 정확히 알 수 없도록 보조사업을 추진했다.

- 사업비가 아닌 예금결산이자를 사업비로 집행했다.

3 부가가치세 환급

1 부가가치세 납부세액과 환급세액

부가가치세는 회사가 재화나 용역을 공급할 때 매입자로부터 징수한 부가가치세에서 원재료나 상품 등을 공급받을 때 이미 징수당한 부가가치세를 **뺀** 차액을 납부하는 국세로서, 유통과정에서 생긴 부가가치에 대하여 최종소비자가 부담하는 일반소비세이다.

> **부가가치세 납부세액 = 매출세액 − 매입세액**
> **= (매출액 × 세율10%) − (매입액 × 세율10%)**

생산자가 제품을 500원에 팔면 도매업자로부터 부가세 50원을 더해서 550원을 받고, 별도의 매입금액이 없다고 하면 부가가치세 50원을 납부한다. 도매업자가 그 제품을 1,500원에 팔았다면 매출에 관련된 부가가치세 150원과 매입에 관련된 부가가치세 50원의 차액인 100원을 세무서에 납부한다. 소매업자가 소비자에게 2,000원에 팔았다면 매입 1,500원을 공제한 500원(부가가치)의 10%인 부가가치세 50원을 납부한다. 이와 같이 매출세액에서 매입세액을 공제한 차액을 납부하는 것을 「부가가치세 매입세액공제」라고 한다.

[부가가치와 부가가치세]

(단위: 원)

구분	생산자	도매업자	소매업자	합계
① 매출액	500	1,500	2,000	4,000
② 매입액	0	500	1,500	2,000
③ 부가가치=①-②	500	1,000	500	2,000
④ 부가가치세납부=③×10%	50	100	50	200

소비자는 매출이 없고 단지 2,000원을 소비할 뿐이어서 부가가치세 200원을 부담하는데, 이를 자신이 납부하는 것이 아니라, 물건값과 함께 판매자에게 주면 생산자가 50원, 도매업자가 100원, 소매업자가 50원을 납부한다. 즉, 부담은 최종소비자가 하고, 납부는 단계별로 각자의 부가가치금액에 따라서 납부한다. 부가가치세는 물건값에 포함되어 있으므로, 세금은 최종소비자가 부담하지만 직접 세무서에 부가가치세를 납부하는 사람은 사업자이다.

그러나 반대로 매출세액보다 매입세액이 더 크면 부가가치세를 환급받는다.

부가가치세 환급세액 = 매입세액 - 매출세액
= (매출액 × 세율10%) - (매입액 × 세율10%)

공제하는 매입세액은 사업자가 자기의 사업을 위하여 사용하였거나 사용할 목적으로 공급받은 재화 또는 용역에 대한 부가가치세액이다. 그러나 접대비나 비영업용 승용차 등의 부가가치세는 매출세액에서 공제하지 못한다.

부가가치세법
제39조(공제하지 아니하는 매입세액)
4. 사업과 직접 관련이 없는 지출로서 대통령령으로 정하는 것에 대한 매입세액
5. 「개별소비세법」 제1조제2항제3호에 따른 자동차(운수업, 자동차판매업 등 대통령령으로 정하는 업종에 직접 영업으로 사용되는 것은 제외한다)의 구입과 임차 및 유지에 관한 매입세액
6. 기업업무추진비 및 이와 유사한 비용으로서 대통령령으로 정하는 비용의 지출에 관련된 매입세액
7. 면세사업등에 관련된 매입세액(면세사업등을 위한 투자에 관련된 매입세액을 포함한다)과 대통령령으로 정하는 토지에 관련된 매입세액
8. 제8조에 따른 사업자등록을 신청하기 전의 매입세액.

2 부가가치세에 대한 회계처리

상품이나 제품을 판매하거나 서비스를 제공할 때 거래금액 외에 10%의 부가가치세(附加價値稅/value added tax)를 징수해서 국세청(세무서)에 납부한다. 즉, 상품, 제품 및 서비스를 파는 사람은 사는 사람으로부터 물품대금(공급가액) 이외에 10%의 부가가치세를 추가로 징수하고, 소비자로부터 받은 부가가치세를 「부가가치세예수금」으로 회계처리 한다. 따라서 소비자로부터 받는 매출채권은 상품가격의 110%가 된다. 이를 회계처리하면 다음과 같다.

```
(차)  매출채권      330,000  /  (대)  매출액            300,000
                                      부가가치세예수금    30,000
(차)  현금          330,000  /  (대)  매출채권          330,000
```

영리법인이 상품을 매입하면 재고자산과 부가가치세대급금이 늘고 매입채무가 발생한다. 그리고 부가가치세예수금과 부가가치세대급금의 차액을 국세청에 납부하거나, 대금금이 예수금보다 크면 차액을 환급받는다.

```
(차)  소모품비         300,000  /  (대)  매입채무    330,000
      부가가치세대급금   30,000
```

그러나 비영리법인은 부가가치세 납부나 환급의 개념이 없으므로, 부가가치세를 합한 금액을 비용으로 회계처리한다.

```
(차)  소모품비    330,000  /  (대)  매입채무    330,000
```

③ 영리법인이 부가가치세를 제외하고 사업비를 지급하는 방법

영리법인이 보조사업자가 되면, 부가가치세를 사업비로 집행하지 못한다. 영리법인은 부가가치세를 환급받기 때문이다. 따라서 영리법인은 부가가치세를 자기부담금으로 처리하는 것이 일반적이다. 그러나 일부 사업은 부가가치세를 자기부담금으로 인정하지 않는 경우도 있으므로 유의해야 한다. e나라도움에서 영리법인이 부가가치세를 제외하고 사업비를 집행하는 방법은 다음과 같다.

사업비에 부가가치세가 제외된 경우

사업비에 부가가치세가 제외되어서, 보조사업자가 부담해야 하는 경우이다. 공급가액은 보조금으로 집행하고 부가가치세는 자기 계좌에서 집행한다. ①e나라도움에서 공급가액을 거래처 계좌로 직접 이체하고 부가가치세는 보조사업자가 자기 계좌에서 거래처 계좌로 이체하거나, ②보조금을 자기 계좌로 받아서 부가가치세를 더해서 거래처 계좌로 이체한다. e나라도움은 세금계산서 데이터를 받아서 화면에 그대로 보여주므로, 부가가치세와 집행총액을 수정해야 한다.

사업비에 부가가치세가 포함된 경우

사업비는 보조금과 자기부담금으로 구성되는데, 자기부담금에 부가가치세가 포함된 경우이다. 공급가액은 보조금으로 집행하고, 부가가치세는 자기부담금으로 집행한다. e나라도움은 세금계산서 데이터를 받아서 화면에 그대로 보여주므로, 부가가치세와 집행총액을 수정해야 한다. 부가가치세를 자기부담금으로 집행하지 않고 보조금으로 지급했으면, 집행취소를 통해서 복원하고 다시 집행해야 한다.

4 영리법인의 부가가치세 환급은 수익인가?

고유번호증이나 면세사업자용 사업자등록증을 발급받은 비영리법인은 부가가치세가 부과되는 과세사업을 수행하지 않으므로, 부가가치세 납부세액도 없고 환급세액도 없다. 그러나 영리법인이 보조사업을 수행하면, 「부가가치세 매입세액 공제」를 받으므로 부가가치세 환급대상이 되는 부가가치세는 보조사업비로 지출하지 못한다. 재원과 관계없이 거래를 기준으로 부가가치세 여부를 판단하기 때문이다.

따라서 보조사업을 비영리법인·단체가 수행하면 사업비에 부가가치세 매입세액을 포함하고, 영리법인이 수행하면 사업비에 「환급대상 부가가치세」를 불포함하는 것이 일반적이다. 부가가치세 환급금액만큼을 보조사업자의 수익으로 보기 때문이다. 이때 실제 환급받았는지와 관계없이 환급받을 수 있는 부가가치세는 보조사업비로 지출하지 못한다.

그러나 「지방보조금 관리기준」 제19조제2항은 「지방보조사업 시행으로 발생한 부가가치세 환급금 등」이라고 정의함으로써, 환급이 「발생」해야만 수익으로 계상하도록 했다.

지방보조금 관리기준
제19조(지방보조사업 실적보고 및 집행잔액 등 반납) ② 지방보조사업 시행으로 발생한 부가가치세 환급금 등은 세외수입으로 계상하는 것을 원칙으로 한다. 다만 부가가치세 환급금을 동일한 사업에 재투자 하고자 할 경우에는 그 내역을 명확히 하여 사업계획에 미리 반영하거나 사업계획을 변경하여 사용할 수 있다

고용노동분야 국고보조사업 관리규정
제16조(보조금 사용기준) ⑧ 보조사업자가 부가가치세, 관세 등 사후환급이나 공제 받을 수 있는 금액은 집행금액에서 제외함을 원칙으로 하되, 세무당국이 사후환급이 불가함을 인정하는 경우에는 예외로 한다.

보건복지부소관 국고보조금 관리규정
제14조(보조금 사용기준) ⑤ 보조사업자등이 부가가치세, 관세 등 사후환급이나 공제 받을 수 있는 금액은 집행금액에서 제외한다. 다만, 세무서 등이 사후환급이 불가하다고 하는 경우에는 집행금액에 포함한다.

국토교통 보조사업 관리규정
제16조(보조금 사용기준) ⑤ 보조사업자 등이 부가가치세, 관세 등 사후환급이나 공제 받을 수 있는 금액은 집행금액에서 제외한다. 다만, 세무서 등이 사후환급이 불가하다고 하는 경우에는 집행금액에 포함한다.

국가연구개발사업 연구개발비 사용 기준
제21조(연구개발비 공통 계상기준) ④ 연구개발기관의 장은 연구개발비로 다음 각 호에 해당하는 비용을 계상하여서는 아니 된다.
  1. 환급받을 수 있는 관세, 부가가치세 등에 해당하는 금액(실제 환급받지 아니한 경우에도 해당한다)

제2부 집행실무

보조사업자가 부가가치세 공제 사업자인 경우와 불공제 사업자인 경우에 각각 부가가치세를 처리하는 방법을 정리하면 다음과 같다.

[부가가치세 처리 방법]

구분	부가가치세 공제 사업자	부가가치세 불공제 사업자
사업자 유형	①일반 과세 사업자 ②간이과세자 중 연간 공급대가가 4,800만 원 이상	①면세사업자, 또는 과세·면세 겸영사업자로서 면세사업을 위하여 보조금을 받는 경우 ②고유번호증 ③간이과세자 중 연간 공급대가가 4,800만 원 미만
원칙	사후 공제·환급 가능한 부가가치세 등은 보조금으로 지급 불가	부가가치세 등을 보조금으로 지급 가능
교부신청	부가각치세를 제외한 공급가액만으로 예산 편성	부가가치세를 포함해서 예산 편성 (부가가치세 등 불공제 예정 확인서 제출)
집행	부가가치세는 자기부담으로 집행	부가가치세를 포함하여 집행
정산	카드 사용 등 부가가치세를 사전에 불리하는 것이 불가능한 경우, 부가가치세를 비용으로 불인정	부가가치세를 포함하여 정산(다음 연도에 부가가치세 확정신고서 제출)
매입세액 공제	가능 (보조금으로 지출한 내역도 매입세액공제 가능)	불가능

부가가치세 불공제 사업자에게 아래와 같은 「부가세 등 미환급(또는 불공제) 예정 확인서」를 받기도 한다.

기관명		사업자번호(고유번호)	
사업장 주소		대표자	
사업명			
사업기간			
사업비 집행 매입부가가치세 불공제/미환급 사실 확약서			

본 ○○○협회는 상기 국가사업비 사업 수행에서 지출하는 매입에 있어서 발생하는 부가가치세법에 따른 매입부가가치세에 대하여 다음의 사유로 부가가치세 신고시 납부 매출부가가치세액에서 공제 또는 매입부가가치세 환급 신청하지 않고 있음을 첨부의 부가가치세 신고서와 같이 확인합니다.

[매입세액 불공제 사유]

첨부. 1기 또는 2기 부가가치 확정신고서 (매입처별 합계표 포함)

2024년   월   일

단체/개인명:
대표자 성명: ㊞

또는 정산 시에 다음과 같은 부가가치세 등 환급(공제) 신고서를 제출하기도 한다(2024 국민체육진흥기금 보조금 사용 및 정산 기준 안내서).

<u>부가세 등 환급(공제) 신고서</u>

우리 기관은 ○○년도 기금지원사업(사업명: ○○○) 수행에 있어 관세, 부가세 등 사후 환급이나 공제가 예상되는 금액에 대해 아래와 같이 신고합니다.

	구분	선택(○)	비고
①	사후 환급이나 공제 받지 않음		
②	사후 환급이나 공제가 예상됨		○ 환급액( ) ○ 공단에 세부내역 보고

2024년   월   일

보조사업자: ○○○   실무책임자: ○○○   (서명)

5 민간위탁에 의한 재화·용역공급은 부가가치세 과세대상인가?

국가·지방자치단체가 공급하는 재화·용역은 부가가치세를 면제한다. 그러나 우정사업, 철도, 부동산임대, 의료보건 등은 부가가치세를 과세한다.

> **부가가치세법**
> **제26조(재화 또는 용역의 공급에 대한 면세)** ① 다음 각 호의 재화 또는 용역의 공급에 대하여는 부가가치세를 면제한다.
> 19. 국가, 지방자치단체 또는 지방자치단체조합이 공급하는 재화 또는 용역으로서 대통령령으로 정하는 것
>
> **부가가치세법 시행령**
> **제46조(국가, 지방자치단체 또는 지방자치단체조합이 공급하는 재화 또는 용역으로서 면세하는 것의 범위)** 법 제26조제1항제19호에 따른 국가, 지방자치단체 또는 지방자치단체조합이 공급하는 재화 또는 용역은 다음 각 호의 재화 또는 용역을 제외한 것으로 한다.
> 1. 「우정사업 운영에 관한 특례법」에 따른 우정사업조직이 제공하는 다음 각 목의 용역
> 2. 「철도의 건설 및 철도시설 유지관리에 관한 법률」에 따른 고속철도에 의한 여객운송용역
> 3. 부동산임대업, 도매 및 소매업, 음식점업·숙박업, 골프장 및 스키장 운영업, 기타 스포츠시설 운영업. 다만, 다음 각 목의 어느 하나에 해당하는 경우는 제외한다.
> 4. 다음 각 목의 어느 하나에 해당하는 의료보건 용역

그러나 위 사례는 국가·지방자치단체가 「직접」 공급할 때에 한해서 부가가치세가 면세되는 것이며, 민간위탁을 받은 단체가 자신의 명의와 계산으로 제3자에게 재화·용역을 공급한 경우는 부가가치세를 과세한다.

지방자치단체로부터 그 시설의 관리 및 운영에 관하여 위탁을 받은 수탁자가 수탁자의 책임과 계산으로 용역을 공급하는 경우 당해 용역의 공급에 대하여는 수탁자가 납세의무자가 되는 것이며, 지방자치단체의 책임과 계산으로 용역을 공급하는 경우에는 당해 용역의 공급에 대하여는 위탁자인 지자체가 납세의무자가 된다. 따라서 수탁회사가 위·수탁 협약서에 따라 사업을 지방자치단체로부터 수탁해서 수행함에 있어서, 필요한 예산을 모두 지방자치단체의 부담으로 하여 예산을 받아 집행하고 집행잔액을 지방자치단체에 반환하면 지방자치단체의 명의와 계산으로 수행하는 것으로 볼 수 있으므로 부가가치세를 면제한다.

> **세법해석례 부가가치세과-129 (2014.02.17.)**
> [제목]
> 지방자치단체의 위탁을 받아 운영하는 사업자의 부가가치세 과세표준의 범위
> [답변내용]
> 지방자치단체로부터 그 시설의 관리 및 운영에 관하여 위탁을 받은 수탁자가 수탁자의 책임과 계산으로 용역을 공급하는 경우 당해 용역의 공급에 대하여는 수탁자가 납세의무자가 되는 것이며, 수탁자가 자기의 책임과 계산으로 하지 아니하고 지방자치단체의 책임과 계산으로 용역을 공급하는 경우에는 당해 용역의 공급에 대하여는 위탁자인 지방자치단체가 납세의무자가 되는 것으로서, 귀 질의의 경우 수탁회사가 「◎◎글로벌문화관광센터 관리·운영 위·수탁 협약서」에 따라 사업을 ◎◎시로부터 위탁받아 수행함에 있어 해당 사업에 필요한 예산을 모두 ◎◎시의 부담으로 하여 ◎◎시의 승인을 받아 ◎◎시 예산에서 지출하고, 사업에서 발생한 수입금 전액을 ◎◎시가 지정하는 계좌에 입금하여 해당 사업이 ◎◎시의 명의와 계산으로 수행되는 것으로 볼 수 있는 경우 당해 용역의 공급에 대하여는 「부가가치세법」 제26조제1항제19호 및 같은 법 시행령 제38조에 따라 부가가치세를 면제하는 것이며, 이 경우 수탁회사가 위·수탁 계약에 의하여 용역의 공급을 대행하고 그 대가로 수수료를 받는 경우 당해 수수료에 해당하는 금액이 부가가치세 과세표준이 되는 것입니다.

그러나 수탁회사가 용역의 공급을 대행하고 그 대가로 수수료를 받는 경우 당해 수수료에 대해서 부가가치세를 납부해야 한다. 다음과 같이 여행업을 영위하는 사업자가 지방자치단체의 사무에 대하여 위·수탁 협약을 체결하여 위탁된 사무를 이행하고 지방자치단체의 보조금을 재원으로 한 위탁사업비를 지급받는 경우, 해당 위탁사업비는 부가가치세 과세표준에 포함된다.

세법해석례 부가가치세과-135 (2010.02.02.)

[제목]
민간위탁보조금이 부가가치세 과세표준에 포함하는지 여부

[답변내용]
- 우리 시는 ○○시 사무의 민간위탁촉진 및 관리 조례 제4조에 의거 2009년부터 시티투어 사업을 민간여행사와 위.수탁 협약 후, 위탁사업비 85,000천원을 ○○시 보조금관리조례 제6조의 규정에 의하여 보조금으로 여행사에 지급함
- 여행사는 이용객에게 1인당 2,000원의 요금을 받으며, 당해 요금은 시티투어 사업 운영에 따른 제 경비로 지출하여야 하며, ○○시로부터 받는 보조금 또한 버스 임차비, 홍보비, 기타 경비 등 사업수행을 위한 운영비로 사용하여야 함
- 한편 이용객으로부터 받은 요금과 ○○시로부터 받는 보조금 중 운영비로 집행한 잔액을 ○○시 세외수입으로 반납하여야 함
- 여행업을 영위하는 사업자가 지방자치단체의 사무에 대하여 위·수탁 협약을 체결하여 위탁된 사무를 이행하고 지방자치단체의 보조금을 재원으로 한 위탁사업비를 지급받는 경우 해당 위탁사업비는 부가가치세 과세표준에 포함되는 것임

6 민간위탁 손실 지원금은 부가가치세 과세대상인가?

지방자치단체 주민편익시설의 관리운영권을 포괄적으로 위탁받아 운영하는 사업자가 관리용역의 대가로 정산손실에 대한 지원금을 지원받는 경우가 종종 있다. 이때 해당 지원금은 부가가치세 과세대상에 포함되지 않는 국고보조금 등에 해당하지 않아서 부가가치세 과세대상이며, 따라서 세금계산서를 발행해야 한다.

사전답변 법규부가2011-526
[요지]
지방자치단체의 주민편익시설의 관리운영권을 포괄적으로 위탁받아 운영하는 사업자가 관리용역의 대가로 정산손실에 대한 지원금을 지급받는 경우 해당 지원금은 과세표준에 포함되지 아니하는 국고보조금 등에 해당하지 아니함.(과세표준에 포함)
[답변내용]
귀 세법해석 사전답변 신청의 사실관계와 같이 신청인이 AA시 주민편익시설(스포츠센터)을 포괄적으로 위탁받아 관리용역을 공급하고 AA시로부터 정산손실의 일정비율을 지원금 명목으로 받는 경우 해당 지원금은 주민편익시설 위탁관리용역에 대한 대가로서 「부가가치세법」제13조제2항제4호의 과세표준에 포함되지 아니하는 국고보조금 등에 해당하지 아니하는 것입니다.

질의회신 서면-2021-부가-3765
[제목]
지방자치단체의 공공체육시설을 관리·운영하고 받는 지원금의 부가가치세 공급가액 포함 여부
[요지]
사업자가 지방자치단체의 공공체육시설을 위탁운영하면서 발생한 손실의 일부를 지원금으로 받는 경우 해당 지원금은 공공체육시설 위탁운영에 대한 대가로서 부가가치세 공급가액에서 제외하는 국고보조금 등에 해당하지 않는 것임

그러나 손실을 보전해 줄 뿐만 아니라 수익이 발생할 때 그 수익을 일정 비율대로 지방자치단체가 가져간다면 이를 투자행위로 봐서 부가가치세를 부과하지 않는 사례도 있다.

7 사례탐구

- 「○○공동육묘장 설치사업」으로 비닐하우스 설치공사(5천만 원) 후 농기자재에 대한 환급금(5백만 원)을 공제하지 않고 정산했다. 농기자재(비닐하우스용 비닐, 파이프 등)는 부가가치세를 환급받는다.

- 부가가치세 환급품목인 포장박스 등을 구입하였으나 사업비에서 부가가치세 환급액을 공제하지 않고 정산 처리했다.

- 부가가치세 납부세액 계산 시 매출세액에서 이미 공제받거나 공제받을 예정인 부가가치세 매입세액의 공제액을 용역사업비에 포함한 정산서류를 보조금지원기관에 제출하였는데도, 보조금지원기관이 정산 시 부가가치세 매입세액의 공제액 포함 여부를 제대로 검토하지 않고 그대로 정산처리했다.

- 보조사업자는 일반과세사업자로서 수입예산에 대해서 면세항목을 제외하고는 10%의 부가가치세를 포함하여 편성하고 있고, 지출 및 구입비용에 포함되어 있는 매입세액에 대해서는 납부세액에서 공제를 받고 있다. 따라서 매입세액공제를 받는 부가가치세에 해당하는 금액은 세출예산에 포함되어서는 안 되며, 환급 후 보조금지원기관에 반환해야 한다.

- 보조사업자는 관련 사업의 세금계산서 및 신용카드사용액 등은 수탁법인의 사업자번호로 발급받고 있으며, 해당 세금계산서 및 신용카드사용액 등은 ○○종합지원센터 운영 사업 외에 수탁법인의 다른 수익사업과 관련한 부가가치세 신고 시 매입세액 공제를 받고 있다. 목적사업(민간위탁사업)을 위해 발생한 세금계산서 및 신용카드 사용액 등은 수탁법인의 자체 수익사업과는 관련이 없는 매입액이므로 부가가치세 신고 시 관련 매입세액은 불공제 되어야 한다.

- 보조사업의 시행으로 발생한 부가가치세 환급금 등은 보조사업자의 세외수입으로 계상한 후 정산 시 보조금지원기관에 반납하는 것을 원칙으로 하고 있으나, 보조사업자는 보조사업과 관련된 세금계산서 매입액을 보조사업 세출처리하고 보조사업자의 매입세액으로 공제하여 보조사업자에 환급액이 귀속되었다.

제10장
보조금 회계처리

1. 회계기준
2. 공익법인 회계처리
3. 외감기업 회계처리-통합시스템○
4. 외감기업 회계처리-통합시스템×
5. 일반기업 회계처리

1 회계기준

우리나라의 회계기준은 상법에서부터 시작되었다. 상법은 일반적으로 공정·타당한 회계관행을 따르도록 하고 있으며, 상법시행령은 이를 「주식회사 등의 외부감사에 관한 법률」에서 정의하도록 한다.

> **상법**
> **제446조의2(회계의 원칙)** 회사의 회계는 이 법과 대통령령으로 규정한 것을 제외하고는 일반적으로 공정하고 타당한 회계관행에 따른다.
>
> **상법시행령**
> **제15조(회계 원칙)** 법 제446조의2에서 "대통령령으로 규정한 것"이란 다음 각 호의 구분에 따른 회계기준을 말한다.
> 1. 「주식회사 등의 외부감사에 관한 법률」 제4조에 따른 외부감사 대상 회사: 같은 법 제5조제1항에 따른 회계처리기준
> 2. 「공공기관의 운영에 관한 법률」 제2조에 따른 공공기관: 같은 법에 따른 공기업·준정부기관의 회계 원칙
> 3. 제1호 및 제2호에 해당하는 회사 외의 회사 등: 회사의 종류 및 규모 등을 고려하여 법무부장관이 중소벤처기업부장관 및 금융위원회와 협의하여 고시한 회계기준

따라서 구체적으로 회계기준을 정의하는 것은 「주식회사 등의 외부감사에 관한 법률」이며, 여기에서 한국회계기준원이 제정한 「한국채택국제회계기준(K-IFRS)」과 「일반기업회계기준」을 정의한다.

> **주식회사 등의 외부감사에 관한 법률**
> **제5조(회계처리기준)** ① 금융위원회는 「금융위원회의 설치 등에 관한 법률」에 따른 증권선물위원회(이하 "증권선물위원회"라 한다)의 심의를 거쳐 회사의 회계처리기준을 다음 각 호와 같이 구분하여 정한다.
> 1. 국제회계기준위원회의 국제회계기준을 채택하여 정한 회계처리기준
> 2. 그 밖에 이 법에 따라 정한 회계처리기준

제10장 보조금 회계처리

그러나 우리나라의 모든 기업이 K-IFRS를 적용하는 것은 아니다. 주식회사 가운데 상장기업은 K-IFRS를 적용하며, 비상장기업 중 외부감사를 받는 회사는 K-IFRS 이전에 사용하던 K-GAAP을 준용하여 만든 「일반기업회계기준」을 적용한다. 외부감사 대상이 아닌 회사는 적용이 쉬운 「중소기업회계기준」을 적용한다. 소상공인은 중소기업회계기준을 따를 의무는 없으나, 대개 이를 준용해서 회계처리 한다. 그러나 이상의 세 가지 회계기준은 영리법인에 적용하는 것이고, 비영리법인은 회계기준에 차이가 크므로, 비영리법인 가운데 규모가 큰 공익법인은 별도로 마련한 기획재정부의 「공익법인회계기준」을 따르도록 했다.

[우리나라에서 주식회사 유형별로 적용되는 회계기준]

회계기준	적용대상	제정주체 및 법령
K-IFRS (한국채택국제회계기준)	주권상장법인 및 금융회사	한국회계기준원 [주식회사 등의 외부감사에 관한 법률]
일반기업회계기준	외부감사대상 주식회사	
중소기업회계기준	외부감사 대상 이외의 주식회사	법무부 [상법]
공익법인회계기준	공익법인	기획재정부

법인세법도 「일반적으로 공정·타당하다고 인정되는 기업회계기준」을 적용하도록 규정하여, 위 회계기준을 따르도록 했다.

> **법인세법**
> **제43조(기업회계기준과 관행의 적용)** 내국법인의 각 사업연도의 소득금액을 계산할 때 그 법인이 익금과 손금의 귀속사업연도와 자산·부채의 취득 및 평가에 관하여 일반적으로 공정·타당하다고 인정되는 기업회계기준을 적용하거나 관행(慣行)을 계속 적용하여 온 경우에는 이 법 및 「조세특례제한법」에서 달리 규정하고 있는 경우를 제외하고는 그 기업회계의 기준 또는 관행에 따른다.

2 공익법인 회계처리

① 공익법인

영리기업이 아닌 공익법인은 기획재정부의 「공익법인회계기준」을 적용한다. 공익법인의 범위는 다음과 같다.

> **상속세 및 증여세법 시행령**
> **제12조(공익법인등의 범위)** 법 제16조제1항에서 "대통령령으로 정하는 사업을 하는 자"란 다음 각 호의 어느 하나에 해당하는 사업을 하는 자(이하 "공익법인등"이라 한다)를 말한다. 다만, 제9호를 적용할 때 설립일부터 1년 이내에 「법인세법 시행령」 제39조제1항제1호바목에 따른 공익법인등으로 고시된 경우에는 그 설립일부터 공익법인등에 해당하는 것으로 본다.
> 1. 종교의 보급 기타 교화에 현저히 기여하는 사업
> 2. 「초·중등교육법」 및 「고등교육법」에 의한 학교, 「유아교육법」에 따른 유치원을 설립·경영하는 사업
> 3. 「사회복지사업법」의 규정에 의한 사회복지법인이 운영하는 사업
> 4. 「의료법」에 따른 의료법인이 운영하는 사업
> 8. 「법인세법」 제24조제2항제1호에 해당하는 기부금을 받는 자가 해당 기부금으로 운영하는 사업
> 9. 「법인세법 시행령」 제39조제1항제1호 각 목에 따른 공익법인등 및 「소득세법 시행령」 제80조제1항제5호에 따른 공익단체가 운영하는 고유목적사업. 다만, 회원의 친목 또는 이익을 증진시키거나 영리를 목적으로 대가를 수수하는 등 공익성이 있다고 보기 어려운 고유목적사업은 제외한다.
> 10. 「법인세법 시행령」 제39조제1항제2호다목에 해당하는 기부금을 받는 자가 해당 기부금으로 운영하는 사업. 다만, 회원의 친목 또는 이익을 증진시키거나 영리를 목적으로 대가를 수수하는 등 공익성이 있다고 보기 어려운 고유목적사업은 제외한다.

2 공익법인의 공익목적사업수익

공익법인회계기준 제25조(사업수익)은 사업을 「공익목적사업」과 「기타사업」으로 구분하고, 사업수익도 「공익목적사업수익」과 「기타사업수익」으로 구분한다. 또한 공익목적사업수익은 공익법인의 특성을 반영하여 기부금수익, 보조금수익 및 회비수익으로 구분한다. 공익법인의 운영성과표는 다음과 같이 보조금수익을 사업수익으로 표시한다.

운 영 성 과 표

제×기 20××년×월×일부터 20××년×월×일까지
제×기 20××년×월×일부터 20××년×월×일까지

공익법인명   (단위: 원)

과　　　　　목	통합	공익목적사업	기타사업
사업수익	×××	×××	×××
기부금수익	×××	×××	-
보조금수익	×××	×××	-
회비수익	×××	×××	-
투자자산수익	×××	×××	-
매출액	×××	×××	-
……	×××	×××	-
사업비용			
사업이익			
사업외수익			
사업외비용			
고유목적사업준비금전입액			
고유목적사업준비금환입액			
법인세비용차감전 당기운영이익(손실)			
법인세비용			
당기운영이익(손실)			

③ 공익법인의 보조금수익 인식

보조금은 정부·지방자치단체·공공기관이 사업을 지원하기 위해 직접적인 반대급부 없이 지급하는 것이며, 기부는 자선사업이나 공공사업을 돕기 위하여 돈이나 물건 따위를 반대급부 없이 제공하는 것을 말한다. 따라서 정부나 지방자치단체 및 공공기관으로부터 지급받는 보조금은 공익법인이 정부외 기관 및 개인으로부터 수령하는 기부금과 차이가 없다. 따라서 공익법인회계기준은 보조금과 기부금을 동일하게 회계처리하며, 이에 따라서 공익법인은 일반기업회계기준과 같이 보조금을 비용과 상계처리하지 않고 보조금수익으로 표시한다. 공익법인은 보조금수익이 대부분인데, 이를 비용과 상계하면 운영성과표에서 많은 비용이 상계되어 왜곡된 정보를 제공할 수 있기 때문이다.

또한 보조금도 기부금과 동일하게 현금이나 현물을 실제 지급받는 시점에 보조금수익으로 인식하여야 하고, 해당 보조금이 기본순자산에 해당하면 사업수익으로 인식하지 않고 기본순자산의 증가로 인식한다. 보조금 회계처리에 대한 공익법인회계기준과 일반기업회계기준의 차이를 요약하면 다음과 같다.

[공익법인회계기준과 일반기업회계기준의 보조금 회계처리 비교]

보조금 구분	공익법인회계기준	일반기업회계기준
자산취득관련	수익인식	관련자산에서 차감표시
자산(기본순자산) 취득관련	기본순자산 인식	
수익관련	수익인식	수익인식
비용보전	수익인식	수익인식 또는 비용차감

[출처] 기획재정부(2018), 공익법인회계기준 실무지침서.

이때 보조금은 정부·지방자치단체로부터 직접 받는 보조금뿐만 아니라, 상위보조사업자인 공공기관·공익법인으로부터 받는 보조금도 모두 포함한다.

이번에는 보조금에 대한 회계처리를 살펴보자.

- 2×24년 12월 2일 문화체육관광부로부터 3억 원의 운영자금과 충남도청으로부터 건물(공정가치 5억 원)을 보조금으로 받기로 협약을 체결했다. 2×25년 2월 3일 3억 원의 운영자금을 실제로 지급받았으며, 2×25년 3월 3일 건물을 지급받았는데 이 건물은 사용이나 처분에 주무관청의 허가 등 제약이 있는 자산이다. 이 거래를 회계처리 하시오(공익법인회계기준 실무지침서).

2×24년 12월 2일				
회계처리 없음				
2×25년 2월 3일				
(차) 예금	300,000,000	/	(대) 보조금수익	300,000,000
2×25년 3월 3일				
(차) 건물	500,000,000	/	(대) 기본순자산	500,000,000

제2부 집행실무

3 외감기업 회계처리 - 통합시스템

앞에서 살펴본 바와 같이, 회계기준은 크게 ①상장기업에 대한 K-IFRS, ②외부감사 대상 기업에 대한 일반기업회계기준, ③외부감사 대상이 아닌 기업에 대한 중소기업회계기준이 있다. 보조금에 대한 회계기준은 ①과 ②가 차이가 없으므로, 여기에서 함께 살펴본다. 예제는 한국산업기술평가관리원(2019)의 「산업기술혁신사업 R&D 정부출연금 회계처리 guideline」을 수정해서 사용했는데, 동 guideline은 정부출연금에 대한 회계처리이지만 이를 보조금으로 수정해서 사용했다.

보조금 집행은 e나라도움을 사용해야 하고, 연구개발을 위한 정부출연금 집행은 Ezbaro(과학기술정보통신부)나 RCMS(산업통상자원부)를 사용해야 한다. 이때 시스템에 가상의 과제계좌가 설정되고 집행 시에 보조사업자 계좌로 입금이 되므로, 통합시스템을 사용할 경우와 그렇지 않은 경우의 회계처리가 달라진다. 통합시스템을 사용하는 경우가 일반적이기 때문에, 먼저 통합시스템을 사용하는 경우의 회계처리에 대해서 살펴보자.

1 회계기준

외부감사를 받는 기업이 상장기업이면 한국채택국제회계기준(K-IFRS) 제1020호(정부보조금의 회계처리와 정부지원의 공시)를 적용하고, 상장기업이 아니면 일반기업회계기준 제17장(정부보조금의 회계처리)을 적용한다. 일반기업회계기준 제17장(정부보조금의 회계처리)은 정부보조금에 대한 회계처리기준을 다음과 같이 정의하며, 한국채택국제회계기준(K-IFRS) 제1020호(정부보조금의 회계처리와 정부지원의 공시)도 내용은 유사하다.

정부보조금
정부보조금은 다음 모두에 대한 합리적인 확신이 있을 때까지 인식하지 아니한다.
 (1) 정부보조금에 부수되는 조건을 준수할 것이다.
 (2) 보조금을 수취할 것이다.
정부보조금으로 보전하려 하는 관련원가를 비용으로 인식하는 기간에 걸쳐 체계적인 기준에 따라 정부보조금을 당기손익으로 인식한다.

비화폐성 정부보조금
정부보조금은 토지나 그 밖의 자원과 같은 비화폐성자산을 기업이 사용하도록 이전하는 형식을 취할 수 있다. 이러한 상황에서는 일반적으로 비화폐성자산의 공정가치를 평가하여 보조금과 자산 모두를 그 공정가치로 회계처리한다.

자산관련보조금의 표시

자산관련보조금(공정가치로 측정되는 비화폐성 보조금 포함)을 받는 경우에는 관련 자산을 취득하기 전까지 받은 자산 또는 받은 자산을 일시적으로 운용하기 위하여 취득하는 다른 자산의 차감계정으로 회계처리하고, 관련 자산을 취득하는 시점에서 관련 자산의 차감계정으로 회계처리한다. 자산관련보조금(공정가치로 측정되는 비화폐성 보조금 포함)은 그 자산의 내용연수에 걸쳐 상각금액과 상계하며, 해당 자산을 처분하는 경우에는 그 잔액을 처분손익에 반영한다.

수익관련보조금의 표시

수익관련보조금을 받는 경우에는 당기의 손익에 반영한다. 다만, 수익관련보조금을 사용하기 위하여 특정의 조건을 충족해야 하는 경우에는 그 조건을 충족하기 전에 받은 수익관련보조금은 선수수익으로 회계처리한다.

수익관련보조금은 대응되는 비용이 없는 경우 회사의 주된 영업활동과 직접적인 관련성이 있다면 영업수익으로, 그렇지 않다면 영업외수익으로 회계처리한다. 반면 수익관련보조금이 특정의 비용을 보전할 목적으로 지급되는 경우에는 당기손익에 반영하지 않고 특정의 비용과 상계처리한다. 예를 들어, 공공성이 많은 재화나 용역을 제공하는 무연탄채굴회사나 버스회사로 하여금 매출가격이 매출원가에 미달하는 재화나 용역을 계속 제공하게 할 목적으로 지급되는 보조금은 매출액(영업수익)으로 회계처리하고, 벤처회사의 신기술개발을 지원하기 위해 지급되는 보조금은 영업외수익으로 회계처리한다. 반면 저가로 수입할 수 있는 원재료를 국내에서 구입하도록 강제하는 경우에 지급되는 수익관련보조금은 제조원가에서 차감한다

정부보조금의 상환

상환의무가 발생하게 된 정부보조금은 회계추정의 변경으로 회계처리한다(제5장 '회계정책, 회계추정의 변경 및 오류' 참조). 수익관련보조금을 상환하는 경우 상환금액을 즉시 당기손익으로 인식한다. 다만, 수익관련보조금 사용에 대한 특정 조건을 미충족하여 선수수익으로 계상한 금액이 있는 경우에는 선수수익계정에 먼저 적용한다. 자산관련보조금을 상환하는 경우는 상환금액만큼 자산의 장부금액을 증가시킨다. 보조금이 없었더라면 현재까지 당기손익으로 인식했어야 하는 추가 감가상각누계액은 즉시 당기손익으로 인식한다. 자산관련 보조금의 상환의무가 발생하게 되는 경우 자산의 새로운 장부금액에 손상 가능성이 있는지를 고려할 필요가 있다.

공시

다음 사항을 공시한다.
    (1) 정부보조금에 대해 채택한 회계정책(재무제표에 표시하는 방법 포함)
    (2) 재무제표에 인식된 정부보조금의 내용
    (3) 정부보조금에 대하여 미이행된 조건 및 우발상황

2 보조금 협약

보조사업자 A는 2025년 7월 1일자로 보조금지원기관 B와 협약을 체결하고 보조금사업(기간 2025.7.1.~2026.6.30)을 수행한다. 협약서에 따르면 연구개발보조금은 2025년 7월 중 50%, 6개월 후 2026년 1월 중에 50%씩 분할하여 지급되며 자부담금도 동일하게 분할하여 입금한다. 보조금의 상세한 내역은 다음과 같다.

구분	금액	구성비율(%)
보조금		
상환의무가 있는 보조금(20%)(*1)	80	16
상환의무가 없는 보조금(80%)	320	64
	400	
자부담금	100	20
보조사업비 계	500	100

(*1) 향후 기술료로 납부하여야 할 금액으로 상환금액이 확정되지 않은 경우(예를 들어 로열티에 따른 기술료 지급)에는 상환할 금액을 추정하여 부채로 계상함. 향후 부담할 금액이 달라지면 추정의 변경으로 처리함

3 보조금·자부담금 입금 - 2025년 7월

담금의 50%를 보조사업자 운영자금계좌(보통예금A)에서 예탁기관계좌로 이체했고, 교부금도 예탁기관계좌로 입금됐다. 예탁기관계좌는 보조사업자의 자산이 아니므로, 교부금이 예탁기관계좌에 입금된 거래에 대한 회계처리는 없다.

(차) 미수금(주1)	50	(대) 보통예금(A)	50

(주1) 과제예치금의 계정과목을 사용하기도 한다.

④ 사업비 집행 - 2025년

① 경상개발비(비용) 10 지출하면, 보조사업자의 보조사업전용계좌(보통예금B)로 입금이 되고 이 계좌에서 지출한다.

(차) 경상개발비	10	(대) 미지급금	10
(차) 보통예금(B)	10	(대) 미수금(주1)	2.0
		장기미지급금	1.6
		국고보조금(예금차감)	6.4
(차) 미지급금	10	(대) 보통예금(B)	10

(주1) 10 × 구성비율(20%, 16%, 64%)

② 개발비(무형자산) 50 지출

(차) 개발비(무형자산)	50	(대) 미지급금	50
(차) 보통예금(B)	50	(대) 미수금(주1)	10
		장기미지급금	8
		국고보조금(예금차감)	32
(차) 미지급금	50	(대) 보통예금(B)	50

(주1) 10 × 구성비율(20%, 16%, 64%)

③ 기계장치(유형자산) 100 취득

(차) 기계장치(유형자산)	100	(대) 미지급금	100
(차) 보통예금(B)	100	(대) 미수금(주1)	20
		장기미지급금	16
		국고보조금(예금차감)	64
(차) 미지급금	100	(대) 보통예금(B)	100

(주1) 10 × 구성비율(20%, 16%, 64%)

5 결산 – 2025년말

보통예금(B)는 보조금(64%)과 자부담금(20%)이 함께 있으므로, 지출 건에 대해서 구성비율대로 사용한 것으로 가정한다. 2025년에 보통예금(B)에서 사용한 지출 가운데 보조금으로 사용한 금액은 64%이므로, 이 금액만큼 「국고보조금(예금 차감항목)」계정 금액을 줄이고 결산계정과목으로 회계처리한다.

① 경상개발비(비용) 사용분
보조금으로 비용을 지출하면, 영업외수익으로 표시하거나 비용에서 차감표시한다.

| (차) 국고보조금(예금 차감항목) 6.4 (대) 국고보조금수익 6.4 |
| 또는 보조금경상개발비 6.4 |

(주1) 국고보조금(예금 차감항목) = 10 × 64% = 6.4

② 개발비(무형자산) 사용분

| (차) 국고보조금(예금 차감항목) 32 (대) 국고보조금(개발비 차감항목) 32 |

(주1) 국고보조금(예금 차감항목) = 50 × 64% = 32
(주2) 보조사업 종료일을 사용가능 시점으로 설정하여, 보조사업 종료일부터 상각한다.

③ 기계장치(유형자산) 취득분

| (차) 국고보조금(예금 차감항목) 64 (대) 국고보조금(기계장치 차감항목) 64 |

(주1) 국고보조금(예금 차감항목) = 100 × 64% = 64

④ 기계장치(유형자산) 감가상각
기계장치는 2025년 7월 중 취득했고, 내용연수 5년으로 정액법 상각한다. 감가상각비는 국고보조금(기계장치 차감항목)과 상계한다.

| (차) 감가상각비 | 10 | (대) 감가상각누계액 | 10 |
| (차) 국고보조금(기계장치 차감항목) | 6.4 | (대) 감가상각비 | 6.4 |

(주1) 전체 감가상각비 = 100 × 6개월 / 60개월 = 10
(주2) 보조금 해당분 감가상각비 = 64 × 6개월 / 60개월 = 6.4

⑤ 재무제표 작성
보조금사용은 비용에서 차감표시하거나, 영업외수익으로 표시한다. 그러나 영업외수익으로 표시하면, 그만큼 영업손익이 줄어든다. 따라서 비용에서 차감표시하는 것이 영업손익을 공정하게 표시할 수 있다. 아래 사례에서 보조금사용을 영업외수익으로 표시(손익계산서2)하면, 비용에서 차감표시(손익계산서1)한 것보다 영업손익이 6.4만큼 낮게 표시되는 것을 볼 수 있다.

손익계산서1

계정과목	금액
판매비와관리비	
감가상각비	3.6
경상개발비	10.0
△보조금	△6.4
영업손익	△7.2
당기순손익	△7.2

손익계산서2

계정과목	금액
판매비와관리비	
감가상각비	3.6
경상개발비	10.0
영업손익	△13.6
영업외수익	
국고보조금수익	6.4
당기순손익	△7.2

위 손익계산서를 근거로 재무상태표를 작성하면 다음과 같다.

재무상태표

계정과목	금액	계정과목	금액
보통예금(A)	△50.0	자본	
		이익잉여금	△7.2
미수금	18.0		
		부채	
기계장치	100.0	장기미지급금	25.6
(감가상각누계액)	△10.0		
(국고보조금)	△57.6		
개발비	50.0		
(국고보조금)	△32.0		
자산 총계	18.4	자본및부채 총계	18.4

6 보조금·자부담금 입금과 사업비 집행·반납 – 2026년

① 자부담금의 50%를 보조사업자 운영자금계좌에서 예탁기관계좌로 이체했고, 교부금도 예탁기관계좌로 입금됐다.

(차) 미수금	50	(대) 보통예금(A)	50

② 경상개발비(비용) 40 지출

(차) 경상개발비	40	(대) 미지급금	40
(차) 보통예금(B)	40	(대) 미수금(주1)	8.0
		장기미지급금	6.4
		국고보조금(예금차감)	25.6
(차) 미지급금	40	(대) 보통예금(B)	40

(주1) 10 × 구성비율(20%, 16%, 64%)

② 개발비(무형자산) 150 지출

(차) 개발비(무형자산)	150	(대) 미지급금	150
(차) 보통예금(B)	150	(대) 미수금(주1)	30
		장기미지급금	24
		국고보조금(예금차감)	96
(차) 미지급금	150	(대) 보통예금(B)	150

(주1) 10 × 구성비율(20%, 16%, 64%)

③ 기계장치(유형자산) 100 취득

(차) 기계장치(유형자산)	100	(대) 미지급금		100
(차) 보통예금(B)	100	(대) 미수금(주1)		20
		장기미지급금		16
		국고보조금(예금차감)		64
(차) 미지급금	100	(대) 보통예금(B)		100

(주1) 10 × 구성비율(20%, 16%, 64%)

④ 보조사업비 미사용분 50 가운데, 보조금 40은 기관이 회수하고 자부담금 10은 보조사업자 계좌로 반환한다.

(차) 보통예금(A)	10	(대) 미수금	10

(주1) 보조사업비 미사용분 = 500-160(2025년 사용분)-290(2026년 사용분) = 50

7 결산(2026년말) 및 기술료납부(2027년)

① 경상개발비(비용) 40 사용분
보조금으로 비용을 지출하면, 영업외수익으로 표시하거나 비용에서 차감표시한다.

(차) 국고보조금(예금 차감항목)	25.6	(대) 국고보조금수익		25.6
		또는 보조금경상개발비		25.6

(주1) 국고보조금(예금 차감항목) = 40 × 64% = 25.6

② 개발비(무형자산) 150 사용분 인식과 상각 (2026년7월 상각개시, 내용연수 5년)

(차) 국고보조금(예금 차감항목)	96.0	(대) 국고보조금(개발비 차감항목)	96.0
(차) 무형자산상각비	20.0	(대) 개발비	20.0
국고보조금(개발비 차감항목)	12.8	무형자산상각비	12.8

(주1) 국고보조금(예금 차감항목) = 150 × 64% = 96
(주2) 무형자산상각비 = 200 × 6개월 / 60개월 = 20
(주3) 국고보조금(개발비 차감항목) 감소분 = 20 × 64% = 12.8

③ 기계장치(유형자산) 100 취득분 인식과 상각

(차) 국고보조금(예금 차감항목)	64	(대) 국고보조금(기계장치 차감항목)	64
(차) 감가상각비	40.0	(대) 감가상각누계액	40.0
국고보조금(기계장치 차감항목)	25.6	감가상각비	25.6

(주1) 국고보조금(예금 차감항목) = 100 × 64% = 64
(주2) 전체 감가상각비 = (100×12/60개월)+(100×12/60개월) = 40
(주3) 보조금 해당분 감가상각비 = 40 × 64% = 25.6

제2부 집행실무

④ 재무제표 작성

보조금사용을 영업외수익으로 표시(손익계산서2)하면, 비용에서 차감표시(손익계산서1)한 것보다 영업손익이 보조금만큼 낮게 표시된다.

손익계산서1

계정과목	금액
판매비와관리비	
감가상각비	14.4
경상개발비	40.0
무형자산상각비	7.2
△보조금	△25.6
영업손익	△36.0
당기순손익	△36.0

손익계산서2

계정과목	금액
판매비와관리비	
감가상각비	14.4
경상개발비	40.0
무형자산상각비	7.2
영업손익	△61.6
영업외수익	
국고보조금수익	25.6
당기순손익	△36.0

위 손익계산서를 근거로 재무상태표를 작성하면 다음과 같다.

재무상태표

계정과목	금액	계정과목	금액
보통예금(A)	△90.0	자본	
		이익잉여금	△43.2
기계장치	200.0		
(감가상각누계액)	△50.0	부채	
(국고보조금)	△96.0	장기미지급금	72.0
개발비	180.0		
(국고보조금)	△115.2		
자산 총계	28.8	자본및부채 총계	28.8

⑤ 2027년 기술료 납부(5년 균등분할 상환)

(차) 장기미지급금　　　　14.4　(대) 보통예금(A)　　　　14.4

(주1) 기술료 납부금액 = 72(장기미지급금) × 1년/5년 = 14.4

8 세무조정

(1) 법인세법에 의한 일시상각충당금 손금산입

회계기준은 보조금을 수익으로 보지 않고 자산이나 비용에서 차감표시한다. 그러나 법인세법은 제15조에서 익금을 「순자산을 증가시키는 거래」로 규정했고, 법인세법 시행령 제11조 5호는 무상으로 받은 자산을 익금으로 규정하여, 보조금을 익금으로 처리한다.

> **법인세법**
> **제15조(익금의 범위)** ① 익금은 자본 또는 출자의 납입 및 이 법에서 규정하는 것은 제외하고 해당 법인의 순자산(純資産)을 증가시키는 거래로 인하여 발생하는 이익 또는 수입[이하 "수익"(收益)이라 한다]의 금액으로 한다.
> ③ 수익의 범위 및 구분 등에 필요한 사항은 대통령령으로 정한다.
>
> **법인세법시행령**
> **제11조(수익의 범위)** 법 제15조제1항에 따른 이익 또는 수입[이하 "수익"(收益)이라 한다]은 법 및 이 영에서 달리 정하는 것을 제외하고는 다음 각 호의 것을 포함한다.
>   5. 무상으로 받은 자산의 가액

보조금을 익금으로 처리하면, 보조사업자를 지원하겠다는 당초 취지와 달리 보조사업자가 이에 대한 법인세를 납부해야 한다. 따라서 보조금을 익금으로 처리하되 관련 비용과 취득자산을 손금산입할 수 있도록 함으로써, 보조사업자가 보조사업 때문에 추가적으로 법인세를 납부하지 않아도 되도록 했다. 다만 이에 해당하는 보조금은 다음 법률에 의한 것만 해당한다.

> 보조금 관리에 관한 법률   지방자치단체 보조금 관리에 관한 법률
> 농어촌 전기공급사업 촉진법   전기사업법
> 사회기반시설에 대한 민간투자법   한국철도공사법
> 농어촌정비법   도시 및 주거환경정비법
> 산업재해보상보험법
> 환경정책기본법

법인세법 제36조는 보조금으로 사업용 자산의 취득 및 개량에 사용한 금액을 일시상각충당금으로 계상하여 손금처리할 수 있도록 했으며, 해당 자산의 감가상각비와 상계한다.

> **법인세법**
> **제36조(국고보조금등으로 취득한 사업용자산가액의 손금산입)** ① 내국법인이 「보조금 관리에 관한 법률」, 「지방재정법」, 그 밖에 대통령령으로 정하는 법률에 따라 보조금 등(이하 이 조에서 "국고보조금등"이라 한다)을 지급받아 그 지급받은 날이 속하는 사업연도의 종료일까지 대통령령으로 정하는 사업용자산(이하 이 조에서 "사업용자산"이라 한다)을 취득하거나 개량하는 데에 사용한 경우 또는 사업용자산을 취득하거나 개량하고 이에 대한 국고보조금등을 사후에 지급받은 경우에는 해당 사업용자산의 가액 중 그 사업용자산의 취득 또는 개량에 사용된 국고보조금등 상당액을 대통령령으로 정하는 바에 따라 그 사업연도의 소득금액을 계산할 때 손금에 산입할 수 있다.
>
> **법인세법시행령**
> **제64조(국고보조금 등의 손금산입)** ①법 제36조제1항에서 "대통령령으로 정하는 사업용자산"이란 사업용 유형자산 및 무형자산과 석유류를 말한다.
> ②법 제36조제1항에 따라 손금에 산입하는 금액은 개별사업용자산별로 해당 사업용자산의 가액중 그 취득 또는 개량에 사용된 「보조금 관리에 관한 법률」, 「지방자치단체 보조금 관리에 관한 법률」 또는 제6항 각 호의 어느 하나에 해당하는 법률에 따른 보조금 등(이하 이 조에서 "국고보조금등"이라 한다)에 상당하는 금액으로 한다.
> ③제2항의 규정에 의하여 손금에 산입하는 금액은 당해 사업용자산별로 다음 각호의 구분에 따라 일시상각충당금 또는 압축기장충당금으로 계상하여야 한다.
> 1. 감가상각자산 : 일시상각충당금
> ④제3항에 따라 손비로 계상한 일시상각충당금과 압축기장충당금은 다음 각 호의 어느 하나에 해당하는 방법으로 익금에 산입한다.
>   1. 일시상각충당금은 해당 사업용자산의 감가상각비(취득가액 중 해당 일시상각충당금에 상당하는 부분에 대한 것에 한한다)와 상계할 것. 다만, 해당 자산을 처분하는 경우에는 상계하고 남은 잔액을 그 처분한 날이 속하는 사업연도에 전액 익금에 산입한다.

일시상각충당금에 의한 손금산입은 재무제표에 반영하지 않고, 세무조정만으로 가능하다.

> **법인세법시행령**
> **제98조(준비금 등에 대한 손금계상의 특례)** ②내국법인이 이 영 또는 「조세특례제한법 시행령」에 따른 일시상각충당금 또는 압축기장충당금을 제97조제4항에 따른 세무조정계산서에 계상하고 이를 법인세 과세표준신고 시 손금에 산입한 경우 그 금액은 손비로 계상한 것으로 본다. 이 경우 각 자산별로 해당 자산의 일시상각충당금 또는 압축기장충당금과 감가상각비에 관한 명세서를 세무조정계산서에 첨부하여 제출하여야 한다.

만약 일시상각충당금에 의한 손금산입을 재무제표에 반영한다면, 다음과 같은 회계처리를 하여야 한다.

① 기계장치(유형자산) 10 취득

| (차) 일시상각충당금전입액 | 10 | (대) 일시상각충당금 | 10 |

② 결산 시 감가상각비 2 계상

| (차) 감가상각비 | 2 | (대) 감가상각누계액 | 2 |
| (차) 일시상각충당금 | 2 | (대) 감가상각비 | 2 |

그러나 위와 같은 회계처리는 회계기준에 의한 것이 아니므로, 이는 다음과 같이 세무조정을 해야 한다.

- 국고보조금 익금산입, 기타 사외유출 처분
- 국고보조금으로 취득한 자산의 취득금액을 100% 손금산입, (△)유보 처분
- 감가상각비를 손금불산입, 유보처분, (△)유보와 차감상계

(2) 조세특례제한법에 의한 익금불산입

다음 법률에 의한 연구개발출연금은 조세특례제한법 제10조의2(연구개발 관련 출연금 등의 과세특례)에 따라서, 연구개발출연금 등에 상당하는 금액을 해당 과세연도의 소득금액을 계산할 때 익금에 산입하지 않을 수 있다(조세특례제한법시행령 제9조의2, 조세특례제한법시행규칙 제7조의3).

- 산업기술혁신 촉진법
- 정보통신산업 진흥법
- 중소기업기술혁신 촉진법
- 소재·부품·장비산업 경쟁력강화를 위한 특별조치법
- 연구개발특구의 육성에 관한 특별법
- 기초연구진흥 및 기술개발지원에 관한 법률

연구개발출연금을 익금불산입을 하고자 하면 해당 연구개발출연금 등을 구분경리해야 하고, 다음과 같이 익금산입한다.

- 연구개발출연금 등을 해당 연구개발비로 지출하는 경우
  해당 지출액에 상당하는 금액을 해당 지출일이 속하는 과세연도의 소득금액을 계산할 때 익금에 산입한다.
- 연구개발출연금 등으로 해당 연구개발에 사용되는 자산을 취득하는 경우
  손금에 산입하는 감가상각비에 상당하는 금액을 익금에 산입한다(조세특례제한법시행령 제9조의2제3항).

4 외감기업 회계처리 – 통합시스템×

앞에서 통합시스템을 사용하는 경우의 회계처리를 살펴봤고, 여기에서 통합시스템을 사용하지 않는 경우의 회계처리를 살펴보자. 사례의 내역은 앞 사례와 같다.

1 보조금·자부담금 입금 – 2025년 7월

① 자부담금을 보조사업자 계좌(A)에서 보조사업 계좌(B)로 이체했다.

(차) 보통예금(B)	50	(대) 보통예금(A)	50

② 보조금이 입금되었다.

(차) 보통예금(B)	200	(대) 국고보조금(예금 차감항목)	160
		장기미지급금(*1)	40

(*1) 계정과목은 「미지급금/예수금/장기미지급금」 등 선택적으로 사용가능하나, 반드시 부채로 계상하여야 한다. 부채로 계상한 금액은 향후 기술료 납부시 상계처리한다.

위 거래를 재무상태표에 표시하면 다음과 같다.

재무상태표

차변		대변	
보통예금(A)	△50	장기미지급금	40
보통예금(B)	250		
국고보조금(예금 차감항목)	△160		

2 사업비 집행 – 2025년

① 경상개발비(비용) 10 지출

(차) 경상개발비　　　　　　　10　　(대) 보통예금(B)　　　　　　10

② 개발비(무형자산) 50 지출

(차) 개발비(무형자산)　　　　50　　(대) 보통예금(B)　　　　　　50

③ 기계장치(유형자산) 100 취득

(차) 기계장치(유형자산)　　100　　(대) 보통예금(B)　　　　　　100

③ 결산 - 2025년말

결산회계처리는 앞 사례와 같다. 결산회계처리를 반영한 재무제표는 다음과 같이 작성한다. 앞 사례와 같이 보조금사용을 영업외수익으로 표시(손익계산서2)하면, 비용에서 차감표시(손익계산서1)한 것보다 영업손익이 6.4만큼 낮게 표시되는 것을 볼 수 있다.

손익계산서1

계정과목	금액
판매비와관리비	
감가상각비	3.6
경상개발비	10.0
△보조금	△6.4
영업손익	△7.2
당기순손익	△7.2

손익계산서2

계정과목	금액
판매비와관리비	
감가상각비	3.6
경상개발비	10.0
영업손익	△13.6
영업외수익	
국고보조금수익	6.4
당기순손익	△7.2

위 손익계산서를 근거로 재무상태표를 작성하면 다음과 같다.

재무상태표

계정과목	금액	계정과목	금액
예금(A)	△50	자본	
예금(B)	90.0	이익잉여금	△7.2
(국고보조금)	△57.6		
		부채	
기계장치	100.0	장기미지급금	40.0
(감가상각누계액)	△10.0		
(국고보조금)	△57.6		
개발비	50.0		
(국고보조금)	△32.0		
자산 총계	32.8	자본및부채 총계	32.8

제2부 집행실무

④ 보조금·자부담금 입금과 사업비 집행·반납 – 2026년

① 자부담금을 보조사업자 계좌(A)에서 보조사업 계좌(B)로 이체했다.

| (차) 보통예금(B) | 50 | (대) 보통예금(A) | 50 |

② 보조금이 입금되었다.

| (차) 보통예금(B) | 200 | (대) 국고보조금(예금 차감항목) | 160 |
| | | 장기미지급금 | 40 |

③ 경상개발비(비용) 40 지출

| (차) 경상개발비 | 40 | (대) 보통예금(B) | 40 |

④ 개발비(무형자산) 150 지출

| (차) 개발비(무형자산) | 150 | (대) 보통예금(B) | 150 |

⑤ 기계장치(유형자산) 100 취득

| (차) 기계장치(유형자산) | 100 | (대) 보통예금(B) | 100 |

⑥ 보조사업비 미사용분 50을 반납한다.

미사용분 50은 다음과 같이 구성비율 대로 나눈다.

구분	금액	구성비율(%)
보조금		
상환의무가 있는 보조금(20%)	8	16
상환의무가 없는 보조금(80%)	32	64
자부담금	10	20
보조사업비 반환금액 계	50	100

따라서 자부담분(20%) 10을 보통예금(A)로 이체하고 정부보조금(80%) 40을 반납한다. 정부보조금 40은 장기미지급금과 국고보조금(예금 차감항목)에서 비율대로 차감한다.

(차) 장기미지급금	8	(대) 보통예금(B)		50
국고보조금(예금 차감항목)	32			
보통예금(A)	10			

(주1) 보조사업비 미사용분 = 500-160(2025년 사용분)-290(2026년 사용분) = 50

5 결산(2026년말) 및 기술료납부(2027년)

결산회계처리는 앞 사례와 같다. 결산회계처리를 반영한 재무제표는 다음과 같이 작성한다. 앞 사례와 같이 보조금사용을 영업외수익으로 표시(손익계산서2)하면, 비용에서 차감표시(손익계산서1)한 것보다 영업손익이 보조금만큼 낮게 표시되는 것을 볼 수 있다. 세무조정도 앞 사례와 같다.

손익계산서1

계정과목	금액
판매비와관리비	
감가상각비	14.4
경상개발비	40.0
무형자산상각비	7.2
△보조금	△25.6
영업손익	△36.0
당기순손익	△36.0

손익계산서2

계정과목	금액
판매비와관리비	
감가상각비	14.4
경상개발비	40.0
무형자산상각비	7.2
영업손익	△61.6
영업외수익	
국고보조금수익	25.6
당기순손익	△36.0

위 손익계산서를 근거로 재무상태표를 작성하면 다음과 같다.

재무상태표

계정과목	금액	계정과목	금액
예금(A)	△90.0	자본	
기계장치	200.0	이익잉여금	△43.2
(감가상각누계액)	△50.0		
(국고보조금)	△96.0	부채	
개발비	180.0	장기미지급금	72.0
(국고보조금)	△115.2		
자산 총계	28.8	자본및부채 총계	28.8

2027년 기술료 납부(5년 균등분할 상환)

(차) 장기미지급금	14.4	(대) 보통예금(A)	14.4

(주1) 기술료 납부금액 = 72(장기미지급금) × 1년/5년 = 14.4

5 일반기업 회계처리

1 회계기준

외부감사 대상이 아닌 기업은 「중소기업회계기준」을 적용한다. 중소기업회계기준의 제50조(정부보조금과 공사부담금)는 보조금 회계처리에 대해서 다음과 같이 규정한다.

인식기준
정부보조금은 해당 보조금에 부수되는 조건을 준수하고, 이를 수취할 것이라는 확인이 있을 때 인식한다.

자산취득
①자산취득 이전: 정부보조금의 금액을, 받은 자산(받은 자산을 일시적으로 운용하기 위해 취득한 다른 자산을 포함한다)의 차감계정으로 회계처리한다.
②자산취득시점 및 이후: 정부보조금의 금액을 관련 자산의 차감계정으로 회계처리하고, 관련 자산의 내용연수에 걸쳐 (감가)상각금액과 상계한다. 그러나, 정부보조금의 금액을 관련 자산의 취득금액에서 직접 차감할 수 있다.
③자산처분 시점: 잔액을 처분손익에 반영한다.

수익관련
①정부보조금을 사용하기 위하여 특정한 조건을 충족해야 하는 경우, 조건을 충족하기 전까지는 받은 정부보조금을 「선수수익(부채)」으로 회계처리한다.
②정부보조금이 특정 비용을 보전할 목적으로 지급된 경우, 해당 비용과 상계한다.
③정부보조금에 대응되는 비용이 없는 경우, 회사의 주된 영업활동과 직접적인 관련이 있다면 영업수익으로, 그 밖의 경우는 영업외수익으로 회계처리한다.

2 회계처리 - 통합시스템○

외부감사 대상이 아닌 기업이 통합시스템을 사용해서 보조금을 집행하는 경우를 살펴보자. 대부분의 보조금은 「수익관련」이고 「특정 비용을 보전할 목적」으로 지급되므로, 해당 비용과 상계하지만, 실무관행은 법인세법에 따라서 「영업외 수익」으로 처리한다. 영업외수익으로 회계처리하면 법인세조정을 안 해도 되지만, 영업이익이 적게 계상되는 단점이 있다.

① 자부담금을 보조사업자 운영자금계좌에서 예탁기관계좌로 이체했다.

(차) 미수금(주1)	50	(대) 보통예금	50

(주1) 과제예치금의 계정과목을 사용하기도 한다.

② 경상개발비를 지출했다.

(차) 경상개발비	200	(대) 미수금	40
		영업외수익	160

③ 보조사업을 종료하고 잔액을 반납했다.

(차) 영업외비용(주1)	40	(대) 보통예금	40

(주1) 보조금 입금일과 동일한 사업연도이면, 영업외수익과 상계할 수도 있다.

④ 기술료를 납부했다.

(차) 영업외비용	10	(대) 보통예금	10

③ 회계처리 – 통합시스템×

외부감사 대상이 아닌 기업이 통합시스템을 사용하지 않고 보조금을 집행하는 경우를 살펴보자.

① 자부담금 50을 운영자금계좌(A)에서 과제계좌(B)로 이체했다.

| (차) 보통예금(B) | 50 | (대) 보통예금(A) | 50 |

② 보조금 200이 과제계좌(B)에 입금되었다.

| (차) 보통예금(B)(주1) | 200 | (대) 영업외수익 | 200 |

(주1) 보조금 교부결정 시 「미수금」으로 회계처리하고, 입금시점에 보통예금으로 회계처리해도 된다.

③ 200을 경상개발비로 사용했다.

| (차) 경상개발비 | 200 | (대) 보통예금(B) | 200 |

④ 보조사업을 종료하고 잔액 20%를 반납한다.

| (차) 보통예금(A) | 10 | (대) 보통예금(B) | 50 |
| 영업외비용(주1) | 40 | | |

(주1) 보조금 입금일과 동일한 사업연도이면, 영업외수익과 상계할 수도 있다.

⑤ 기술료 10을 납부했다.

| (차) 영업외비용 | 10 | (대) 보통예금(A) | 10 |

3 정산 실무

제11장 정산보고서 작성
제12장 부정수급 사전예방과 사후제재
제13장 감사인 검증과 회계감사

잠깐 숫자 상식

- 숫자 사이에 마침표와 쉼표를 찍는 방법도 국가마다 다릅니다.

- 우리가 쓰는 미국식 표기방법이 오히려 소수이고, 다수 국가는 천 단위 구분에 마침표(.)를 쓰고 센트 표기에 쉼표(,)를 쓴다는 점에 유의해야 합니다. 일부 국가는 천 단위 구분을 위해서 마침표나 쉼표를 쓰지 않고 그냥 칸을 띄웁니다.

국가	표기방법
미국, 영국, 한국, 일본 등	4,294,967,295.00
유럽대륙국가와 그 영향을 받은 국가	4.294.967.295,00
일부 국가	4 294 967 295.00

- BIPM(International Bureau of Weights and Measures; 국제도량형국)은 세 자리마다 공백을 주는 방식을 채택했습니다.

- 물론 우리의 「한글맞춤법」에 따른다면, 자리구분을 「만 단위」로 해야 합니다.

제11장
정산보고서 작성

1. 정산보고서 작성
2. 실적보고서 제출
3. 보조금 금액 확정
4. 공시 및 자료보관

1 정산보고서 작성

1 정산보고서

보조사업자는 실적보고서를 작성·제출하기 위해서 먼저 정산보고서를 작성한다. 정산이란 보조사업자가 보조사업에 사용한 경비를 재원별로 계산하는 것을 말한다. 따라서 정산보고서는 해당 보조금의 교부결정에 따른 사용명세 및 반환액을 명확하게 구분하여 작성하여야 한다.

「보조사업 실적보고서 및 정산보고서 작성지침」제8조는 보조사업자가 작성하는 정산보고서에 포함할 사항을 다음과 같이 규정한다. 보조사업자가 감사인(검증기관)으로부터 검증을 받는 경우 검증보고서를 첨부한다.

1. 일반현황
2. 보조사업의 개요
3. 당해연도 보조사업비
4. 보조사업비 사용실적 및 보조금 반환액

정산보고서에는 보조비목 및 보조세목별 사용명세서를 보조금, 지방자치단체부담금, 자기부담금으로 구분하여 작성하며, 일자별 집행명세서를 첨부한다. 보조금을 하위보조사업자에게 교부한 경우, 신속한 보조금 정산 및 업무 효율화를 위해「순보조사업비」기준의 정산보고서를 우선 제출하고, 하위 보조사업자의 정산이 완료된 후에 이를 총괄하여「총보조사업비」기준의 정산보고서를 제출한다.

> 총보조사업비
> = 상위보조사업자로부터 교부받은 보조금(지자체부담금 포함) + 자기부담금
>
> 순보조사업비
> = 총보조사업비 - 간접보조사업자에게 재교부한 보조금(지자체부담금 포함)

다수의 보조사업자가 공동으로 보조사업을 수행(컨소시엄 형태)하는 경우에는 주관 보조사업자가 총괄하여 정산보고서를 제출한다.

정산보고서를 작성할 때 유의해야 할 사항은 다음과 같다.

- 증빙자료는 원본을 첨부한다. 다만, 부득이한 경우에 보조사업 책임자가 틀림없다고 사인을 날인(원본대조필)할 수 있다.

> **지방자치단체 회계관리에 관한 훈령**
> **제98조(증빙서류의 원본주의 등)** ① 수입 또는 지출결의서 등에 붙이는 증빙서류는 원본에 한한다. 다만, 부득이한 경우에는 증명책임자가 틀림없다고 날인하여 증명한 등본을 첨부할 수 있다.

- 신용카드 전표는 감열지로 만들기 때문에 시간이 지나면 글자를 확인하기 어려워진다. 따라서 깨끗한 A4용지에 신용카드전표를 복사한 후, 원본전표를 옆에 붙여서 글자를 언제든지 확인할 수 있도록 한다.

- 신용카드 전표를 복사할 때 너무 흐릿하게 복사되지 않도록 해야 한다.

- 증빙자료를 축소 복사하여 글자 확인이 어렵게 하면 안 된다.

제3부 정산실무

2 정산보고서 예시(보조금법)

「보조사업 실적보고서 및 정산보고서 작성지침 별지 제2~3호 서식」의 보조사업 정산보고서는 다음과 같다.

보조사업 정산보고서
(☐ 총보조사업비[주1]   ☐ 순보조사업비[주2])

1. 일반현황

중앙관서명			
프로그램명	중앙관서 프로그램명	단위사업명	중앙관서 단위사업명
세부사업명	중앙관서 세부사업명	내역사업명	중앙관서 내역사업명
상위보조사업명	차상위보조사업명(광역/교육청: 중앙관서 교부는 미기재, 기초/학교는 광역/교육청 보조사업명)	보조사업명	보조사업자의 보조사업명
보조사업자	보조사업을 수행하는 기관명	보조사업 담당자	보조사업자의 보조사업 담당자
총 사업기간	보조사업의 총 사업기간	당해연도 사업기간	보조사업의 당해연도 사업기간

2. 당해연도 협약 보조사업비[주3]

(단위: 원)

보조금(ⓐ)	지자체부담금(ⓑ)		자기부담금 (ⓒ)	합 계(ⓓ=ⓐ+ⓑ+ⓒ)	보조금비율 (ⓔ=ⓐ÷ⓓ)
	시도	시군구			
국고보조금	시도 보조금	시군구 보조금	보조사업자의 자기부담금	재원별 합계	국고보조금비율

3. 보조사업비 사용실적 및 보조금반환액 산출[주3]

(단위: 원)

당기분 집행액 (ⓕ)	전기이월분		집행액계 (ⓘ=ⓕ+ⓗ)	수익금		
	전기 이월액(ⓖ)	집행액 (ⓗ)		발생액 (ⓙ)	반환액 (ⓚ)	미반환액 (ⓛ=ⓙ-ⓚ)
보조사업비 총액ⓓ의 집행액	전기 이월액	이월액에 대한 집행액	당기분 집행액(ⓕ) + 전기이월분 집행액ⓗ	보조사업의 수익금 발생액(입력)	보조사업의 수익금중 반환액(입력)	보조사업의 수익금중 미반환액(입력)

당기분 집행잔액 (ⓜ=ⓓ-ⓕ)	전기이월잔액 (ⓝ=ⓖ-ⓗ)	집행잔액 (ⓞ=ⓜ+ⓝ)	발생이자 (ⓟ)	차기 이월액 (ⓠ)
보조사업비 총액ⓓ- 당기분 집행액ⓕ을 뺀 금액	전기이월액ⓖ - 전기 집행액ⓗ을 뺀 금액	당기분집행잔액 + 전기이월잔액	입력	입력

반환대상액 (ⓡ=ⓞ+ⓟ+ⓚ-ⓠ)	보조금 반환액[주4] (ⓢ)	지자체부담금 반환액[주4] (ⓣ)	자기부담금 정산잔액 (ⓤ=ⓡ-ⓢ-ⓣ)
집행잔액+발생이자+수익금 반환액-차기이월액	국고보조금 집행잔액+국고보조금 발생이자+(수익금ⓚ×ⓔ)-국고보조금 차기이월액 또는 ⓡ×ⓔ	지자체부담금 집행잔액+지자체부담금 발생이자+(수익금ⓚ×ⓑ÷ⓓ)-지자체부담금 차기이월액 또는 ⓡ×ⓑ÷ⓓ	

주1) 총보조사업비 = 상위보조사업자로부터 교부받은 보조금(지자체부담금 포함)+자기부담금
주2) 순보조사업비 = 총보조사업비-간접보조사업자에게 재교부한 보조금(지자체부담금 포함)
주3) 보조금시스템을 통해 집행관리하는 보조사업은 2번과 3번 항목이 자동 생성됨
주4) 보조금시스템의 재원별 사용금액 잔액을 기준으로 하되, 보조금시스템을 이용하지 않는 통일·안보 등에 관련된 보조사업 등은 국고보조금 비율 등에 따라 집행잔액 산정

요모조모 뜯어보기

수익이 발생하는 보조사업의 경우, 보조금지원기관의 승인하에 사업에 사용하는 경우가 있습니다. 그러면 (1)보조금 100 (2)집행액 110으로 집행잔액이 (-)10이 되는데, (3)수익금반환액 10으로 적어서 (4)반환대상액이 0이 되도록 표기합니다.

보조비목별 총괄명세서

① 보조비목별 총괄명세서

보조비목	보조세목	교부액(A)	예산현액(B)	집행액(C)	집행잔액(B-C)	집행률(C/B)
인건비(110)	보수(01)	xxx,xxx	xxx,xxx	xxx,xxx	xxx,xxx	△△.△%
	기타직보수(02)	xxx,xxx	xxx,xxx	xxx,xxx	xxx,xxx	△△.△%
운영비(210)	일반수용비(01)	xxx,xxx	xxx,xxx	xxx,xxx	xxx,xxx	△△.△%
여비(220)	국내여비(01)	xxx,xxx	xxx,xxx	xxx,xxx	xxx,xxx	△△.△%
……	……	……	……	……	……	……
합 계		x,xxx,xxx	x,xxx,xxx	x,xxx,xxx	x,xxx,xxx	△△.△%

② 보조사업비 변동 현황

보조비목	보조세목	교부액	예산현액	사유
인건비(110)	보수(01)	xxx,xxx	xxx,xxx	

보조비목별 일자별 집행내역

보조비목	보조세목	집행일자	집행금액	사용목적	지급방식
인건비(110)	보수(01)	20x1.2.1	1,000,000	20x1.1월분 급여	계좌이체
	보수(01)	20x1.3.1	1,000,000	20x1.2월분 급여	
	……	……	……		
	소계		x,xxx,xxx		
여비(220)	국내여비(01)	20x1.1.x	xxx,xxx	부산 xxx 1박 출장 숙박비	현금지급
	……	……	……		보조사업비 카드
	소계		xxx,xxx		
……	……		……		
합 계			x,xxx,xxx		

제11장 정산보고서 작성

③ 정산보고서 예시(지방보조금법)

「지방보조금법 시행규칙 별지 제3호 서식」의 지방보조사업 정산보고서는 다음과 같다.

지방보조사업 정산보고서

1. 정산총괄표

(단위: 원)

구 분	예 산 액 (교부조건)	%	집 행 액	%	집행잔액	이 자 발생액	비 고 (잔액사유)
계		100					
보조금						총 이자발생액: 지방보조금 이자 발생액:	
자부담							

2. 내역별·일자별 보조금 및 자부담 집행내역

(단위: 원)

구분	비목	지출일	지출금액	지 출 내 역	지출 번호	지급 방법
	총 계					
보조금	소계					직불카드
						계좌입금
자부담	소계					

※ 지출일란에는 보조금 전용카드 결재일 또는 계좌입금 시 통장인출일을 작성합니다.
※ 집행내역에는 지방보조금 사용에 관한 증명자료를 첨부합니다.

3. 보조금 및 자부담 집행내역

(단위: 원)

구 분	사 업 명	예산비목	교부액	지출액	집행잔액	집행잔액 발생 사유
보조금						
자부담						

※ 발생 사유란에는 사업계획의 변경, 사업의 취소, 보조금 지급 사유 미발생, 이자 등 집행잔액의 발생 사유를 작성합니다.

4. 보조금 전용카드 사용내역

(단위: 원)

단위사업	당초 계획액(A)	실제 사용액(B)	증감(B-A)	집행률 (B/A*100)
계				

5. 비목별 보조금 전용카드 사용내역

(단위: 원)

세부 내용	예산비목	당초 예산	변경 예산	주요 변경 사유	비고

※ 변경예산이 발생한 경우에는 「지방자치단체 보조금 관리에 관한 법률」 제14조에 따른 지방자치단체의 장의 변경 승인에 대한 공문 사본을 첨부합니다.

4 사례탐구

- 보조사업자가 제출한 계좌 사본상 지출금액과 신용카드결제 영수증 금액이 상이한 부분을 발견하고, 보조사업자로부터 보조금 전용계좌 입출금 거래명세를 제출받아 보조사업 실적보고 시 제출한 보조금계좌 사본과 대조한 결과, 실제 보조금 전용계좌 입출금 거래명세에는 지출 사실이 없음에도 보조사업 실적보고시 제출한 보조금계좌 사본에는 지출한 것으로 계좌를 위조하고, 위조한 계좌에 따라 신용카드결제 영수증도 위조하는 방식으로 부당 지출했다.
  ⇒ 지출 인정 금액을 제외하고 부당하게 지출한 보조금 및 연도별 부당 지출 금액에 대하여 정산일로부터 처분 통보일까지 이자(연 5%)를 환수하고, 보조금을 다른 용도에 사용하고, 지방보조사업 실적보고서를 거짓으로 작성하여 제출한 부분에 대해서는 사법기관에 고발 조치, 향후 5년간 보조금 교부를 제한했다.

- 영농조합 대표와 시공업체 대표 등이 공모하여 산약초 식재 및 생산시설 조성 보조사업 등의 공사비를 부풀려 영농조합 대표들이 자부담한 것처럼 가장하는 방식으로 보조금을 편취하였다. 이 과정에서 계약서, 세금계산서 등이 허위로 작성되었다.

- 보일러업체가 농가를 찾아가 자부담금 없이 친환경 난방기를 설치해 주기로 하고, 자부담금 납입에 필요한 돈을 농가에 현금으로 주어 이를 다시 보일러업체에 입금하게 하는 방식으로 40%에 해당하는 자부담금 납입을 가장하였다. 이후 보일러업체는 농민들이 자부담금을 납입하였다는 내용의 허위의 무통장입금증을 제출하여 국가로부터 자부담금 40%를 제외한 나머지 60% 상당의 보조금을 교부받았다.

2 실적보고서 제출

1 실적보고서 제출

보조사업자는 사업을 완료하거나, 폐지 승인을 받은 때, 회계연도가 끝났을 때에 그 사유가 발생한 날로부터 2개월 이내에 보조사업 실적보고서를 작성하여 보조금 지원기관에 제출한다(보조금법 제27조, 보조금법시행령 제12조, 지방보조금법 제17조, 지방보조금법시행령 제9조). 실적보고서는 정산보고서를 포함하며, 실적보고서의 제출서류를 예시하면 다음과 같다.

- 보조금 실적보고서
- 보조금 정산보고서 및 지출명세
- 보조금으로 취득한 중요재산 관리대장
- 보조금 전용계좌(거래명세 포함)
- 공사대장 관련서류
- 영수증 등 기타 증빙서류(계좌입금표, 세금계산서, 영수증 등)
- 기타 교부조건 등에서 정한 서류

실적보고서 제출 후 절차는 다음과 같다.

[실적보고 후 절차]

실적 보고	실적 및 정산자료 심사	정산결과 확정 및 통보	반환명령	반환이행	체납관리
사업완료 등 2개월 이내 (법시행령 제37조의3)	적합성 심사, 필요시 현지조사 (법 제32조의6)	(적합시) 보조금액 확정 통보 (부적합시) 시정조치 통보	징수결정 및 고지서 발행	집행잔액 및 이자 등 반환	미반환시 해당사업자 다른 보조금 교부 일시정지 또는 상계
보조사업자	사업부서	사업부서	사업부서	보조사업자	사업부서

실적보고서에 거짓 보고를 하면, 1년 이하의 징역 또는 1천만 원 이하의 벌금에 처한다(보조금법 제42조).

요모조모 뜯어보기

기간 계산은 민법에 따른다.

- 기간을 일, 주, 월 또는 연으로 정한 때에는 기간의 초일은 산입하지 않는다.
- 기간을 일, 주, 월 또는 연으로 정한 때에는 기간 말일의 종료로 기간이 만료한다. 예를 들어 기간을 2월까지로 정하면 「2월 말일」이 만료일이다.
- 주, 월 또는 연의 처음으로부터 기간을 기산하지 아니하는 때에는 최후의 주, 월 또는 연에서 그 기산일에 해당한 날의 전일로 기간이 만료한다. 예를 들어 5월 10일부터 1개월이라면 만료일은 6월 10일이 된다.
- 월 또는 연으로 정한 경우에 최종의 월에 해당일이 없는 때에는 그 월의 말일로 기간이 만료한다. 예를 들어 10월 31일부터 4개월이라고 하면 2월 말일이 만료일이다.
- 기간의 말일이 토요일 또는 공휴일에 해당한 때에는 기간은 그 익일로 만료한다.

> **민법**
> **제157조(기간의 기산점)** 기간을 일, 주, 월 또는 연으로 정한 때에는 기간의 초일은 산입하지 아니한다. 그러나 그 기간이 오전 영시로부터 시작하는 때에는 그러하지 아니하다.
> **제159조(기간의 만료점)** 기간을 일, 주, 월 또는 연으로 정한 때에는 기간 말일의 종료로 기간이 만료한다.
> **제160조(역에 의한 계산)** ①기간을 주, 월 또는 연으로 정한 때에는 역에 의하여 계산한다.
> ②주, 월 또는 연의 처음으로부터 기간을 기산하지 아니하는 때에는 최후의 주, 월 또는 연에서 그 기산일에 해당한 날의 전일로 기간이 만료한다.
> ③월 또는 연으로 정한 경우에 최종의 월에 해당일이 없는 때에는 그 월의 말일로 기간이 만료한다.
> **제161조(공휴일 등과 기간의 만료점)** 기간의 말일이 토요일 또는 공휴일에 해당한 때에는 기간은 그 익일로 만료한다.

제3부 정산실무

② 실적보고서 양식

「보조사업 실적보고서 및 정산보고서 작성지침 별지제1호서식」은 실적보고서 양식을 다음과 같이 규정한다.

보조사업 실적보고서
(☐ 총보조사업비^{주1)}　☐ 순보조사업비^{주2)})

1. 일반현황

중앙관서명			
프로그램명	중앙관서 프로그램명	단위사업명	중앙관서 단위사업명
세부사업명	중앙관서 세부사업명	내역사업명	중앙관서 내역사업명
상위보조사업명	차상위보조사업명(광역/교육청: 중앙관서 교부는 미기재, 기초/학교는 광역/교육청 보조사업명)	보조사업명	보조사업자의 보조사업명
보조사업자	보조사업을 수행하는 기관명	보조사업 담당자	보조사업자의 보조사업 담당자
총 사업기간	보조사업의 총 사업기간	당해연도 사업기간	보조사업의 당해연도 사업기간

2. 당해연도 협약 보조사업비

(단위: 원)

보조금(ⓐ)	지자체부담금(ⓑ)		자기부담금(ⓒ)	합 계(ⓓ=ⓐ+ⓑ+ⓒ)	보조금비율(ⓔ=ⓐ÷ⓓ)
	시도	시군구			
국고보조금	시도 보조금	시군구 보조금	보조사업자의 자기부담금	재원별 합계	국고보조금비율

3. 보조사업의 목표, 사업수행 실적 및 목표달성 여부

☐ 사업성과

성과지표	측정방법 또는 산식	목표치	실적치	달성률^{주3)}
성과지표(단위)				

☐ 세부추진계획

세부과제명	추진계획일정	추진계획

☐ 세부추진실적

세부과제명	실추진일정	추진실적내용

☐ 재원조달실적

4. 목표 달성·미달성·초과달성의 원인 분석

5. 외부 지적사항 및 향후 개선계획
　1) 외부 지적사항(국회, 감사원 등)
　2) 향후 개선계획

주1) 총보조사업비 = 상위보조사업자로부터 교부받은 보조금(지자체부담금 포함) + 자기부담금
주2) 순보조사업비 = 총부주사업비 - 간접보조사업자에게 재교부한 보조금(지자체부담금 포함)
주3) 목표대비 실적을 비교하여 초과달성(130% 이상)은 ◎, 달성 ○, 미달성 X로 표기

< 첨부 자료 > 정산보고서, 사업계획서, 그 외 중앙관서의 장이 정하는 서류

제11장 정산보고서 작성

③ 사례탐구

- 보조금지원기관이 사업 완료 또는 사업연도 종료 시점에 실적보고서를 제출받아, 현지 확인을 실시한 후 정산검사를 해야 하나, 실적보고서 및 정산보고서를 제출하지 않고 있음에도 아무런 조치를 취하지 않았다.

- 보조금지원기관은 제출받은 실적보고서에 증빙자료 미비, 지방보조사업비 카드 미사용, 자본적 경비 지출 등의 위반사항이 확인되었는데도 이에 대해 수행상황을 점검하여 필요한 명령을 하거나 정산검사 시 환수 등 시정조치 등을 하지 않았다.

- 택시운행 보조사업에서 실제 실제 운행여부와 대상 마을주민 이용 내역을 확인할 수 있는 운행일지(운행시간, 차량번호, 운행구간, 탑승자 성명 작성)를 첨부하지 않고 지원신청서를 제출하였는데도, 적합여부 검토 없이 지급하였으며, 이를 확인 지도하여야 할 ○과에서는 시정 조치 등을 취하지 않았다. 그 결과 택시의 실제 운행여부와 해당마을 주민이 이용 여부의 적합성에 대해 확인조차 할 수 없게 되었다.

3 보조금 금액 확정

1 심사

보조금지원기관은 제출받은 실적보고서를 토대로 보조사업이 법령 등에 적합하게 수행되었는지에 대해 심사하고 필요시 현지조사를 실시한다. 심사 시 불용액 파악, 보조금 교부조건 위반여부 등 보조금 사용의 적정성 검증에 중점을 둔다(보조금법 제28조제1항, 지방보조금법 제19조제1항).
　정산서 심사 시 중요 검토사항은 다음과 같다.

[정산서 심사 시 중요 검토사항]

구　분	정산서 검토사항	유의 사항
① 사업실행 계획서와 추진실적 검사	○ 계획된 사업내용 정상 추진 여부 ※ 당초 보조사업(실행계획) 신청내역과 대조	○ 사업내용 변경 시에는 사전 승인 신청(단, 사업완료 전)
② 추진실적과 사업비 집행액 검사	○ 추진실적 및 집행내역 일치 여부 ※ 지출항목 증감이 크거나(이동), 새로운 지출항목 신설은 승인대상	○ 새로운 지출항목 신설 사유 발생 시 예산집행 변경은 승인신청 (단, 사업완료 전) ※ 물량감소 시 집행내역 검토 반납여부 판단 (무리한 집행 자제)
③ 사업비 집행내역 점검	○ 당초 사업비 집행계획과 대조 - 지출항목 집행내역 확인 - 지출항목 예산 변경 여부	○ 목적 외 집행 시 반납검토 ○ 목표량 미달 시는 일부반납 ○ 단위사업별(항목별) 예산 변경 시는 승인 신청 (단, 사업완료 전)
④ 각종 증빙서 확인	○ 보조금 집행시 정당한 대가를 지급하였는지 여부 ○ 지출증빙서류 구비여부	○ 모든 영수증은 세금계산서, 신용카드 영수증을 원칙으로 함 ○ 강사료, 원고료 등 수당 성격의 경비 지출시 반드시 관련 세법에 의거 원천(특별) 징수
⑤ 관련 장부 등 확인	○ 지출부, 보조금 통장, 영수증, 회의록 일치 여부 확인(운영일지, 회계장부 등)	○ 지출일자, 지출금액 등 불일치의 사유명기 (소명자료 첨부)

2 보조금 금액 확정

보조금지원기관은 심사 결과 적합하다고 판단된 때에는 보조금액에 대한 정산결과를 확정하여 보조사업자에게 통지하고(보조금법 제28조, 지방보조금법 제19조), 적합하지 않으면 보조사업자에게 시정, 반환 등 필요한 조치를 취한다(보조금법 제29조, 지방보조금법 제20조). 실제 사업량이 보조금 산출의 기초가 되는 사업량보다 감소되었을 때에는 그 감소한 비율에 의해 보조금을 감액 조치한다.

보조금 금액을 확정하면 다음과 같은 통지서를「보조금 확정 통지서」를 보조사업자에게 송부한다.

보조금 확정 통지서

지방보조사업자 도로명 주소 :

　　　　기관.단체명 :　　　　　　　　　　(대표　　　　　)

　　　　　년　　월　　일자 지방보조금 교부 결정액은 지방재정법 제32조의6 제3항의 규정에 따라 지방보조금 정산 결과 다음과 같이 보조금액을 확정통지하오니 아래 사항을 준수하시기 바랍니다.

○ 지방보조사업명 :
○ 사업기간 / 장소 :
○ 지방보조금 교부결정액 : 금1,000,000원(금일백만 원)
○ 지방보조금 확정액 : 금1,000,000원(금일백만 원)
○ 보조금 정산내역 (단위: 원)

구분	총계	보조금 재원구분			자부담	보조금 보조율 (%)
		계	국비	시비		
교부금액 (A)						
보조금확정액 (B)						
잔액(반납금액) (A-B)						

가. 반 납 액 :
나. 반납기한 :　년　월　일까지
다. 기타시정사항

　　　　　　　　　　　년　　월　일

　　　　　　　　충 청 남 도 지 사

③ 집행잔액과 이자 반환

보조사업자는 보조금지원기관으로부터 「보조금 확정 통지서」를 받으면 이를 반환처리한다. 일반적으로 「보조금 확정 통지서」와 함께 「세외수입고지서」를 송부한다. 보조사업자는 세외수입고지서에 있는 계좌번호로 계좌이체하거나, e나라도움에서 반납한다.

- 계좌이체하는 경우
  세외수입을 납부할 때, 인터넷뱅킹 계좌이체 화면에서 「입금은행」에 「국세」 또는 「지방세입」을 선택하고, 「전자납부번호」를 입력하면 납부할 내용이 조회된다. 이를 납부처리하고 「세외수입납부확인증」을 출력하여 공문과 함께 보조금지원기관에 송부한다. 이러한 방법은 이체수수료 없이 납부할 수 있다.

- e나라도움을 사용하는 경우
  e나라도움에서 조회되는 반납금액을 반납처리한다. 예탁계좌에서 발생한 이자는 반드시 반환해야 하지만, 보조사업자의 보조금계좌에서 발생한 이자는 의무적으로 반환하는 것은 아니다.

4 공시 및 자료보관

1 공시

같은 회계연도 중 보조사업 총액이 1천만 원 이상인 보조사업을 수행하는 보조사업자는 보조사업 관련 정보를 국고보조금통합관리시스템(e나라도움)에 공시하여야 한다. 이에 대한 세부사항은 「보조사업자 정보공시 세부기준(기획재정부 공고)」에서 정한다.

> **요모조모 뜯어보기**
>
> 「1천만 원 이상」의 판단기준은 동일 회계연도에 한 개 이상의 부처로부터 교부받은 국고보조금(지방보조금 제외) 총액을 기준으로 합니다. 사업을 여러 개 진행하였을 때 총액이 1천만 원 이상이라면 정보공시 대상이므로, 각 사업에 대한 정보공시를 합니다.

보조사업자가 공시할 내용은 다음과 같다(보조금법 제26조의10, 보조금법시행령 제11조의2, 보조사업자정보공시세부기준 제3조).

1. 보조금 교부신청서 및 사업계획서
2. 보조사업 또는 간접보조사업의 수입·지출내역
   수입내역은 해당 보조사업 또는 간접보조사업에 대한 보조금, 지자체부담금(시도, 시군구), 자기부담금 등 재원별 합계액을 말하고, 지출내역은 해당 보조사업에 대한 「보조비목·보조세목별 합계액」을 말한다.
3. 정산보고서를 포함한 실적보고서 및 정산보고서에 대한 검증보고서
   정산보고서는 보조금지원기관이 확정한 정산보고서를 공시하는 것이 원칙이다. 그러나 보조금지원기관의 확정이 늦어지면, 먼저 보조사업자가 제출한 정산보고서를 공시하고 확정 후 수정된 정산보고서로 대체(수정)한다.
4. 보조사업 또는 간접보조사업 관련 감사 지적사항
5. 보조사업자 또는 간접보조사업자에 대한 감사보고서 또는 감사 관련 보고서
6. 보조사업자 또는 간접보조사업자의 재무제표 또는 결산서
   재무제표를 작성하는 경우 보조사업자가 수행하는 보조사업을 포함한 기관 전

체의 재무제표(재무상태표, 손익계산서)를 공시하고, 재무제표를 작성하지 않는 경우 보조사업자가 수행하는 전체 사업의 수입과 지출을 마감한 총괄표(계정과목별 합계액)인 결산서를 공시한다. 보조사업 외 다른 사업을 수행하지 않아 재무제표와 결산서를 작성하지 않는 개인(사업자등록을 하지 않은 경우)은 공시하지 않아도 되지만, 이 경우에도 여러 보조사업을 수행하여 동시에 공시하는 경우에는 보조사업들의 수입, 지출 내역을 합산한 내역(결산서)을 공시한다.

7. 보조사업자 또는 간접보조사업자가 당해 연도 보조금 또는 간접보조금으로 취득한 중요재산 현황
8. 보조비목별 일자별 집행명세서(개인정보를 비식별정보로 전환)
   공시하는 자료는 모두에게 공개되는 것이므로, 계좌사본, 잔액증명서 또는 개인정보가 포함된 자료는 공시하지 않도록 유의해야 한다.

2 공시 시기

보조사업자는 회계연도 종료일부터 4개월 이내에 공시하여야 하는데, 회계감사를 받는 특정사업자는 감사보고서를 보조금지원기관에 제출한 날(사업연도 종료일로부터 4개월)부터 1개월 이내에 공시한다.

> **보조금 관리에 관한 법률 시행령**
> **제11조의2(보조사업자 등의 정보공시 대상 및 방법 등)** ② 제1항에 따른 보조사업 또는 간접보조사업을 수행하는 자는 해당 회계연도 종료일부터 4개월 이내에 법 제26조의10제1항 각 호의 사항을 공시하여야 한다. 다만, 법 제26조의10제1항제5호에 따른 감사보고서 또는 감사 관련 보고서는 그 제출일부터 1개월 이내에 공시하여야 한다.

요모조모 뜯어보기

두 개 이상 회계연도에 걸쳐서 수행하는 보조사업의 경우, 2021년 2월말까지 사업이 종료되면 2021년 4월까지 정보공시하고, 2월 이후에 종료되면 그 다음 회계연도(2022년)에 정보공시합니다. 보조사업자는 사업종료 후 2개월 이내에 실적보고서(정산보고서 포함)를 보조금지원기관에 제출하여야 하는데, 2월 이후에 사업이 종료되면 4월 말까지 공시하기 어렵기 때문입니다. 보조사업자의 회계연도가 「1월 1일부터 12월 31일까지」가 아니어서 4월 말까지 공시하기 어려우면, 4월까지는 전전년도의 재무제표를 공시하고 이후 전년도 재무제표가 확정되면 전년도 재무제표로 대체하여 공시합니다.

어린이집(영유아보육법 제49조의2 어린이집 정보의 공시 등)과 사회복지시설(사회복지법인 및 사회복지시설 재무·회계 규칙 제19조 결산서의 작성 제출)은 결산서를 기존 공시시스템에 공시하면 이를 통해 e나라도움에서 보조사업자 정보공시가 된다.

③ 공시불이행·허위공시

공시의무를 성실하게 이행하지 아니하거나 허위의 사실을 공시하는 경우는 다음 각호에 해당하는 경우를 말한다.

- 공시불이행: 공시내용을 공시하지 않거나 공시기한을 준수하지 않은 경우
- 허위공시: 사실과 다른 경영정보 내용을 공시하여, 중앙관서의 장 또는 보조사업자 등 외부기관으로부터 적발된 경우

보조사업자가 공시불이행 또는 허위공시를 했을 경우 당해 사실의 시정을 명령하고, 시정명령에 불응한 보조사업자에 대하여 다음 각호의 1에 따라 시정명령을 한 회계연도에 교부하기로 한 보조금을 삭감할 수 있다.

- 시정명령에 1회 불응하면 10% 이내 삭감
- 시정명령에 2회 불응하면 20% 이내 삭감
- 시정명령에 3회 이상 불응하면 50% 이내 삭감

> **보조금 관리에 관한 법률**
> **제26조의10(보조사업자 등의 정보공시)** ② 중앙관서의 장은 제1항에 따른 공시의무를 이행하지 아니하거나 거짓 사실을 공시한 보조사업자 또는 간접보조사업자에 대하여 기간을 정하여 시정을 명하거나 보조금의 삭감 또는 이를 위하여 필요한 조치를 할 수 있다.
>
> **보조금 관리에 관한 법률 시행령**
> **제11조의2(보조사업자 등의 정보공시 대상 및 방법 등)** ④ 중앙관서의 장은 법 제26조의10제2항에 따라 보조사업자 또는 간접보조사업자에 대하여 시정명령을 하는 경우 시정명령의 내용 및 기간 등을 명시하여 서면으로 하여야 한다.
> ⑤ 중앙관서의 장은 제4항에 따른 시정명령에 따르지 아니한 보조사업자 또는 간접보조사업자에 대해서는 법 제26조의10제2항에 따라 시정명령을 한 해당 회계연도에 교부하기로 한 보조금의 100분의 50 이내의 범위에서 보조금을 삭감할 수 있다.

4 자료보관

보조사업자는 사업 관련 자료를 5년간 보관하여야 한다(보조금법 제25조, 보조금법 시행령 제10조의2). 다만, 카드사, 국세청 등으로부터 카드사용명세, 세금계산서 등을 정보처리시스템을 통해 전송받은 경우, 종이 증빙 원본을 별도로 출력하여 보관하지 않고 전자적으로 보관할 수 있으며, 보조금시스템에 제출하여 보관된 자료는 보관하지 않을 수 있다(국고보조금 통합관리지침 제31조). 지방보조금법도 지방보조사업의 수행과 관련된 자료를 5년 동안 보관하도록 규정한다(지방보조금법 제16조),

　보관하는 자료는 다음과 같다(지방보조금법시행령 제7조, 감사원법 제25조, 계산증명규칙(감사원규칙)). 자료의 범위가 넓으므로 되도록 발생한 모든 자료를 보관하는 것이 바람직하다.

1. 계산서: 지방보조사업자가 취급한 회계사무의 집행실적을 기간별로 합산한 서류
2. 증거서류: 제1호의 계산서 내용을 증명하는 서류
3. 첨부서류: 제1호의 계산서 또는 제2호의 증거서류의 내용을 설명하기 위하여 필요한 서류

제12장
부정수급 사전예방과 사후제재

1. 부정수급
2. 사전예방
3. 사후제재

1 부정수급

① 부정수급

「부정수급」이란 보조금법 제30조 제1항 및 제2항에 따라 교부결정을 취소하는 경우와, 보조금수령자가 제33조 제1항에 따라 보조금을 반환하여야 하는 경우를 말한다. 부정수급은 고의 여부에 따라 협의와 광의로 나눈다.

- 협의: 보조사업자 등이 고의로 보조금을 부정수급하는 경우
  예) 고의적 허위신청, 중복수령 및 기준미달 단체선정 등

- 광의: 보조사업자 등의 인식부족, 불가항력에 의한 보조금 부정수급 및 단순한 행정상 실수 등 비의도적 부적정 지급도 포함
  예) 교육 부재, 프로그램 오류, 제도적 한계로 인한 부적정 지급 등

> **요모조모 뜯어보기**
>
> 「부정수급」은 아니지만 사업비 집행으로 인정하지 않는 것을 일반적으로 「불인정」이라고 합니다. 사업계획과 다르게 사용했거나 증빙을 제대로 갖추지 못한 경우가 대부분 불인정에 해당합니다. 불인정 되면 해당 금액만큼 사업비 집행을 인정하지 않는 것이므로, 해당 금액만큼 보조금계좌에 반환해야 합니다. 사업기간이 종료되지 않았다면 일반적으로 이 금액을 다른 집행건으로 사용할 수 있습니다.

2 부정수급 사례

자주 발생하는 부정수급의 사례는 다음과 같다.

[자주 발생하는 부정수급 사례]

항목		내역
허위 신청	허위 인력	근로자, 원생, 가족 등 실제 근무하지 않은 근로자나 등원하지 않은 원생을 허위로 등록하여 보조금 허위 신청
	허위 소득·재산	소득·재산요건을 충족하지 않는 자가 보조금 허위 신청(소득·재산 미신고, 축소신고)
	기타	허위 사업계획서 제출, 허위 서류 작성 등 보조금 허위 신청
허위 출결		근로시간, 훈련시간, 보육시간 등 출석일수 허위신고, 대리출석 등 보조금 지급요건에 출결이 포함되는 경우의 허위 출결
가격 부풀리기		공사비, 장비 구입비 등의 가격을 부풀려서 보조금 과다 수령
자부담 회피·대납		보조사업자의 자부담금을 업체가 대납한 뒤 가격 부풀리기를 통해 보조금을 (정당한보조금+자부담금)보다 과다하게 수령
보조금 허위 신청		바우처 카드를 부당 소지하고 서비스 제공 없이 허위 결제, 서비스 제공 시간보다 과다 청구, 해외출국자 결제 등
목적 외 사용		보조금을 정해진 용도가 아닌 다른 용도로 사용 ※모든 지출은 사업계획서의 내용과 동일하게 집행 ※당초 계획 외 구매한 내용은 집행 불가
중요재산 임의처분		보조금으로 취득한 자산 등을 허가없이 무단으로 처분(임대, 양도, 담보 등)
기타(협의의 부정수급)		위의 유형에 포함되지 않으면서, 협의의 부정수급에 해당하는 경우
광의의 부정수급	행정착오	시스템 오류, 행정 담당자의 실수 등 행정상 착오로 인한 보조금 착오지급
	행정시차	보조금 수급 자격요건 등의 변동 정보가 행정 담당자에게 실시간으로 도달되지 않아 발생하는 일시적인 보조금 착오지급
	사정변경	보조금 신청 당시에는 수급요건을 충족했으나, 이후 사정변경이 발생하여 보조금 지급이 적절하지 않은 경우
	기타	그 외 보조사업자 등의 책임이 없는 사유로 발생하는 부적정 지급

[출처] 충청남도감사위원회, (만화로 보는)지방보조사업 안내서, 2020.

제3부 정산실무

③ 부정수급 사전예방 및 사후제재

구분	조치 사항	업무 내용
사전예방	검사	보조사업에 관한 보고를 하게 하거나 소속공무원으로 하여금 관계 장부, 서류 또는 재산을 검사
사전예방	외부감사인 검증 회계감사	대통령령으로 정하는 금액 이상인 보조사업자는 감사인으로부터 실적보고서의 검증을 받거나 회계감사 보고서를 제출
사후제재	보조금 교부 결정 취소	보조사업자의 부정수급이 확인된 경우, 보조금 교부 결정의 전부 또는 일부 취소
사후제재	보조금 반환 (보조사업자)	교부결정 취소시 취소된 부분에 해당하는 보조금 및 이자 반환 명령
사후제재	보조금 환수 (보조금수령자)	보조금수령자의 부정수급이 확인된 경우, 보조금의 전부 또는 일부의 반환 명령
사후제재	다른 보조금교부의 일시정지 등	보조금 반환명령을 이행하지 않을 경우 해당 보조사업자의 동종 사무 또는 사업에 대한 보조금을 일시정지 또는 상계
사후제재	제재부가금 및 가산금 부과	• 반환금액의 5배 이내에서 제재부가금 부과 • 체납 시 가산금 징수(최대 5%)
사후제재	보조사업 수행 배제	교부 결정 취소 횟수에 따라 보조사업 수행배제 또는 지급 제한
사후제재	명단 공표	부정수급자 명단 등을 해당 보조금지원기관 인터넷 홈페이지에 1년간 공표
사후제재	강제 징수 (반환금 등 미납 시)	• 반환금 등 미납자에 압류 등 강제징수 • 다른 공과금이나 그 밖의 채권에 우선
사후제재	신고포상금 (신고 등이 있을 시)	부정수급 보조사업자 등을 신고한 자에게 포상금 지급

2 사전예방

1 수행 상황 보고 및 점검

보조사업자는 보조금지원기관이 정하는 바에 따라 보조사업의 수행 상황을 보조금지원기관에 보고하여야 한다(보조금법 제25조제1항, 지방보조금법 제16조제1항). 특히 다음과 같은 경우에는 반드시 보고하여야 한다.

- 보조사업이 개시 또는 완료되었을 때, 그 단체가 해산하거나 파산하였을 때
- 사업수행 단체의 대표자 변경 등

보조금지원기관은 보조사업자의 보조사업 수행 상황을 점검하고, 보조금의 적정한 집행을 위해 필요한 경우 소속 공무원이 현지조사를 할 수 있다(보조금법 제25조제2항, 지방보조금법 제16조제2항).

현장조사는 조사개시 7일 전까지 서면으로 통지하여야 한다. 다만, 현장조사를 실시하기 전에 관련 사항을 미리 통지하는 때에는 증거인멸 등으로 현장조사의 목적을 달성할 수 없다고 판단되는 경우, 현장조사의 개시와 동시에 조사대상자에게 구두로 통지할 수 있다.

보조금지원기관은 보조사업의 집행실적을 점검하며, 다음 보조사업을 주요 점검대상으로 한다.

1. 총사업비 중 보조금 규모가 100억 원 이상인 사업의 경우
2. 공모에 의하지 아니하고 보조사업자를 선정한 보조사업의 경우
3. 부정수급이 발생하였거나 발생할 우려가 높은 보조사업의 경우
4. 보조금관리위원회가 점검이 필요하다고 인정한 보조사업의 경우
5. 그 밖에 중앙관서의 장이 보조사업의 집행점검이 필요하다고 인정하는 경우

점검결과, 위반 사항이 단순 착오에 의한 것으로 내용이 경미하여 즉시 시정이 가능한 것으로 판단되면 현지지도를 한다. 그러나 조사 결과에 따라 부정수급에 대한 사후제재를 한다.

제3부 정산실무

② 수행 상황 점검 체크리스트

수행 상황을 점검할 때 확인하는 사항 가운데 회계정산 관련 점검사항은 다음과 같다.

[회계정산 관련 점검사항]

항목	점검사항
예산활용 적정성	• 당초 승인받은 예산계획서의 항목과 동일하게 사업비가 집행되고 있는가? • 사업목적과 관련 없는 항목에 보조금이 집행되고 있지 않은가? • 수익목적, 집행이 불가능한 항목(자본재 구입 등)에 보조금이 사용되고 있는가? • 국가 또는 자치단체로부터 중복지원을 받고 있지 않은가?
회계관리 적정성	• 회계 관련 각종 증빙서류를 체계적으로 보관·관리하고 있는가? • 사업비 관리통장, 회계장부, 지출결의서, 영수증 간 상호 일치하는가? • 지출 증빙자료가 없거나, 보조사업자의 다른 계좌로 일괄 지출하지 않았는가?
기타	• 기계설비 등 구입의 경우, 사업계획서와 상이한 중고제품이나 유통기간이 지난 제품이 있지 않은가?

민간위탁의 일반운영 분야와 운영성과 분야에 대한 지도·점검 체크리스트는 다음과 같다.

□ 일반운영 분야

분야		점검 항목	점검 내용	확인				비고 (미흡 사유)
				양호	보통	미흡	해당없음	
공통지표	회계관리	1. 민간위탁금 관리	① 입출금 통장 확인					
			② 위탁금 목적 외 사용 여부					
			③ 위탁금 정산 및 반납 등 이행 여부					
			④ 회계장부 정리 및 비치					
			⑤ 일일결산, 기재 누락 등 확인					
		2. 수입금 관리	① 수입금 입금 및 지출부 작성 여부					
			② 수입금 수입결의 및 지출결의 여부					
		3. 후원금 관리	① 후원금 입금 및 지출부 작성 여부					
			② 후원금 수입결의 및 지출결의 여부					
			③ 후원금 영수증 발행 여부					
			④ 후원금 목적 외 사용 여부					
		4. 통장 및 증빙서류 관리	① 예금통장의 구분, 예금주명의, 인장관리 적정여부					
			② 적정한 채주 지급, 지출증빙서류 검토					
		5. 정보 공개	① 예산, 결산 공개 여부					
			② 수입금, 후원금, 자체부담금 등 공개 여부					
		6. 제3자 위탁 여부	① 위탁 사업 중 일부 제3자 위탁 여부 확인					
			② 제3자 위탁 서류 및 업체 확인					
			③ 서울시 사전 승인 여부 확인					
		7. 예산관리	① 서울시에서 승인받은 예산서와 결산서의 예산이 일치하는지 여부					
			② 위 1번 사항이 일치하지 않는다면, 적절한 예산 변경 승인절차를 이행했는지 여부					
			③ 예산을 초과하여 지출한 예산과목이 존재하는지 여부					
			④ 지출 처리하였으나 현금 미지급 상태인 목록 중 연도말에 계약만 체결한 건이 존재하는지 유무(이 경우 사고이월로 처리해야 하는지 검토 필요)					
		8. 지출관리	① 정산서의 예산수령액에서 지출액을 차감한 잔액이 통장의 현금잔고와 일치하는지 여부(일치하지 않을 경우 그 내역을 파악하여, 미지급금 설정 등 차이 및 원인의 적정성 여부를 확인)					
			② 총계정원장의 지출 총액이 결산서의 세출 총액과 일치하는지 여부					
			③ 지출결의서에 첨부한 증빙이 적격증빙(전자세금계산서, 법인카드, 법인용 현금영수증) 인지 여부					
			④ 개인카드 사용분, 개인소득공제용 현금영수증 발행분이 존재하는지 여부					
			⑤ 여비, 회의비 등 주요 비용이 지출 규정에 맞게 지출되었는지 여부					

제3부 정산실무

분야	점검 항목	점검 내용	확인 양호	확인 보통	확인 미흡	확인 해당없음	비고 (미흡사유)
		⑥ 지출적요를 검토하여 사업목적과 다른 지출이 있는지 확인하고, 내역을 파악					
		⑦ 급여 월별지출내역의 근무인원이 조직도의 근무인원(수탁사업을 전담하는) 또는 노동계약서의 인원과 일치하는지 여부					
		⑧ 12월 급여원천징수세액을 1월에 납부하였는지 여부					
		⑨ 시간외근무수당 계산 시 시간외 근무시간 집계가 출퇴근기록부 등과 대사하여 일치하는지 여부					
		⑩ 퇴직연금 가입 및 이체가 적절하게 이루어졌는지 여부					
		⑪ 부가세 신고서상 위탁사업으로 인해 매입세액 공제분이 발생 여부(만약 발생하였다면, 반납이 이루어지고 있는지 여부)					
		⑫ 4대보험료 사용자부담분과 근로자부담분 예수금액을 사업비 통장에서 별도의 통장으로 이체하는 경우 해당 통장 잔액이 모두 납부되었는지와 잔액이 발생하였다면 반납이 이루어지고 있는지 여부					
		⑬ 견적서, 비교견적서의 사업자등록번호, 주소, 대표자명 및 인장 확인					
	9. 물품관리 및 계약	① 당해년도 물품구입 및 용역 수행과 관련하여 수의계약한 내용을 확인하여 수의 계약조건에 맞는지 확인					
		② 수의계약한 물품구입에서 분할구입이 존재하는지 여부(수의계약건 중 동일한 거래처에서 구매한 동일한 품목들의 금액 합계가 경쟁입찰 기준금액 이상인 경우)					
		③ 물품검수조서 및 용역검수조서 작성 여부(검수확인일 이후 지출이 이루어졌는지 여부)					
		④ 물품대장 보유 및 관리 여부					
		⑤ 정기 재물조사 실시 여부(연 1회 이상)					
	10. 기타	① 보조금통합관리시스템 사용 확인(노무비 전용계좌 개설·사용 포함)					
		② 회계감사결과 지적사항 개선 여부 (회계감사결과 조치사항 시행 여부)					
		③ 종합성과평가 지적사항 개선 여부(전년도 종합성과평가 실시하여 지적사항에 대한 조치 여부)					
		④ 계약이행보증보험 가입 여부					
	11. 회계담당 인터뷰	회계관리상 애로사항 및 불만사항 등	별도 보고서 작성				
고용	1. 인사 관리	① 공개채용 확인					
		② 승급, 인사의 공개 확인					
		③ 인사 관련 서류 확인(이력서, 자격증 등)					
		④ 인사(채용)위원회 구성 여부					
	2. 복무 관리	① 근무 형태 확인					
		② 근무상황 확인(병가, 공가, 연가 등)					
		③ 타기관(타사업) 겸직 확인(협약에 겸직제한 포함시)					
	3. 급여 관리	① 급여지급 기준(생활임금 지급 여부, 호봉, 수당 적정					

분야	점검 항목	점검 내용	확인 양호	확인 보통	확인 미흡	해당없음	비고 (미흡사유)
		여부)					
		② 4대 보험 적정 납부 여부					
		③ 퇴직금 적립여부					
		④ 임금 지급조서와 실수령 금액 확인					
	4. 기타	① 청소노동환경시설 가이드라인 준수 여부 (5대 구성원칙 적용 등)					
		② 종사자 교육 활성화 노력(성희롱예방, 인권, 청렴 등 필수교육 실시 및 이수여부 등)					
		③ 취업규칙 등에 성평등·노동관계법 사항 반영여부					
		④ 육아휴직 사용에 대한 불이익 방지방안 마련 여부					
		⑤ 사업장 내 규정에 노동관계법령 개정사항 반영 여부					
		⑥ 市 노동환경개선컨설팅 결과 이행여부					
		⑦ 주 52시간 근무제 준수여부					
		⑧ 노사협의회 설치 여부(상시근로자 30명 이상 사업장)					
	5. 노동자 인터뷰	근무시 애로사항 및 불만사항 등	별도 보고서 작성				
개별지표 시민	1. 시민만족도 조사	① 100인 이상 이용자 있는 경우 10% 이상 시민만족도 조사 할 것					
	2. 정보공개	① 시민이용자 불편사항 및 건의함					
		② 이용자 간담회 구성 및 실시 여부					
		③ 기관 홈페이지 및 소식지 발행 여부					
	3. 의사소통	① 이용자 건의사항 반영 정도					
		② 이용자 위원회 구성 및 활성화					
		③ 이용자 욕구 조사 실시 유무					
		④ 민원 발생 및 해결 정도					
	4. 기타						
전문기술	1. 안전 관리	① 보험(화재, 상해 등) 가입 여부					
		② 안전 점검 확인(안전점검 일지 작성 및 관리)					
		③ 비상대책 모의 훈련 실시 여부					
		④ 소방시설 설치 및 관리					
		⑤ 중대재해처벌법상 "안전·보건 의무조치 이행사항" 실행여부					
	2. 물품 및 시설관리	① 물품, 시설 재물조사 실시 여부					
		② 물품 관리자, 시설 관리자 지정 및 책임 여부					
		③ 물품 및 시설 관리 (구입, 유지보수, 폐기) 확인					
		④ 비품, 소모품 수불 사항 정리 여부					
	3. 기타	① 1회용품 사용억제 준수 여부 (1회용품 구매·비치 등)					

[출처] 서울특별시 행정사무의 민간위탁 관리지침(2023)

3 수행명령과 일시정지

보조금지원기관은 보조사업자가 보조사업을 정상적으로 수행하지 않을 경우에 필요한 명령을 할 수 있으며, 보조사업자가 그 명령을 위반한 경우에 그 보조사업의 수행을 일시 정지시킬 수 있다(보조금법 제26조, 지방보조금법 제16조)

보조금지원기관은 보조사업의 수행을 일시 정지시키는 경우에는 일정한 기한을 정하여 보조사업자에게 해당 보조금 교부 결정의 내용과 조건에 적합한 조치를 하게 하여야 한다. 이 경우 그 조치를 하지 아니하면 해당 보조금 교부 결정의 전부 또는 일부를 취소한다는 뜻을 분명하게 밝혀야 한다(보조금법시행령 제10조의3, 지방보조금법시행령 제8조).

4 검사

보조금지원기관은 보조사업자의 장부·서류 또는 그 밖의 재산을 검사하고, 관계자에게 질문할 수 있다. 이때 검사 또는 질문하는 공무원은 그 권한을 나타내는 증표를 지니고 이를 관계자에게 보여주어야 한다(보조금법 제36조, 지방보조금법 제29조).

5 보조사업비 불인정

점검과 검사 과정에서 보조사업비 가운데 일부를 불인정할 수 있다. 「보조사업 실적보고서 및 정산보고서 작성지침」 제5조에서 규정하는 보조사업비 불인정기준은 다음과 같다.

1. 「국고보조금 통합관리지침」 제18조제1항 및 제2항에 따른 보조금 사용 및 증빙자료 제출 방법(계좌이체 또는 보조사업비 카드)이 아닌 경우. 다만, 교통, 통신시설 미비 등으로 계좌이체, 카드사용이 곤란한 경우에는 그러하지 아니하다.
2. 보조사업비카드 이외의 카드를 사용한 경우. 다만, 보조사업비카드 발급받기 전 사용한 법인카드 및 개인카드 사용은 일시적으로 허용한다.
3. 해당 사업기한 종료 후 집행한 경우. 다만, 해당 사업기한 내에 계약 등 지출원인행위가 이루어진 경우 정상적으로 보조사업비가 집행된 것으로 간주하며, 이 경우 재화의 입고, 용역의 제공, 계약의 이행 등은 사업기한 내에 이루어져야 한다.
4. 보조사업비의 지출이 해당 보조사업 또는 간접보조사업과 무관한 경우
5. 증빙서류가 미비하거나 위조된 경우
6. 보조사업비의 변경 및 이월 등 중앙관서의 장 등의 승인 사항을 준수하지 않고 집행한 경우
7. 다른 법령이나 협약 또는 규정에서 정한 기관이나 위원회 등으로부터 사전 승인, 동의, 허락 등을 받거나 신고, 등록하여야 하는 사업비를 임의로 집행하거나 허위로 신고, 등록하여 집행한 경우
8. 해당 사업기한 내에 지출원인행위를 완료하지 아니한 경우(다만, 최종보고서 인쇄비, 검증수수료를 제외한다) 또는 지출원인행위가 완료되지 않고 물품이나 용역을 제공받지 않은 상태에서 보조사업비를 집행한 경우
9. 보조사업 또는 간접보조사업 폐지의 승인을 받은 이후에 정당한 사유 없이 집행한 경우
10. 비상근 또는 명예직 임원 및 직원에 대하여 인건비를 집행한 경우
11. 기타 중앙관서의 장이 정상적인 보조사업비 집행으로 간주하지 않은 경우

3 사후제재

지방보조금도 부정수급자에 대한 제재조치 및 처벌을 국고보조금 수준으로 대폭 강화하였다.

1 보조금 교부 결정 취소

보조사업의 수행이 곤란하거나 법령 등을 위반한 경우, 보조금 교부 결정의 전부 또는 일부를 취소할 수 있다(보조금법 제30조, 지방보조금법 제12조). 다만, 이미 사업목적에 따라 수행된 부분의 보조사업에 대해서는 그 내용과 조건을 변경하거나 교부결정을 취소할 수 없다. 보조금 교부결정 취소의 예시는 다음과 같다.

- 보조사업 수행이 곤란한 경우
  천재지변이나 그 밖의 사유로 보조사업의 전부 또는 일부를 계속 추진할 필요가 없는 경우, 보조사업 계획상에 예정된 토지 또는 그 밖에 시설을 이용할 수 없게 된 경우, 보조사업에 소요되는 경비 중 보조금 등으로 충당되는 부분 외의 경비 (보조사업자가 부담하는 경비)를 조달하지 못하는 경우 등

- 법령 등을 위반한 경우
  - 보조금을 다른 용도에 사용한 경우
  - 법령, 조례, 보조금 교부결정의 내용 또는 법령에 따른 처분을 위반한 경우,
  - 거짓 신청이나 그 밖의 부정한 방법으로 보조금을 교부받은 경우

2 사후제재

보조금 반환·환수
교부결정을 취소하는 경우에는 이를 보조사업자에게 지체 없이 통보하고, 보조사업자는 그 취소된 부분에 해당하는 보조금과 이로 인하여 발생한 이자를 함께 반환하여야 한다(보조금법 제31조, 지방보조금법 제31조).
보조금수령자가 다음과 같이 부정하게 보조금을 받은 경우, 보조금지원기관과 보조사업자는 보조금수령자에게 보조금을 반환하도록 명하여야 한다(보조금법 제33조, 지방보조금법 제34조).

1. 거짓이나 그 밖의 부정한 방법으로 보조금 또는 간접보조금을 지급받은 경우
2. 보조금 또는 간접보조금의 지급 목적과 다른 용도에 사용한 경우
3. 보조금 또는 간접보조금을 지급받기 위한 요건을 갖추지 못한 경우

다른 보조금교부의 일시정지 등
보조금지원기관은 보조사업자가 보조금 반환명령을 이행하지 않는 경우, 해당 보조사업자의 동종 사무 또는 사업에 대한 보조금을 일시정지하거나 그 보조금과 보조사업자가 반환하지 않는 보조금 금액을 상계(相計)할 수 있다(보조금법 제32조, 지방보조금법 제33조).

제재부가금 및 가산금 부과
중앙행정기관·지방자치단체는 반환하여야 할 보조금 또는 간접보조금 총액의 5배 이내의 범위에서 제재부가금을 부과할 수 있고, 보조사업자가 제재부가금을 체납하면 납부기한의 다음 날부터 납부일의 전날까지의 기간에 대하여 체납된 금액의 5%를 초과하지 않는 범위에서 가산금을 징수할 수 있다(보조금법 제33조의2. 보조금법시행령 별표8, 지방보조금법 제35조, 지방보조금법시행령 별표2)

보조사업 수행 배제
보조금지원기관은 교부 결정을 전부 또는 일부 취소한 경우, 해당 보조사업자에 대해서 5년 동안 다른 보조금 교부를 제한할 수 있다(보조금법 제31조의2, 지방보조금법 제32조).

명단 공표
보조금지원기관은 부정수급자 명단 등을 해당 보조금지원기관의 인터넷 홈페이지에 1년간 공표하여야 한다(보조금법 제36조의2, 지방보조금법 제30조).

강제 징수

반환금 등을 미납하면 강제징수한다(보조금법 제33조의3, 지방보조금법 제36조).

신고포상금

보조금지원기관은 부정수급한 보조사업자 등을 신고한 자에게 포상금을 지급할 수 있다(보조금법 제39조의2, 지방보조금법 제36조의3). 신고포상금이 지급되는 부정수급은 다음과 같다.

- 보조금을 다른 용도에 사용한 경우
- 법령, 보조금 교부조건 등 교부결정의 내용 또는 법령에 따른 처분을 위반한 경우
- 거짓 신청이나 그 밖의 부정한 방법으로 보조금을 교부받은 경우

3 벌칙

보조금에 대한 벌칙은 다음과 같다.

- 10년 이하의 징역 또는 1억 원 이하의 벌금(보조금법 제40조, 지방보조금법 제37조)
    - 거짓 신청이나 그 밖의 부정한 방법으로 보조금이나 간접보조금을 교부받거나 지급받은 자 또는 그 사실을 알면서 보조금이나 간접보조금을 교부하거나 지급한 경우
    - 보조금관리정보의 처리를 방해할 목적으로 보조금관리정보를 위조·변경·훼손하거나 말소하는 행위

- 5년 이하의 징역 또는 5천만 원 이하의 벌금(보조금법 제41조, 지방보조금법 제38조)
    - 법령, 보조금 교부결정의 내용, 법령에 따른 보조금지원기관의 처분에 따라 선량한 관리자로서의 주의의무를 다하여야 하나, 이를 위반하여 보조금을 다른 용도에 사용한 자
    - 보조금관리정보 보호 위반
    - 중요재산 처분의 제한 위반

- 2년 이하의 징역 또는 2천만 원 이하의 벌금(보조금법 제42조제1항, 지방보조금법 제39조제1항)
    - 보조금지원기관의 승인을 받지 아니하고 보조사업의 내용을 변경하거나 보조사업을 인계·중단 또는 폐지한 자

- 1년 이하의 징역 또는 1천만 원 이하의 벌금(보조금법 제42조제2항, 지방보조금법 제39조제2항)
    - 보조사업 수행관련 자료를 보관하지 않은 경우
    - 보조사업 수행 일시 정지 명령을 위반한 경우
    - 실적보고서를 거짓으로 작성 제출 등의 행위를 한 경우

법인의 대표자나 법인 또는 개인의 대리인, 사용인, 그 밖의 종업원이 그 법인 또는 개인의 업무에 관하여 보조금에 대한 벌칙 가운데 어느 하나에 해당하는 위반행위를 하면 그 행위자를 벌하는 외에 그 법인 또는 개인에게도 해당 조문의 벌금형을 과(科)하는데, 이를 양벌 규정이라고 한다(보조금법 제43조, 지방보조금법 제40조). 다만, 법인 또는 개인이 그 위반행위를 방지하기 위하여 해당 업무에 관하여 상당한 주의와 감독을 게을리하지 아니한 경우에는 그러하지 아니하다.

보조금지원기관은 조사 결과 고의, 거짓 등의 방법으로 부정수급을 행한 사실이 있다고 판단되면, 형사소송법 제234조 제2항에 따라 고발하여야 한다.

> **형사소송법**
> **제234조(고발)** ②공무원은 그 직무를 행함에 있어 범죄가 있다고 사료하는 때에는 고발하여야 한다.

4 이의신청

처분을 받은 보조사업자는 처분을 받은 날로부터 20일 이내에 보조금지원기관에 이의신청할 수 있다(보조금법 제37조, 지방보조금법 제36조의2).

보조사업자는 보조금의 교부 결정, 교부 결정의 내용, 교부 결정의 취소, 보조금의 반환 명령 또는 삭감, 보조사업 또는 간접보조사업의 수행 배제, 보조금 또는 간접보조금의 수급 제한 및 제재부가금의 부과, 그 밖에 보조금의 교부에 관한 보조금지원기관 장의 처분에 이의가 있을 때에는 그 통지 또는 처분을 받은 날부터 20일 이내에 서면으로 그 보조금지원기관의 장에게 이의를 신청할 수 있다. 간접보조사업자 또는 보조금수령자도 마찬가지이다.

중앙관서의 장은 이의신청을 받으면 관계자의 의견을 들은 후 필요한 조치를 하고 그 사실을 이의신청자에게 통지하여야 한다. 이 경우 교부 결정의 내용에 관한 이의신청자가 그 사실을 통지받은 날부터 20일 이내에 수락의 의사표시를 하지 않으면 그 보조금의 교부 신청을 철회한 것으로 본다.

5 공공재정환수법

공공재정에 대한 부정청구 등이 지속적으로 발생하고 있으나, 개별법률상 환수할 수 있는 근거 규정이 마련되어 있지 아니한 경우가 많을 뿐만 아니라, 부정청구 등이 적발되더라도 경미한 제재에 그치는 경우가 많고, 제재부가금을 부과하고 있는 사례가 적어 고의적이고 상습적인 부정청구 등을 방지하는 데 한계가 있었다. 따라서 공공재정에 대한 부정청구 등을 금지하고, 부정청구로 인하여 얻은 이익을 전액 환수하되, 고의적이고 상습적인 부정청구 등에 대해서는 환수에 추가하여 5배 이내에서 제재부가금을 부과하도록 하며, 고액부정청구 등 행위자의 명단을 공표하도록 하는 등 부정청구 등으로 인하여 발생한 이익에 대한 환수·관리 체계를 확립하고자 2020년 1월 1일부터「공공재정 부정청구 금지 및 부정이익 환수 등에 관한 법률(공공재정환수법)」을 제정하였다.

공공기관을 국회, 법원 등 헌법기관, 중앙행정기관과 그 소속 기관 및 지방자치단체,「공직자윤리법」에 따른 공직유관단체 등으로 정의하고, 행정청을 행정에 관한 의사를 결정하여 표시하는 국가 또는 지방자치단체의 기관 등으로 정의했으며(제2조제1호 및 제2호), 공공재정을 공공기관이 조성·취득하거나 관리·처분·사용하는 금전, 채권(債券), 물품, 상품권, 이용권(利用券), 그 밖에 이에 준하는 증표로 정의하고, 공공재정지급금을 법령 또는 자치법규에 따라 공공재정에서 제공되는 보조금·보상금·출연금이나 그 밖에 상당한 반대급부를 받지 아니하는 금품 등으로 정의(제2조제4호 및 제5호)했다. 단, 민간위탁금은 사무 위탁의 대가로 지급하는 금품 등의 성격이므로 공공재정지급금에서 제외한다.

공공재정환수법은 거짓이나 그 밖의 부정한 방법으로 자격이 없음에도 공공재정지급금을 청구하거나 법령 등에서 정한 절차에 따르지 아니하고 정해진 목적이나 용도와 달리 공공재정지급금을 사용하는 등의 행위로 공공재정에 손해를 입히거나 이익을 얻는 부정청구 등의 행위를 금지했으며(제6조), 행정청은 부정청구 등이 있는 경우 부정수익자 등이 부정청구 등으로 공공재정에서 얻거나 사용한 금품 등의 부정이익과 부정이익에 대한 이자를 환수하도록 했으며(제8조), 행정청은 부정청구 등이 있는 경우 부정이익 등의 환수에 추가하여 부정이익 가액의 5배 이내에서 제재부가금을 부과·징수하도록 했다(제9조).

6 사례탐구

- 민간위탁 수탁사가 관리운영비를 과다하게 부풀리거나 매출액을 누락하는 방법으로 손실금을 과다하게 산정하여 결산자료를 제출했다. 정산검증 업무를 수행한 공인회계사는 수탁사가 제출한 결산자료에 증빙자료가 미비하여 검증업무에 어려움을 겪으면서 특수관계회사와의 과다한 내부거래 등 감사범위 및 제도적 한계로 인하여 세금계산서 대조 등 기본적인 지출내역의 증빙확인만으로 정산업무를 수행하였다는 의견을 제시하였다. 그러나 위탁기관은 공인회계사의 의견을 무시하고 수탁사가 제출한 결산자료를 근거로 정산검토 보고를 완료하고 정산금을 과다하게 지급하였다. 이에 감사원은 계약해지, 과다하게 지급한 정산금 회수, 관련 공무원에 대한 징계를 요구하였다.

제13장
감사인 검증과 회계감사

1. 감사인 검증과 회계감사
2. 감사인 검증
3. 감사인 회계감사

1 감사인 검증과 회계감사

① 감사인 검증과 회계감사

국고보조금이 1억 원 이상이면 감사인(검증기관)의 검증을 받아야 하고, 지방보조금은 3억 원 이상이면 감사인의 검증을 받는다. 또한 한 회계연도의 보조금 총액이 10억 원 이상이면 감사인의 회계감사를 받아야 한다. 여기서 검증이란 정산보고서가 「보조사업 실적보고서 및 정산보고서 작성지침」에 따라 적정하게 작성되었는지를 검토·확인하는 것이며, 감사인(검증기관)이란 정산보고서를 검증하는 외부감사인을 말한다(보조금법 제27조의2, 보조금법시행령 제12조의2, 지방보조금법 제18조, 지방보조금법시행령 제10조).

[보조금에 대한 검증과 회계감사]

구분	기준	감사인
국고보조금 건별	1억 원 이상	검증
또는 지방보조금 건별	3억 원 이상	
국고보조금 총액 또는 지방보조금 총액	10억 원 이상	회계감사 → 2년에 한 번 시행 → 다른 법률에 따른 감사보고서로 갈음 가능 (보조금에 대한 감사의견과 주석필요)

보조금 사업 「건별」로 진행하는 검증과, 보조사업자가 받은 보조금 「총액」을 기준으로 하는 회계감사는 병행해서 진행한다. 즉, 건별로 1억 원 이상이면 검증을 수행하고, 총액이 10억 원 이상이면 검증에 추가해서 회계감사를 받아야 한다. 이때 보조금 금액은 자기부담 금액을 제외한 국고보조금 금액(보조금법) 또는 지방보조금 금액(지방보조금법)으로 판단한다. 여러 지방자치단체로부터 보조금을 받은 경우는 지방보조금 총액을 기준으로 한다. 국고보조금에 대한 대응 지방비는 지방보조금에 포함한다.

회계감사는 2년에 한 번 시행할 수 있고, 다른 법률에 따른 감사보고서로 갈음이 가능한데, 이를 위해서 해당 감사보고서에 보조금에 대한 감사의견과 주석의 요건을 갖춰야 한다.

제13장 감사인 검증과 회계감사

> **요모조모 뜯어보기**
>
> 국고보조금과 지방보조금이 모두 10억을 넘는다면 둘 다 회계감사를 받아야 하지만, 다른 법률에 따른 감사보고서로 갈음할 수 있으므로 보조금법에 의한 회계감사를 받으면 지방보조금법에 의한 회계감사는 받지 않아도 된다고 해석할 수 있으며, 그 반대도 성립합니다.

검증과 회계감사에 소요되는 비용을 보조금으로 사용할 수 있는 가에 대한 결정은 보조금지원기관이 한다. 따라서 보조금지원기관이 교부신청 및 교부 결정 과정에서 이를 명시해야 한다.

> **요모조모 뜯어보기**
>
> 지방자치단체 민간위탁의 경우, 민간위탁 사업비 가운데 국고보조금이 1억 원 이상 포함되어 있으면 회계검증을 요구하기도 합니다.

제3부 정산실무

2 감사인

보조사업자는 보조사업비 집행업무 관련자 등으로부터 독립성을 유지하면서 전문적으로 검증업무를 수행할 수 있는 감사인(검증기관)을 공정하게 선정하여야 한다. 감사인은 공인회계사법에 의한 「회계법인」과 「감사반」을 말한다. 감사반은 공인회계사 3인 이상이 구성한 감사인을 말한다.

주식회사 등의 외부감사에 관한 법률(외부감사법)
제2조(정의) 이 법에서 사용하는 용어의 뜻은 다음과 같다.
 7. "감사인"이란 다음 각 목의 어느 하나에 해당하는 자를 말한다.
  가. 「공인회계사법」 제23조에 따른 회계법인(이하 "회계법인"이라 한다)
  나. 「공인회계사법」 제41조에 따라 설립된 한국공인회계사회(이하 "한국공인회계사회"라 한다)에 총리령으로 정하는 바에 따라 등록을 한 감사반(이하 "감사반"이라 한다)

공인회계사법
제23조(설립) ① 공인회계사는 제2조에 따른 직무를 조직적이고 전문적으로 수행하기 위하여 회계법인을 설립할 수 있다.

주식회사 등의 외부감사에 관한 법률 시행규칙 (외부감사법 시행규칙)
제2조(감사반의 등록) ① 「주식회사 등의 외부감사에 관한 법률」(이하 "법"이라 한다) 제2조제7호나목에 따른 감사반(이하 "감사반"이라 한다)이 되려는 자(이하 "신청인"이라 한다)는 다음 각 호의 요건을 모두 갖추어 「공인회계사법」 제41조에 따라 설립된 한국공인회계사회(이하 "한국공인회계사회"라 한다)에 등록하여야 한다.

요모조모 뜯어보기

검증업무는 「공인회계사」만 할 수 있고 「세무사」는 할 수 없습니다. 공인회계사는 「회계에 관한 감사·감정·증명·계산·정리·입안 또는 법인설립등에 관한 회계」업무를 수행하고, 세무사는 「조세에 관한 신고·신청·청구 등의 대리」를 하는 조세전문가입니다. 보조사업 회계검증은 회계에 관한 업무이므로 공인회계사만 수행합니다.

제13장 감사인 검증과 회계감사

보조금 규모가 크고 보조사업자가 많은 경우, 아래와 같이 보조금지원기관이 검증을 담당할 감사인(검증기관)을 공모하기도 한다.

응급의료기금(보조금) 회계검증 위탁수행기관 공모

1. 사업명
○ 응급의료기금(보조금) 회계검증 위탁 수행

2. 사업목적
○ 보건복지부(응급의료기금)로부터 교부받은 국고보조금 사용에 대해 전문 회계법인의 회계검증을 수행하여, 부적정 집행금액의 환수조치 등을 통한 집행의 적정성 향상 및 객관성 확보*
  - 보조사업자로부터의 독립성 및 응급의료기금 사업의 전문성 확보를 위해 중앙관서의 장이 직접 선임·지도·감독 가능한 기관 선정
    *「보조금 관리에 관한 법률」제22조(용도 외 사용 금지) ①보조사업자는--- 그 보조금을 다른 용도에 사용하여서는 아니 된다.

3. 사업대상
○ 보건복지부가 응급의료기금으로 의료기관 등(이하 '보조사업자'라 함)에 교부하는 국고보조금 지원 사업*
    *「보조금 관리에 관한 법률」제27조 제2항에 따라 보조금 또는 간접보조금 총액이 3억 원 이상인 경우,「주식회사 등의 외부감사에 관한 법률」제2조제7호에 따른 감사인(「공인회계사법」제23조에 따른 회계법인)으로부터 정산보고서의 적정성에 대하여 검증을 받아야 함
    ※ 신규사업 추가 및 기존 사업의 변경 등으로 인해 대상 사업의 일부가 추가되거나 제외될 수 있음

4. 사업내용
○ 보조사업자의 국고보조금 집행에 대한 회계검증 위탁 수행

<회계법인 수행업무>
관련 서류 검토 등을 통하여 보조사업자가 국가재정법, 보조금관리에관한법률, 각 사업집행지침 및 사업계획서 등에 맞게 집행하였는지 여부 등 객관적인 검증 및 확인

🔖 요모조모 뜯어보기

公認會計士^{공인회계사}, 辯護士^{변호사} 뒤에 「士^{사}」를 붙입니다. 자격증이 있는 사람을 말합니다. 자격증을 갖고 있는데 몸 수고가 많은 직업은 「師^{사}」가 붙습니다. 醫師^{의사}, 看護師^{간호사}, 藥師^{약사}, 敎師^{교사}, 料理師^{요리사}가 있습니다. 「事^{사}」는 일정한 직임을 맡은 임명직에 붙이는데, 判事^{판사}, 檢事^{검사}, 道知事^{도지사}, 理事^{이사}, 監事^{감사}가 있습니다. 일정한 직임을 맡은 임명직 가운데 고위직은 「使^{사}」를 붙이는데, 觀察使^{관찰사}, 大使^{대사}, 公使^{공사}가 있습니다.

2 감사인 검증

1 검증 수수료

보조금지원기관이 감사인을 공모하지 않은 경우는, 보조사업자는 감사인(회계법인 또는 감사반)과 개별적으로 접촉해서 수수료금액을 정하고 계약을 체결한다. 검증수수료는 일반적으로 보조사업비로 집행가능하다. 이때 수수료금액은 일률적으로 정해져 있지 않고 개별적으로 정해야 하는데, 다음과 같은 고용노동부「2024년 지역·산업맞춤형 일자리창출 지원사업 시행지침」의 정산수수료 표준액을 참고하기도 한다. 또한 각 부처의 사업별로 수수료 금액을 정하는 경우가 많으므로 이를 참고하자.

[고용노동부 정산수수료 표준액]

사업비 규모	정산수수료 한도 (단위: 원) 부가가치세 포함
0.5억 원 미만	550,000
0.5억 원 이상 ~ 1억 원 미만	660,000
1억 원 이상 ~ 2억 원 미만	770,000
2억 원 이상 ~ 3억 원 미만	880,000
3억 원 이상 ~ 5억 원 미만	1,100,000
5억 원 이상 ~ 10억 원 미만	1,650,000
10억 원 이상 ~ 20억 원 미만	2,200,000
20억 원 이상 ~ 30억 원 미만	3,300,000
30억 원 이상 ~ 40억 원 미만	4,400,000
40억 원 이상 ~ 50억 원 미만	5,500,000
50억 원 이상	6,600,000

2 검증업무

감사인(검증기관)은 정산보고서에 대한 검증업무를 수행함에 있어서 「보조사업 정산보고서 검증지침(기획재정부 공고)」을 준수하여야 한다. 감사인이 정산보고서에 대한 검증업무를 수행함에 있어 「보조사업 정산보고서 검증지침」에서 정하는 것 외의 사항에 대해서는 한국공인회계사회가 제정한 「역사적 재무정보에 대한 감사 또는 검토 이외의 인증업무기준」을 따른다. 「역사적 재무정보에 대한 감사 또는 검토 이외의 인증업무기준」은 감사인이 회계감사기준 또는 재무제표 등에 대한 검토업무기준 등에 따라 수행하는 역사적 재무정보에 대한 감사 또는 검토 이외의 인증업무를 수행할 때, 이에 대한 기본원리와 주요절차를 정하고 그 적용방법을 제공하는 것을 목적으로 한다.

보조사업자는 감사인의 검증업무를 위하여 보조금지원기관이 정하는 바에 따라, 보조사업 완료한 후, 폐지의 승인을 받은 후 또는 회계연도가 끝난 후 정산보고서를 작성하여 감사인에게 제출하여야 한다. 감사인이 정산보고서에 대한 검증업무를 수행하는 경우에는 「보조금 관리에 관한 법률」 및 동법 시행령, 「국고보조금 통합관리지침」, 「보조사업 실적보고서 및 정산보고서 작성지침」에서 정한 사항을 고려하여야 한다. 또한 감사인은 보조사업별 특성에 따라 보조사업비의 보조비목별 산정기준이 구체화된 경우 그 기준을 따라야 하며, 여비 등과 관련하여 보조사업자가 자체적으로 정한 지급규정이 있는 경우 이를 따라야 한다.

감사인은 정산보고서가 중요하게 왜곡될 수 있는 상황이 존재할 수 있다는 전문가적인 의구심을 가지고 검증계획을 수립하고 검증업무를 수행하여야 한다. 감사인은 정산보고서의 검증업무를 계획함에 있어서 보조사업자의 보조사업의 현황, 보조사업자와 보조금수령자의 관계, 보조사업에 대한 사업계획서, 「보조금 관리에 관한 법률」 제23조에 따른 보조사업의 내용변경 승인내역, 보조사업실적보고서 등을 고려하여야 한다. 다른 감사인 또는 전문가에 의해 수행된 업무를 이용할 경우 감사인은 이러한 업무가 검증의 목적에 적합하다는 판단이 있어야 한다.

국고보조금 정산보고서에 대한 감사인의 검증절차는 다음과 같다.

1. 보조사업에 대한 이해
2. 보조사업의 사업계획서에 대한 이해
3. 「보조사업 실적보고서 및 정산보고서 작성지침」에 대한 이해
4. 보조사업의 정산보고서 및 보조금지원기관이 정하는 서류 구비의 완전성 확인
5. 보조사업 집행관련 지출거래의 증빙서류 확인
6. 보조사업 계약거래에 있어 계약절차 및 증빙서류 진위여부 확인

7. 보조사업비와 사업계획서의 연관성 확인
8. 보조사업 관련 법령 및 지침과 보조금지원기관이 정한 집행 기준에 위배되는 금액의 확인
9. 보조사업과 관련하여 「보조금 관리에 관한 법률」 제18조제2항에 따라 반환하여야 하는 수익금이 발생하는 경우 동 수익금의 정확성 확인
10. 보조사업과 관련한 발생이자의 정확성 확인
11. 보조사업 관련 법령 또는 「보조사업 실적보고서 및 정산보고서 작성지침」에 부합되지 않는 불인정금액의 산출
12. 보조사업비의 일부가 보조금지원기관의 승인을 받아 이월되거나 기타 법령 등에 의하여 보조금 잔액을 반환하지 아니할 경우 이월금액 또는 미반환액의 정확성 확인
13. 보조사업비 집행잔액 및 보조금반환액의 정확성 확인

지방보조금 정산보고서에 대한 검증절차는 다음과 같다. 국고보조금 정산절차와 큰 차이는 없다.

1. 지방보조금의 집행 및 지출에 관한 증명서류
2. 지방보조사업 계약 체결 절차 및 관련 증명서류의 적절성
3. 지방보조사업의 사업계획서와 지방보조금 집행의 적절성
4. 지방보조금으로 인하여 발생한 이자 산정의 정확성
5. 법 제9조제1항에 따른 지방보조금 교부 조건의 위반 여부 및 조건 위반에 따른 불인정금액의 정확성
6. 지방자치단체의 장이 법 제9조제2항에 따라 지방보조금의 전부 또는 일부의 반환에 관한 조건을 붙인 경우에는 해당 반환 금액의 정확성
7. 법 제14조에 따라 지방자치단체의 장의 승인을 받아 지방보조사업의 내용 또는 경비의 배분이 변경되어 지방보조금의 일부가 이월된 경우에는 그 이월금액의 정확성
8. 법 제17조제1항 각 호 외의 부분 후단에 따른 지방자치단체의 장이 정하는 서류의 구비 여부
9. 지방보조금 집행 잔액 및 영 제9조제3항에 따른 지방보조금 반환액의 정확성

감사인(검증기관)의 검증업무는 보조사업자가 제출한 정산보고서와 이와 관련된 서류를 근거로 수행한다. 감사인은 보조사업자가 제출한 증빙서류 외에 필요시 보조사업자에게 추가로 증빙서류를 요구할 수 있다. 이를 통하여 감사인은 정산보고서를 검증하기 위하여 보조사업자의 보조사업비 집행과 관련한 충분하고 적합한

증거를 확보하여야 한다. 따라서 감사인은 검증업무를 수행하는 동안 보조사업자에 대하여 보조사업 정산보고서와 관련된 장부와 서류 등을 열람 또는 복사하거나 자료를 제출하도록 요구할 수 있으며, 보조사업자는 검증기관의 요구에 지체 없이 성실하게 응하여야 한다.

감사인(검증기관)은 전문가로서 책임을 다하기 위하여 다음 각호의 사항을 준수하여야 한다.

1. 검증기관은 성실하고 공정하게 검증업무를 수행하여야 한다.
2. 검증기관은 검증업무를 수행함에 있어 전문가적 적격성을 갖추어야 하며 정당한 주의를 기울여야 한다.
3. 검증기관은 검증업무 수행과 관련하여 알게 된 비밀을 누설하여서는 아니 된다.
4. 검증기관은 검증업무 수행과 관련하여 전문가로서의 품위를 손상하는 행위를 하여서는 아니 된다.

감사인은 검증보고서 작성의 근거가 되는 중요한 증거에 관한 사항과 「보조사업 정산보고서 검증지침」에 의하여 검증업무가 수행되었음을 입증할 수 있는 증거를 문서화(검증조서)하여야 한다. 감사인이 직접 작성한 검증조서는 감사인이 5년간 보관하며, 보조금지원기관 및 보조사업자가 요구하기 전에는 외부로 유출되지 않도록 한다.

보조금지원기관은 감사인의 정산결과가 「보조사업 실적보고서 및 정산보고서 작성지침」과 「보조사업 정산보고서 검증지침」에 따라 작성되지 않아 오류나 누락이 외부 기관의 감사 등에 의하여 발견된 경우 보조사업자가 각호의 조치를 취하도록 할 수 있다.

1. 보조사업자는 검증기관의 고의 또는 중과실로 중대한 오류나 누락이 발생한 경우, 해당 사실을 안 날부터 3년간 해당 기관을 검증기관으로 선정하는 것을 제한
2. 보조사업자는 검증기관의 부주의 또는 과실로 중대한 오류나 누락이 발생한 경우, 해당 사실을 안 날부터 2년간 해당 기관을 검증기관으로 선정하는 것을 제한
3. 보조사업자는 검증기관의 부주의 또는 과실로 경미한 오류나 누락이 발생한 경우 또는 정당한 사유 없이 검증을 지체하거나 검증 조서의 작성·관리가 부실한 경우 주의 조치를 취하며 연간 3번 이상 주의조치를 받은 경우, 해당 기관을 검증기관으로 선정하는 것을 1년간 제한

3 검증보고서 작성

회계감사인은 보조사업자의 정산보고서에 대한 검증을 수행하고, 검증보고서를 작성한다(보조금법 제27조, 지방보조금법 제17조).
　한국공인회계사회의 「역사적 재무정보에 대한 감사 또는 검토 이외의 인증업무기준」은 검증보고서에 다음과 같은 요소들이 포함되어야 한다고 규정한다.

(1) 독립적인 인증보고서라는 사실을 명백하게 나타내고 있는 제목
(2) 수신인
(3) 인증대상정보의 표시 및 관련사항의 기술 (적절한 경우에는 인증대상도 포함)
(4) 준거기준의 표시
(5) 인증대상을 준거기준에 따라 평가 또는 측정할 때 유의적인 내재적 한계가 있었을 때는 그 내용의 기술
(6) 인증대상의 평가 또는 측정에 적용된 준거기준이 특정 의도된 이용자에게만 제공되거나 특정 목적에만 적절할 경우, 인증보고서는 특정 의도된 이용자나 특정 목적으로 제한한다는 문구
(7) 인증대상업무 책임자의 표시, 인증대상업무 책임자와 감사인의 책임을 기술하는 문구
(8) 업무가 해당 인증업무 수행기준에 따라 수행되었다는 문구
(9) 수행된 업무의 요약
(10) 감사인의 결론
(11) 인증보고서일
(12) 감사인의 명칭과 주소

「보조사업 정산보고서 검증지침」 제16조는 검증보고서의 보고사항을 다음과 같이 규정한다.

1. 제목
2. 수신인(보조사업자 또는 간접보조사업자)
3. 도입문단(검증대상 정산보고서 명시, 보조사업자 또는 간접보조사업자의 책임과 검증기관의 책임에 대한 구분 설명)
4. 범위문단(적용된 검증기준 및 검증절차)
5. 결론문단(보조사업 정산보고서 작성기준, 집행금액, 집행잔액, 불인정금액, 반환대상액, 보조금반환액 명시)

: 감사인은 확보한 증거로부터 도출된 결론을 검증보고서에 명확하게 표명하여야 한다. 감사인은 검증과정에서 확보한 정보에 의거 정산보고서가 「보조사업 실적보고서 및 정산보고서 작성지침」에 위배된 경우 불인정금액을 보조비목별로 산출하여야 한다. 또한 해당 보조사업비의 집행금액, 집행잔액, 불인정금액, 발생이자, 차기이월액, 수익금반환액, 보조금반환액 등을 검증보고서에 명확하게 표시하여야 한다. 그러나 정산보고서에 대한 검증보고서에서는 감사의견을 표명하지 않는다.
6. 보조사업자 또는 간접보조사업자가 해당 보조금을 당초 교부 목적에 따라 사용하였는지 여부
7. 검증보고서일
: 감사인은 검증업무가 종료된 일자(검증보고서일)를 검증보고서에 기재한다. 검증보고서일은 보조사업자가 정산보고서를 감사인에게 제출한 날보다 빠를 수 없다.
8. 검증기관의 명칭과 서명

감사인은 검증보고서의 부속서류로서 보조사업 정산보고서 검증결과를 첨부할 수 있다. 또한 검증과정에서 보조사업비 집행과정에 관한 중대한 문제점을 발견하는 경우 보조금지원기관과 보조사업자에게 수정방안 및 개선방안을 제출하여야 한다.

감사인은 「보조금 관리에 관한 법률 시행령」 제12조제1항에 따른 실적보고 기한(실적 보고 사유가 발생한 날부터 2개월) 내에 검증업무를 완료하는 것을 원칙으로 하며 부득이한 경우에는 2개월 범위 내에서 연장할 수 있다. 또한 보조사업자는 해당 보조금지원기관에게 검증업무 기한의 연장을 요청할 수 있다.

제13장 감사인 검증과 회계감사

「보조사업 정산보고서 검증지침」별지 제1호 서식1의 검증보고서 표준양식은 다음과 같다.

보조사업 정산보고서에 대한 검증보고서

보조사업자 또는 간접보조사업자 귀하

본인은 "보조사업자 또는 간접보조사업자"의 20XX년 X월 X일부터 20XX년 X월 X일까지의 "보조사업명칭"의 정산보고서를 검증하였습니다. 이 정산보고서를 작성할 책임은 "보조사업자 또는 간접보조사업자"의 사업책임자에게 있으며, 본인의 책임은 동 정산보고서에 대하여 검증을 실시하고 이를 근거로 이 정산보고서에 대하여 검증결과를 보고하는데 있습니다.

본인은 독립적인 입장에서 본 보조사업비 또는 간접보조사업비의 사용을 뒷받침하는 정산보고서 및 관련 증빙서류를 검증하였으며, 보조사업 정산보고서 검증기준에서 규정한 절차를 실시하였습니다.

본인의 보조사업 실적보고서 및 정산보고서 작성지침에 따른 정산보고서의 검증결과, 별첨 "보조사업 정산보고서 검증결과"와 같이 보조사업비 또는 간접보조사업비 집행금액은 000,000,000원이고, 집행잔액은 000,000원이며, 불인정금액은 000,000원인 바, 이에 따른 반환대상액은 000,000원이고, 보조금반환액은 000,000원입니다.

00회계법인
대표이사 ○ ○ ○

또는

00감사반
공인회계사 ○ ○ ○
공인회계사 ○ ○ ○
공인회계사 ○ ○ ○
20XX년 X월 X일

「보조사업 정산보고서 검증지침」 별지 제2호 서식과 제3호 서식은 다음과 같은 검증결과와 불인정금액 명세를 첨부하도록 하고 있다.

보조사업 정산보고서 검증결과

1. 일반현황

중앙관서명		보조사업명칭	
프로그램명		보조사업자	
단위사업명		보조사업 총괄책임자	
세부사업명		총 사업기간	
검증기관		당해연도 사업기간	

2. 보조사업자 제시 당해연도 협약 보조사업비

(단위: 원)

보조금(ⓐ)	지자체부담금(ⓑ)	자기부담금(ⓒ)	합 계(ⓓ=ⓐ+ⓑ+ⓒ)	보조금비율(ⓔ=ⓐ÷ⓓ)

3. 보조사업자 제시 보조사업비 사용실적 및 보조금반환액

(단위: 원)

당기분집행액(ⓕ)	전기이월분		집행액계(ⓘ=ⓕ+ⓗ)	수익금		
	전기이월액(ⓖ)	집행액(ⓗ)		발생액(ⓙ)	반환액(ⓚ)	미반환액(ⓛ=ⓙ-ⓚ)

당기분 집행잔액(ⓜ=ⓓ-ⓕ)	전기이월 잔액(ⓝ=ⓖ-ⓗ)	집행잔액(ⓞ=ⓜ+ⓝ)	발생이자(ⓟ)	차기이월액(ⓠ)	반환대상액(ⓡ=ⓞ+ⓟ+ⓚ-ⓠ)	보조금 반환액(ⓢ)	지자체 부담금 반환액(ⓣ)	자기부담금 정산잔액(ⓤ=ⓡ-ⓢ-ⓣ)

4. 검증결과

(단위: 원)

검증후 집행잔액	검증후 발생이자	검증후 차기 이월액	검증후 수익금	불인정 금액	수정후 반환 대상액	수정후 보조금 반환액	수정후 지자체 부담금 반환액	수정후 자기 부담금 잔액

5. 검증의견

보조비목별 불인정금액 내역

보조비목	보조세목	집행일자	집행처	집행금액	불인정사유
인건비 (110)	보수(01)	20x1.2.1	홍길동	1,000,000	참여인원 미신고 인건비
	보수(01)	20x1.3.1	박문수	500,000	이중지급 인건비
	……	……	……	……	
	소계			x,xxx,xxx	
여비 (220)	국내여비(01)	20x1.1.x	……	xxx,xxx	참여인원이외 인원 출장비
	……	……	……	……	
	소계			xxx,xxx	
……	……			……	
합 계				x,xxx,xxx	

🖋 요모조모 뜯어보기

「주식회사 등의 외부감사에 관한 법률」에 따른 「감사인」으로부터 회계검증을 받는데, 이때 감사인은 회계법인 또는 감사반을 말합니다. 검증보고서에 회계법인은 법인대표가 도장을 찍는데, 감사반은 3명 이상이 참여해서 참여한 모든 구성원이 기명날인해야 합니다. 따라서 감사반의 검증보고서에 도장 3개를 찍게 됩니다. 그러나 이 규정이 「주식회사 등의 외부감사에 관한 법률」에 있으므로 그 적용대상도 「주식회사 등에 대한 외부감사」에만 적용된다고 해석하고, 보조금 검증 시 3명 기명날인이 아니라, 1명이 기명날인을 하기도 합니다.

> **주식회사 등의 외부감사에 관한 법률 시행규칙**
> **제2조(감사반의 등록)** ④ 한국공인회계사회는 감사반이 다음 각 호의 어느 하나에 해당하는 경우에는 등록을 취소할 수 있다.
>   4. 감사반이 법 제4조에 따른 회사에 대한 회계감사를 하는 경우에 지켜야 하는 다음 각 목의 기준을 준수하지 아니한 경우
>   가. 구성원 중 3명 이상이 참여할 것
>   나. 법 제18조제1항에 따른 감사보고서를 작성하는 경우에 해당 회계감사에 참여한 모든 구성원이 서명하거나 기명날인할 것

제3부 정산실무

「지방보조금법 시행규칙 별지 제4호 서식」은 「검증 관련 보고서」를 다음과 같이 규정한다.

검증 관련 보고서

보조사업자 귀하

본인은 「지방자치단체 보조금 관리에 관한 법률」 제17조제2항에 따라 "(보조사업자 명칭)"이(가) 20○○년 ○○월 ○○일부터 20○○년 ○○월 ○○일까지 수행한 "(보조사업의 명칭)"의 실적보고서를 검증하였습니다. 이 실적보고서를 작성할 책임은 "(보조사업자 명칭)"의 사업책임자에게 있으며, 본인은 이 실적보고서에 대하여 검증을 실시하고 그 검증 결과를 보고할 책임이 있습니다.

본인은 독립적인 입장에서 이 보조사업비 또는 간접보조사업비의 사용을 뒷받침하는 실적보고서를 검증하였습니다.

본인이 실적보고서를 검증한 결과 보조사업비 또는 간접보조사업비의 집행금액은 000,000,000원이고, 집행잔액은 000,000원이며, 불인정금액은 000,000원으로, 이에 따른 반환대상액은 000,000원이고, 보조금반환액은 000,000원입니다.

년 월 일

○○ 회계법인 대표이사 ○○○
또는 ○○ 감사반 공인회계사 ○○○

※ 검증 관련 보고서의 구성은 다음과 같습니다.
① 제목 및 수신인(지방보조사업자)
② 도입 문단: 검증대상 정산보고서 명시, 지방보조사업자의 책임과 검증기관의 책임에 대한 구분 설명
③ 범위 문단: 적용된 검증기준 및 검증절차
④ 결론 문단: 지방보조사업 정산보고서 작성기준, 집행금액, 집행잔액, 불인정금액, 반환대상액, 지방보조금반환액
⑤ 지방보조사업자가 해당 지방보조금을 당초 교부 목적에 따라 사용하였는지 여부
⑥ 검증보고서일(검증업무가 종료된 날, 지방보조사업자가 실적보고서를 감사인에게 제출한 날보다 빠를 수 없습니다)
⑦ 검증기관의 명칭과 서명

제13장 감사인 검증과 회계감사

실적보고서 검증결과

1. 일반현황

지방자치단체명		보조사업명칭	
정책사업명		보조사업자	
단위사업명		보조사업 총괄책임자	
세부사업명		총사업기간	
검증기관		해당 연도 사업기간	

2. 보조사업자가 제시한 해당 연도 보조사업비

(단위: 원)

국고보조금(ⓐ)	지방자치단체 부담금(ⓑ)		자기부담금(ⓒ)	합계(ⓓ=ⓐ+ⓑ+ⓒ)	국고보조금비율(ⓔ=ⓐ÷ⓓ)
	시도비	시군구비			

3. 보조사업자가 제시한 보조사업비 사용실적 및 보조금반환액

(단위: 원)

당기분 집행액 (ⓕ)	전기 이월분		집행액계 (ⓘ=ⓕ+ⓗ)	수익금		
	전기 이월액(ⓖ)	집행액 (ⓗ)		발생액 (ⓙ)	반환액 (ⓚ)	미반환액 (ⓛ=ⓙ-ⓚ)

당기분 집행잔액 (ⓜ=ⓓ-ⓕ)	전기 이월 잔액 (ⓝ=ⓖ-ⓗ)	집행잔액 (ⓞ=ⓜ+ⓝ)	발생 이자 (ⓟ)	차기 이월액 (ⓠ)	반환 대상액 (ⓡ=ⓞ+ⓟ+ⓚ-ⓠ)	국고 보조금 반환액 (ⓢ)	지방자치단체 부담금 반환액 (ⓣ)		자기부담금 정산잔액 (ⓤ=ⓡ-ⓢ-ⓣ)
							시도비	시군구비	

4. 검증결과

(단위: 원)

검증 후 집행잔액	검증 후 발생이자	검증 후 차기 이월액	검증 후 수익금	불인정 금액	수정 후 반환 대상액	수정 후 국고보조금 반환액	수정 후 지방자치단체 부담금 반환액		수정 후 자기부담금 잔액
							시도비	시군구비	

5. 검증 의견

※ 검증보고서에는 지방보조사업비의 집행금액, 집행잔액, 보조비목별 불인정금액, 발생이자, 차기 이월액, 수익금 반환액, 지방보조금 반환액 등을 명확하게 표시하여야 합니다.
※ 검증 의견란에는 정산보고서에 대한 검증 의견만을 작성하고, 감사 의견은 작성하지 않습니다.

3 감사인 회계감사

1 외부감사인 회계감사

같은 회계연도 중 보조금지원기관으로부터 교부받은 보조금 총액이 10억 원 이상인 보조사업자(특정사업자, 지방자치단체 제외)는 회계감사인으로부터 회계감사를 받고, 회계감사보고서를 보조금지원기관에 제출하여야 한다. 이에 대한 세부사항은 「보조사업자 회계감사 세부기준(기획재정부 공고)」에서 정한다.

2년 이상 계속하여 보조금을 교부받은 보조사업자(특정사업자)로서 직전 회계연도에 감사보고서를 제출한 경우에는 해당 회계연도에 대한 감사보고서의 작성·제출을 생략할 수 있다. 따라서 보조금 회계감사는 2년에 한 번 받으면 된다(보조금법 제27조의2, 지방보조금법 제18조).

복수의 보조금지원기관으로부터 보조금을 받았다면, 보조금 총액을 기준으로 회계감사 여부를 판단한다.

> **요모조모 뜯어보기**
>
> 같은 회계연도 중 보조금지원기관으로부터 교부받은 보조금 총액이 10억 원 이상인 보조사업자는 회계감사를 받아야 하는데, 대상이 법인 또는 단체가 아닌 「보조사업자」입니다. 「보조사업자」는 법인 또는 단체 전체가 아니라, 고유번호증 단위로 「보조사업자」가 될 수 있습니다. 특히 사회복지법인은 법인과 시설이 엄격하게 구분되어 있고, 「시설」이 「보조사업」의 주체인 경우가 많습니다. 따라서 e나라도움에 표시된 「보조사업자」가 법인이 아닌 시설이라면, 해당 시설의 연간 보조금 총액을 기준으로 판단해야 합니다. e나라도움을 쓰지 않는다면, 보조금 교부 공문에 표시된 보조사업자를 기준으로 판단할 수 있을 것입니다. 또한 「보조사업자 회계감사 세부기준」 제3조가 「재무제표 또는 결산서에 대한 회계감사」를 받는 것으로 정의하고 있는데, 이는 법인이 회계감사를 받아야 한다는 해석의 근거가 되기도 합니다. 검증수수료는 보조사업비로 집행가능하지만, 회계감사수수료는 사회복지법인이 부담하는 것이 일반적입니다.

요모조모 뜯어보기

특정사업자가 회계감사를 안 받으면 어떻게 될까요? 보조금법 제27조의2(특정사업자에 대한 회계감사)에 위반하면 받을 벌칙은 규정되어 있지 않습니다. 그러나 보조금 관리에 관한 법률 제27조는 보조사업 실적 보고(공인회계사 검증 포함)에 대해서 정의하고 있으며, 이에 위반하여 거짓 보고를 하면 1년 이하의 징역 또는 1천만 원 이하의 벌금(보조금 관리에 관한 법률 제42조 벌칙)에 처합니다. 여기서 「보조사업 실적 보고」에 「공인회계사 검증」이 포함되어 있으므로, 이 처벌에 포함된다고 볼 수 있겠습니다.

2 다른 법률에 의한 회계감사로 갈음하는 경우

보조사업자(특정사업자)가 「주식회사 등의 외부감사에 관한 법률」 등 다른 법률에 따라 회계감사를 받는 경우에는 보조사업에 대한 감사보고서를 갈음하여 해당 법률에 따라 작성된 감사 관련 보고서를 제출할 수 있다. 이 경우 감사 관련 보고서는 보조사업에 관한 감사의견(보조금법)과 주석사항(보조사업자회계감사세부기준)을 포함해야 한다. 주석사항은 「보조사업별 세부내용 및 보조금 증감내역」과 「보조사업별 유·무형자산 내역」을 포함한다.

보조금 관리에 관한 법률

제27조의2(특정사업자에 대한 회계감사) ② 제1항에도 불구하고 특정사업자가 「주식회사 등의 외부감사에 관한 법률」 등 다른 법률에 따라 회계감사를 받는 경우에는 제1항에 따른 감사보고서를 갈음하여 해당 법률에 따라 작성된 감사 관련 보고서를 제출할 수 있다. 이 경우 감사 관련 보고서에는 보조사업에 관한 감사의견이 포함되어야 한다.

보조사업자 회계감사 세부기준

제3조(적용범위) ③ 제1항 및 제2항에도 불구하고 「보조금 관리에 관한 법률」 제27조의2제2항에 따른 특정사업자가 다른 법률에 의해 이미 회계감사를 받는 경우 다른 법률에 따라 작성한 감사보고서에 제4조의 주석사항을 포함하여야 한다.

제4조(보조사업 관련 주석사항) ① 「보조금 관리에 관한 법률」 또는 다른 법률에 따라 회계감사를 받는 특정사업자는 주석에 다음 각 호의 내용을 포함하여야 한다.
  1. 보조사업별 세부내용 및 보조금 증감내역
  2. 보조사업별 유·무형자산 내역
② 주석 양식은 별지서식에 따른다.

지방자치단체 보조금 관리에 관한 법률

제18조(특정지방보조사업자에 대한 회계감사) ② 제1항에도 불구하고 특정지방보조사업자가 다른 법률에 따라 회계감사를 받는 경우에는 감사보고서를 갈음하여 해당 법률에 따라 작성된 감사 관련 보고서를 제출할 수 있다. 이 경우 감사 관련 보고서에는 지방보조사업에 관한 감사의견이 포함되어야 한다.

보조금 회계감사를「다른 법률에 의한 회계감사」로 갈음하는 경우,「다른 법률에 의한 회계감사」의 감사보고서에 보조사업에 대한 감사의견을 포함해야 한다. 즉, 감사보고서에 별도 단락으로 보조사업에 대한 감사의견을 포함해야 하는데, 이때 사용하는 것이「회계감사기준」의「기타의 보고책임」단락이다.

> **회계감사기준**
> **감사기준서 700(재무제표에 대한 의견형성과 보고)**
> **기타의 보고책임**
> 42 만약 감사인이 감사보고서에서 감사기준에 따른 재무제표에 대한 감사인의 보고책임에 추가하여 기타의 보고책임도 다루는 경우에는, 이와 같은 기타의 보고책임은 감사보고서 내에 "기타 법규의 요구사항에 대한 보고" 또는 해당 단락의 내용에 적합한 다른 제목의 별도 단락에서 다루어져야 한다. 그러나 기타의 보고책임이 다루는 주제가 감사기준에서 요구하는 보고책임에 따라 표시되는 주제와 동일한 경우(이 경우 기타의 보고책임이 감사기준에서 요구하는 관련 보고 요소와 같은 단락에 표시될 수도 있음)에는 그렇지 아니한다. (문단 A53-A55 참조)
> 43 기타의 보고책임이 감사기준에서 요구하는 관련 보고 요소와 같은 단락에 표시되는 경우, 감사보고서에는 해당 기타의 보고책임을 감사기준에서 요구하는 보고와 명확하게 구별되도록 기재하여야 한다. (문단 A55 참조)
> 44 만약 감사보고서에 기타의 보고책임을 다루는 별도 단락이 포함되는 경우에는, 이 감사기준서 문단 20-39의 요구사항은 "재무제표감사에 대한 보고"라는 제목의 단락 하에 포함되어야 한다. "기타 법규의 요구사항에 대한 보고"는 "재무제표감사에 대한 보고" 부분 다음에 배치하여야 한다. (문단 A55 참조)

「기타의 보고책임」단락에 보조사업에 대한 감사의견을 다룬 예시는 다음과 같이 작성될 수 있다.

> **기타 법규의 요구사항에 대한 보고**
> 법인은 주석 ○○에서 언급하는 바와 같이「보조금 관리에 관한 법률」에 따라 국고보조금을 지원받았으며, 법인의 20X5년 12월 31일로 종료하는 보고기간의 운영성과표는 해당 기간 국고보조금의 운영성과를 중요성의 관점에서 공정하게 표시하고 있습니다.

3 재무제표 작성과 작성책임

보조사업자(특정사업자)는 감사대상 사업연도에 대한 재무제표 등을 작성할 책임이 있으며, 작성한 재무제표를 사업연도 종료 후 3개월 이내에 감사인에게 제출하여야 한다. 여기에서「재무제표」는 다음 서류를 말한다.

1. 재무상태표
2. 손익계산서 또는 포괄손익계산서
3. 자본변동표
4. 현금흐름표
5. 주석

재무제표를 작성하는 회계기준은 대한민국에 하나만 존재하는 것이 아니라, 다음과 같이 다양하다. 각 보조사업자(특정사업자)의 법인격과 현재 지위에 따라서 적정한 회계기준을 사용한다(보조사업자 회계감사 세부기준 제17조).

1. 일반기업회계기준
「주식회사 등의 외부감사에 관한 법률」에 의하여 한국회계기준원이 제정하며, 외부회계감사를 받는 회사에 적용한다.
2. 중소기업회계기준
「법무부 고시」로서, 외부회계감사를 받지 않는 주식회사에 적용한다. 그러나 주식회사가 아닌 회사나 개인사업자도 대개 중소기업회계기준을 준용한다.
3. 공기업·준정부기관 회계기준
「기획재정부 고시」로서,「공공기관의 운영에 관한 법률」에 의한 공공기관(공기업·준정부기관)에 적용한다.
4. 공익법인회계기준
「기획재정부 고시」로서,「상속세 및 증여세법 시행령 제12조」에 따른 공익법인에 적용한다.
5. 그 밖에 감사인의 감사에 통일성과 객관성이 확보될 수 있는 회계기준

재무제표는 회사가 작성하는 것을 원칙으로 한다. 「주식회사 등의 외부감사에 관한 법률」은 이를 명확하게 정의하여, 회사는 「재무제표를 작성하여」 회사로부터 독립된 감사인에 의한 회계감사를 받아야 한다고 규정한다.

> **주식회사 등의 외부감사에 관한 법률**
> **제4조(외부감사의 대상)** ① 다음 각 호의 어느 하나에 해당하는 회사는 재무제표를 작성하여 회사로부터 독립된 외부의 감사인(재무제표 및 연결재무제표의 감사인은 동일하여야 한다. 이하 같다)에 의한 회계감사를 받아야 한다.

재무제표는 회사의 대표이사와 회계담당 임원이 직접 작성책임을 지며, 회사의 감사인이 회사의 재무제표 작성을 도와주면 안 된다. 감사인이 회사의 재무제표 작성을 도와주면 감사인의 독립성이 심각하게 훼손되어 부실한 감사보고서를 발행할 가능성이 높아지기 때문이다.

> **주식회사 등의 외부감사에 관한 법률**
> **제6조(재무제표의 작성 책임 및 제출)** ① 회사의 대표이사와 회계담당 임원(회계담당 임원이 없는 경우에는 회계업무를 집행하는 직원을 말한다. 이하 이 조에서 같다)은 해당 회사의 재무제표를 작성할 책임이 있다.
> ⑥ 회사의 감사인 및 그 감사인에 소속된 공인회계사는 해당 회사의 재무제표를 대표이사와 회계담당 임원을 대신하여 작성하거나 재무제표 작성과 관련된 회계처리에 대한 자문에 응하는 등 대통령령으로 정하는 행위를 해서는 아니 되며, 해당 회사는 감사인 및 그 감사인에 소속된 공인회계사에게 이러한 행위를 요구해서는 아니 된다.

「보조사업자 회계감사 세부기준」도 보조사업자(특정사업자)가 재무제표를 작성하여 감사인의 감사를 받도록 하고 있으며, 「지방보조금 관리기준」도 마찬가지로 규정한다(보조사업자회계감사세부기준 제3조, 제12조제1항, 지방보조금관리기준 제25조). 따라서 보조사업자(특정사업자)의 감사인은 다음 각호의 행위를 하면 안 된다(보조사업자 회계감사 세부기준 제12조제3항).

1. 특정사업자를 대신하여 재무제표 등을 작성하는 행위
2. 특정사업자의 재무제표 등의 작성과 관련된 회계처리에 대한 자문에 응하는

행위
3. 특정사업자의 재무제표 등의 작성에 필요한 계산 또는 회계분개를 대신하여 해주는 행위
4. 특정사업자의 재무제표 등의 작성과 관련된 구체적인 회계처리방법의 선택이나 결정에 관여하는 행위

특히 보조사업자(특정사업자)를 대신하여 감사인이 재무제표를 작성하거나 이와 관련된 자문에 응하는 행위는 「공인회계사법」에 의거하여 엄격하게 금지되어 있다.

> **공인회계사 윤리기준**
> 290.161 법 제21조 제2항 및 제33조 제2항의 규정에 의거, 회계법인은 특정 회사의 재무제표를 감사하거나 인증하는 업무를 수행하는 계약을 체결하고 있는 기간중에는 당해 회사에 대하여 회계기록(거래의 증빙서류나 원시자료 포함)과 재무제표의 작성업무를 수행할 수 없다.

4 감사인 선임

감사보고서를 제출하여야 하는 보조사업자(특정사업자)는 보조금 교부결정을 통지받은 날부터 3개월 이내에 감사인을 선임하여야 한다(보조금법시행령 제12조의3, 지방보조금법시행령 제11조). 감사인의 자격은 정산보고서에 대한 검증을 수행하는 외부감사인과 같다. 단, 회계검증과 「보조금법에 의한 회계감사」는 같은 회계감사인이 수행할 수 없다(보조사업 정산보고서 검증지침 제6조).

보조사업자(특정사업자)는 감사인을 선임·변경선임 또는 선정하는 경우 감사계약을 체결한 날부터 1개월 이내 다음 각호의 서류를 첨부하여 보조금지원기관에 보고하여야 한다. 다만, 직전 감사대상 사업연도와 동일한 감사인을 선임한 경우 보고를 생략할 수 있다.

1. 해당 감사인과의 감사계약서 사본
2. 해당 특정사업자의 법인등기부등본

그러나 다음과 같은 사유가 발생하면, 그 사유가 발생한 날부터 2개월 이내에 감사인을 다시 선임하여야 한다.

1. 감사인인 회계법인이 파산 등의 사유로 해산(합병으로 인한 해산의 경우는 제외한다)하는 경우
2. 감사인인 회계법인 또는 감사반이 등록취소처분을 받은 경우
3. 감사인인 회계법인이 업무정지처분(감사인인 감사반의 구성원이 직무정지처분을 받은 경우를 포함한다)을 받아 해당 사업연도의 회계감사가 불가능하게 된 경우
4. 그 밖에 감사인이 해당 사업연도의 회계감사를 사실상 수행할 수 없게 된 경우

보조사업자(특정사업자)는 다음과 같은 사항이 발생하면, 지체 없이 감사인과의 감사계약을 해지하여야 하고, 감사계약을 해지한 날부터 2개월 이내에 새로운 감사인을 선임하여야 한다.

1. 「공인회계사법」 제21조 또는 제33조를 위반한 경우
   공인회계사법 제21조(직무제한)와 제33조(직무제한)는 보조사업자와 이해관계가 있는 감사인에 의한 회계감사를 제한하고 있다. 특히 보조사업자의 기장대리(회계기록과 재무제표의 작성)를 하거나, 내부감사인 감사인은 회계감사를

할 수 없다.
2. 감사인이 특정사업자의 기밀을 누설하는 등 직무상 의무를 위반한 경우
3. 감사인이 그 의무를 게을리하여 특정사업자에 손해를 입힌 경우
4. 감사인이 회계감사와 관련하여 부당한 요구를 하거나 압력을 행사한 경우

공인회계사법

제21조(직무제한) ①공인회계사는 다음 각호의 1에 해당하는 자에 대한 재무제표(「주식회사 등의 외부감사에 관한 법률」제2조에 따른 聯結財務諸表를 포함한다. 이하 같다)를 감사하거나 증명하는 직무를 행할 수 없다.
 1. 자기 또는 배우자가 임원이나 그에 준하는 직위(財務에 관한 事務의 責任있는 擔當者를 포함한다)에 있거나, 과거 1년 이내에 그러한 직위에 있었던 자(會社를 포함한다. 이하 이 條에서 같다)
 2. 자기 또는 배우자가 그 직원이거나 과거 1년 이내에 직원이었던 사람(배우자의 경우 재무에 관한 사무를 수행하는 직원으로 한정한다)
 3. 제1호 및 제2호외에 자기 또는 배우자와 뚜렷한 이해관계가 있어서 그 직무를 공정하게 행하는 데 지장이 있다고 인정되어 대통령령으로 정하는 자
③ 제2항의 공인회계사는 같은 항 각 호의 어느 하나에 해당하는 업무 외의 업무는 내부통제절차 등 대통령령으로 정하는 절차에 따라 할 수 있다.

제33조(직무제한) ①회계법인은 다음 각호의 1에 해당하는 자에 대한 재무제표를 감사하거나 증명하는 직무를 행하지 못한다.
 1. 회계법인이 주식을 소유하거나 출자하고 있는 자(會社를 포함한다. 이하 이 條에서 같다)
 2. 회계법인의 사원이 제21조제1항 각호의 1에 해당하는 관계가 있는 자
 3. 제1호 및 제2호외에 회계법인이 뚜렷한 이해관계를 가지고 있거나 과거 1년 이내에 그러한 이해관계를 가지고 있었던 것으로 인정되는 자로서 대통령령이 정하는 자

보조금지원기관은 다음 각호의 어느 하나에 해당하는 특정사업자에 대하여 보조금지원기관이 지명하는 자를 감사인으로 변경선임하거나 선정할 것을 요구할 수 있다.

1. 기한 내에 감사인을 선임하지 아니한 경우
2. 특정사업자가 감사인을 교체한 사유가 부당하다고 인정된 경우
3. 감사인 해임조건에 해당하는데 감사계약을 해지하지 아니하거나 새로운 감사

인을 선임하지 아니한 경우

감사인도 다음 각호의 어느 하나에 해당하는 경우, 사업연도 중에 감사계약을 해지할 수 있다. 감사인은 감사계약을 해지한 경우에는 지체 없이 그 사실을 보조금지원기관 또는 보조사업자에게 보고하여야 한다.

1. 감사인 자격상실로 특정사업자의 감사인이 될 수 없는 경우
2. 독립성이 훼손된 경우 등 회계감사기준에서 정하는 사유가 발생한 경우
3. 「공인회계사법」 제43조제1항에 따른 「공인회계사 윤리기준」의 직업윤리에 관한 규정에서 정한 감사인의 독립성이 훼손된 경우
4. 특정사업자가 사업연도 중 감사보수의 지급에 관한 감사계약상의 의무를 이행하지 아니한 경우
5. 감사계약을 체결한 후 특정사업자의 합병, 분할 또는 사업의 양도·양수로 주요 사업부문의 성격이나 특정사업자의 규모가 현저히 달라졌으나 감사보수에 대한 재계약이 이루어지지 않은 경우
6. 감사의견과 관련하여 특정사업자로부터 부당한 요구나 압력을 받은 경우

감사인은 「감사인 등의 조직 및 운영 등에 관한 규정」에 따라서 외부감사계약 후 다음 달 14일까지 한국공인회계사회에 수임신고를 해야 한다. 해당 기간내에 수임신고를 하지 않으면 수임신고서 제출 지연에 따른 가산금을 통상의 직무회비와 함께 납부하여야 한다.

> **감사인 등의 조직 및 운영 등에 관한 규정**
> **제10조(외부감사업무 등의 수임신고 등)** ① 감사인 또는 개업공인회계사가 별표에 따른 감사 및 검토 업무를 수임한 경우에는 외부감사 등 수임신고서를 작성하여 다음 각 호의 기간 내에 공인회계사회에 제출하여야 한다.
>   2. 그 밖의 법률에 따른 감사업무 및 검토 업무: 수임한 달의 다음 달 14일까지
> **별표 수임신고 대상업무**
> 18. 「보조금 관리에 관한 법률」에 따른 보조사업자 또는 간접보조사업자에 대한 감사업무
> 22. 「지방자치단체 보조금 관리에 관한 법률」에 따른 특정지방보조사업자에 대한 감사업무

5 감사인의 이해상충 제한

「보조사업 정산보고서 검증지침」 제6조는 검증기관의 업무제한을 규정한다. 이에 따라서 감사인(검증기관)은 보조사업 정산보고서에 대한 검증업무를 수행하는 기간에는 그 보조사업을 수행하는 보조사업자에 대하여 다음 각호에 해당하는 업무를 수행할 수 없다. 특히, 정산보고서에 대한 검증업무를 하는 경우, 「보조사업자 회계감사 세부기준」에서 규정하고 있는 회계감사를 하지 못한다는 점에 유의하여야 한다. 다만, 보조사업자가 해당 중앙관서의 장의 승인을 받은 경우는 예외로 한다.

1. 회계기록과 재무제표의 작성
2. 「보조사업자 회계감사 세부기준」에서 규정하고 있는 회계감사
3. 내부감사업무의 대행
4. 재무정보체제의 구축 또는 운영
5. 그밖에 보조사업비 검증업무와 이해상충의 소지가 있는 업무

> **요모조모 뜯어보기**
>
> 「보조사업 정산보고서 검증지침」 제6조에서 「검증업무를 수행하는 기간 중에는」이라고 규정합니다. 여기에서 「검증업무를 수행하는 기간」은 대개 짧으면 1~2일간 수행하는데, 이 기간에만 이해상충 제한 의무를 부여한 것처럼 읽힙니다. 그러나 규정의 취지상 「검증업무를 수행하는 (대상)기간」 또는 공인회계사법처럼 「업무를 수행하는 계약을 체결하고 있는 기간 중」이라고 해석해야 하겠습니다. 따라서 제6조에서 규정한 업무를 「동일한 회계연도」에 대해서 수행하지 못한다고 보아야 하겠습니다.

「보조사업 정산보고서 검증지침」은 회계검증을 한 감사인이 「보조사업자 회계감사 세부기준에서 규정하고 있는 회계감사」를 하지 못하도록 규정한다. 여기에서 「보조사업자 회계감사 세부기준에서 규정하고 있는 회계감사」는 「다른 법률에 의한 회계감사」로 갈음할 수 있으므로, 그 「다른 법률에 의한 회계감사」도 제한하는 것이 합리적이다. 따라서 회계검증을 한 감사인은, 보조금 회계감사 또는 보조금 회계감사를 갈음한 「다른 법률에 의한 회계감사」도 하지 못한다고 볼 수 있다.

그러나 「다른 법률에 의한 회계감사」를 하면서 보조금 회계감사를 「다른 법률에 의한 회계감사」로 갈음하지 않았다면, 즉 보조금 회계검증과 보조금 회계감사 그리고 「다른 법률에 의한 회계감사」를 모두 수행했을 경우, 보조금 회계검증을 한 감

사인은 보조금 회계감사를 할 수 없지만, 「다른 법률에 의한 회계감사」는 할 수 있다고 해석할 수 있다. 이는 위 「보조사업 정산보고서 검증지침」 제6조가 「보조사업자 회계감사 세부기준에서 규정하고 있는 회계감사」만을 언급하고 있는 취지에 비추어 볼 때, 「다른 법률에 의한 회계감사」는 수행가능하다고 사료된다.

> **요모조모 뜯어보기**
>
> 보조사업자인 A가 보조금을 교부받아 간접보조사업자 B에게 교부했다면, A의 회계감사인은 B에 대한 회계검증 업무를 수행할 수 있을까요? 조문에 대한 해석상 업무제한은 「A 또는 B」 가운데 하나에만 해당하므로, A의 회계감사인은 B의 회계검증업무를 수행할 수 있다는 의견(박소연, 보조사업 정산보고서 검증업무 수행 시 제한되는 업무의 범위, 월간공인회계사, vol.351, 2022.08, 한국공인회계사회.)이 있습니다. 그러나 A는 B에게 교부한 간접보조사업비를 포함한 총보조사업비에 대한 정산보고서를 작성·제출하여야 하므로, A의 회계감사인은 B에 대한 회계검증업무를 할 수 없다고 해석하는 것이 바람직하지 않을까요?

「공인회계사법」 제21조(직무제한) 제2항은 특정 회사(해당 회사가 다른 회사와 「주식회사 등의 외부감사에 관한 법률」 제2조제3호에 따른 지배·종속 관계에 있어 연결재무제표를 작성하는 경우 그 다른 회사를 포함한다)의 재무제표를 감사하거나 증명하는 업무를 수행하는 계약을 체결하고 있는 기간에는 해당 회사에 대하여 다음 각호의 어느 하나에 해당하는 업무를 할 수 없다고 규정한다.

1. 회계기록과 재무제표의 작성
2. 내부감사업무의 대행
3. 재무정보체제의 구축 또는 운영
4. 자산·자본, 그 밖의 권리 등(이하 "자산등"이라 한다)을 매도 또는 매수하기 위한 다음 각 목의 업무(부실채권의 회수를 목적으로 대통령령으로 정하는 사항은 제외한다)
   가. 자산 등에 대한 실사·재무보고·가치평가
   나. 자산 등의 매도·매수거래 또는 계약의 타당성에 대한 의견제시
5. 인사 및 조직 등에 관한 지원업무
6. 재무제표에 계상되는 보험충당부채 금액 산출과 관련되는 보험계리업무
7. 민·형사 소송에 대한 자문업무

8. 자금조달·투자 관련 알선 및 중개업무
9. 중요한 자산의 처분 및 양도, 지배인의 선임 또는 해임 등 경영에 관한 의사결정으로서 임원이나 이에 준하는 직위의 역할에 해당하는 업무
10. 그 밖에 재무제표의 감사 또는 증명업무와 이해상충의 소지가 있는 것으로서 대통령령으로 정하는 업무

 위 내용에 세무조정 업무가 나열되어 있지 않다. 즉, 세무조정 업무는 재무제표에 대한 것이 아니므로, 회계감사와 세무조정 업무는 이해상충이 되지 않는다고 보아야 한다. 따라서 법인세 세무조정 업무와 보조금 회계검증을 동시에 수행해도 이해상충이 되지 않는다고 사료된다.

6 감사보고서 작성

감사인은 한국공인회계사회가 정하는 「회계감사기준」에 따라 감사를 수행하고, 감사보고서를 작성한다(보조금법시행령 제12조의3, 지방보조금법시행령 제11조).

> **주식회사 등의 외부감사에 관한 법률**
> **제16조(회계감사기준)** ① 감사인은 일반적으로 공정·타당하다고 인정되는 회계감사기준에 따라 감사를 실시하여야 한다.
> ② 제1항의 회계감사기준은 한국공인회계사회가 감사인의 독립성 유지와 재무제표의 신뢰성 유지에 필요한 사항 등을 포함하여 대통령령으로 정하는 바에 따라 금융위원회의 사전승인을 받아 정한다.
> **제18조(감사보고서의 작성)** ① 감사인은 감사결과를 기술(記述)한 감사보고서를 작성하여야 한다.
> ② 제1항의 감사보고서에는 감사범위, 감사의견과 이해관계인의 합리적 의사결정에 유용한 정보가 포함되어야 한다.
> ③ 감사인은 감사보고서에 회사가 작성한 재무제표와 대통령령으로 정하는 바에 따라 외부감사 참여 인원수, 감사내용 및 소요시간 등 외부감사 실시내용을 적은 서류를 첨부하여야 한다.

다음 각호의 어느 하나에 해당하는 자는 그 직무상 알게 된 비밀을 누설하면 안 된다(보조사업자 회계감사 세부기준 제15조).

1. 감사인
2. 감사인에 소속된 공인회계사
3. 감사와 관련하여 제1호 내지 제2호의 자를 보조하거나 지원하는 자

감사인은 그 직무를 수행할 때 보조사업자(특정사업자)의 직무수행에 관하여 부정행위 또는 법령이나 정관에 위반되는 중대한 사실을 발견하면 보조금지원기관 및 보조사업자에게 보고하여야 한다. 또한 감사인은 보조사업자(특정사업자)의 회계처리 등에 관하여 회계처리기준을 위반한 사실을 발견한 경우 보조금지원기관 및 보조사업자에게 보고하여야 한다(보조사업자 회계감사 세부기준 제16조).

제3부 정산실무

회계감사기준의 감사보고서 예시는 다음과 같다.

독립된 감사인의 감사보고서
ABC주식회사의 주주 귀중 (또는 다른 적합한 수신인)

감사의견
우리는 ABC 주식회사(이하 "회사")의 재무제표를 감사하였습니다. 해당 재무제표는 20X1년 12월 31일 현재의 재무상태, 동일로 종료되는 보고기간의 손익계산서(또는 포괄손익계산서), 자본변동표, 현금흐름표 그리고 유의적인 회계정책의 요약을 포함한 재무제표의 주석으로 구성되어 있습니다. 우리의 의견으로는 별첨된 회사의 재무제표는 회사의 20X1년 12월 31일 현재의 재무상태와 동일로 종료되는 보고기간의 재무성과 및 현금흐름을 한국채택국제회계기준에 따라, 중요성의 관점에서 공정하게 표시하고[또는, "…현금흐름에 대하여 한국채택국제회계기준에 따라 진실하고 공정한 관점을 제시하고"] 있습니다.

감사의견근거
우리는 감사기준에 따라 감사를 수행하였습니다. 이 기준에 따른 우리의 책임은 이감사보고서의 재무제표감사에 대한 감사인의 책임 단락에 기술되어 있습니다. 우리는 재무제표감사와 관련된 국제윤리기준과 함께 대한민국의 윤리적 요구사항에 따라 회사로부터 독립적이며 그러한 요구사항과 국제윤리기준에 따른 기타의 윤리적 책임들을 이행하였습니다. 우리가 입수한 감사증거가 감사의견을 위한 근거로서 충분하고 적합하다고 우리는 믿습니다.

핵심감사사항
핵심감사사항은 우리의 전문가적 판단에 따라 당기 재무제표감사에서 가장 유의적인 사항들입니다. 해당 사항들은 재무제표 전체에 대한 감사의 관점에서 우리의 의견형성 시 다루어졌으며, 우리는 이런 사항에 대하여 별도의 의견을 제공하지는 않습니다.
[감사기준서 701에 따른 핵심감사사항 각각에 대한 기술]

재무제표에 대한 경영진과 지배기구의 책임
경영진은 한국채택국제회계기준3에 따라 이 재무제표를 작성하고 공정하게 표시할 책임이 있으며, 부정이나 오류로 인한 중요한 왜곡표시가 없는 재무제표를 작성하는데 필요하다고 결정한 내부통제에 대해서도 책임이 있습니다.
경영진은 재무제표를 작성할 때, 회사의 계속기업으로서의 존속능력을 평가하고 해당되는 경우 계속기업 관련 사항을 공시할 책임이 있습니다. 그리고 경영진이 기업을 청산하거나 영업을 중단할 의도가 없는 한 또는 그 외에는 다른 현실적인 대안이 없는 한, 회계의 계속기업전제의 사용에 대해서도 책임이 있습니다.
지배기구는 회사의 재무보고절차의 감시에 대한 책임이 있습니다.

재무제표감사에 대한 감사인의 책임
우리의 목적은 재무제표에 전체적으로 부정이나 오류로 인한 중요한 왜곡표시가 없는지에 대하여 합리적인 확신을 얻어 우리의 의견이 포함된 감사보고서를 발행하는데 있습니다. 합리적인 확신은 높은 수준의 확신을 의미하나 감사기준에 따라 수행된 감사가 항상 중요한 왜곡표시를 발견한다는 것을 보장하지는 않습니다. 왜곡표시는 부정이나 오류로부터 발생할 수 있으며 왜곡표시가 재무제표를 근거로 하는 이용자의 경제적 의사결정에 개별적으로 또는 집합적으로 영향을 미칠 것이 합리적으로 예상되면 그 왜곡표시는 중요하다고 간주됩니다.

이 독립된 감사인의 감사보고서의 근거가 된 감사를 실시한 업무수행이사는 [이름]입니다.
[해당 국가에 따라 회계법인의 명칭이나 감사인 개인이름, 또는 두 가지]
[감사인의 주소]
[감사보고서일]

제13장 감사인 검증과 회계감사

「보조사업자 회계감사 세부기준」은 다음과 같이 보조사업 관련 주석양식을 규정한다.

<보조사업별 세부내용 및 보조금 증감내역 예시>

부처	세부사업명	사업내용	수행기간	예산액	전기이월분(A)	2015년											차기이월분(D=A+B-C)
						증가(B)						감소(C)						
						교부·지급			발생이자			집행			반환			
						자기부담금	지자체부담금	국고보조금	자기부담금	지자체부담금	국고보조금	자기부담금	지자체부담금	국고보조금	자기부담금	지자체부담금	국고보조금	

<보조사업별 유·무형자산 내역 예시>

부처	세부사업명	면적	소재지	2015년				
				기초	취득	처분	감가상각	기말

제3부 정산실무

「지방보조금법 시행규칙 별지 제5호서식」은 감사보고서에 첨부하여야 하는 사항에 관한 서류를 다음과 같이 규정한다.

감사보고서에 첨부해야 하는 사항에 관한 서류

「지방자치단체 보조금 관리에 관한 법률」 제18조제1항 본문 및 같은 법 시행령 제11조제3항에 따라 감사보고서에 첨부해야 하는 사항에 관한 서류를 다음과 같이 제출합니다.

1. 감사대상 업무

사업명	
지방보조사업자 (회사명)	
감사대상 사업연도	년 월 일부터 년 월 일까지

2. 감사 참여자 구분별 인원수 및 감사 시간

(단위: 명, 시간)[1]

인원수 및 시간[5] \ 감사 참여자	감사업무 담당 회계사[2]						전산감사·세무·가치평가 등 전문가[3]		건설계약 등 수주산업 전문가[4]		합계	
	담당이사 (업무수행이사)		등록 공인 회계사		수습 공인 회계사							
	당기	전기	당기	전기	당기	전기	당기	전기	당기	전기	당기	전기
투입 인원수[6]												
투입 시간[7] 분·반기 검토												
감사												
합계												

주:1) ① 각 란에 해당되는 투입 인원수 또는 투입 시간이 없을 경우에는 "-"로 표기합니다.
② 지배회사 별도재무제표와 연결재무제표 감사업무에 투입된 인원수 및 시간은 구별하지 않고 합산하여 작성합니다. 다만, 별도재무제표 감사보고서 발행 이후에 추가로 인원과 시간을 투입하여 연결재무제표 감사보고서를 발행한 경우에는 인원수 및 감사 시간을 추가로 반영하여 작성할 수 있습니다.
③ 분·반기 검토, 감사(내부회계관리제도 검토, 업무 수임검토 등 부수업무를 포함합니다)에 투입된 감사 참여자 수(행정직원 등은 감사 참여자에 포함하지 않습니다)와 해당 감사 참여자의 투입 시간을 작성합니다.
2) 감사업무 담당 회계사가 등록 공인회계사에 해당하는지 또는 수습 공인회계사에 해당하는지는 감사보고서일을 기준으로 구분하여 작성합니다.
3) 전산감사·세무·가치평가(Valuation) 등의 업무만을 수행하기 위하여 내부·외부 전문가(감사업무 담당회계사는 제외합니다)가 별도로 참여했을 경우에만 작성합니다.
4) 수주산업(건설, 조선 등)을 영위하는 기업에 대한 총예정원가, 진행률 등의 적정성을 검증하기 위하여 내·외부 전문가(품질관리검토자와 감사업무 담당회계사는 제외합니다)가 별도로 참여하였을 경우에만 작성합니다.
5) ① 건설계약 등 수주산업 전문가란의 경우 '전기'(시행일이 속하는 사업연도의 직전 사업연도를 말합니다)란은 작성하지 않습니다.
② 전기 기재 내용에 오류가 있는 경우에는 그 오류를 수정하되, 수정내용과 사유를 함께 작성해야 합니다.
③ 당기감사인이 전기감사인과 다른 경우에는 전기감사인의 감사보고서에 첨부된 외부감사보고서에 적힌 전기 투입 인원수 및 투입시간을 작성하고, 각주를 달아 그 사실을 밝혀야 합니다.
6) 감사 참여 인원수 전체를 작성합니다.(예: 회계사가 복수이거나 담당이사가 중간에 변경된 경우에는 각각 2명 이상의 회계사와 담당이사를 반영하여 작성합니다)
7) 국문 감사보고서 및 검토보고서 작성 시간은 포함하되, 외국어 감사보고서 등의 작성·발행을 위하여 투입한 시간은 제외합니다.

제13장 감사인 검증과 회계감사

3. 주요 감사 실시내용

구 분	내 역[1]		
전반감사계획 (감사착수단계)	- 수행 시기[2]: 20 . . . ~ 20 . . . (ㅇㅇ일) - 주요 내용:		
현장감사 주요 내용[3]	수행 시기[2]	투입 인원[4]	주요 감사업무 수행 내용
	. . . ~ . . . (일)	상 주 ( )명, 비상주 ( )명	
	. . . ~ . . . (일)	상 주 ( )명, 비상주 ( )명	
	. . . ~ . . . (일)	상 주 ( )명, 비상주 ( )명	
재고자산 현장조사(참관)	- 현장조사(참관) 시기[2]: . . . ~ . . . (일) - 현장조사(참관) 장소[5]: - 현장조사(참관) 대상:		
금융자산 현장조사(참관)	- 현장조사(참관) 시기[2]: . . . ~ . . . (일) - 현장조사(참관) 장소[5]: - 현장조사(참관) 대상:		
외부 조회	금융거래조회[6] ( ), 채권채무조회[6] ( ), 변호사조회[6] ( ) 그 밖의 조회[7] ( )		
지배기구와의 회의 등 소통[8]	- 횟수: ( )회 - 수행 시기: xxxx.x.xx, xxxx.x.xx		
외부 전문가 활용	- 감사 활용 내용[9]: - 수행시기: . . . ~ . . . (일)		

주:1) 해당사항이 없는 경우에는 "-"로 표기합니다.
  2) 해당 감사업무를 수행한 기간과 일수를 작성합니다. 다만, 수행기간 중 공휴일 등 현장감사 업무를 하지 않은 기간은 제외합니다. [예: 현장감사 수행 시기: 2021. 2. 2. ~ 2021. 2. 10. (7일)]
  3) ① 2회 이상 현장감사를 수행한 경우(중간감사, 기말감사 등)에는 각각의 수행 시기와 투입 인원, 주요 감사업무수행 내용을 구분하여 작성합니다.
     ② 실제로 감사현장에서 수행한 업무 내용만을 작성하고, 감사현장에서 철수한 후 수행한 감사절차의 보완, 감사보고서 작성 등의 업무는 제외합니다.
  4) 감사 참여자(감사업무담당회계사, 전산감사 등 전문가) 중 전체 현장감사 기간 동안 현장에 상주하여 감사업무를 수행한 경우에만 "상주"로 적습니다.
  5) 현장조사(참관) 장소를 모두 표기하기 어려운 경우에는 주요 현장조사(참관) 장소 위주로 적습니다.(예: 본사 창고 등 5개 사업장)
  6) 금융거래조회 등을 실시한 경우는 "○", 조회대상은 있으나 조회를 생략한 경우는 "X", 조회대상이 없는 경우에는 "-"로 표기합니다.
  7) 금융거래조회, 채권채무조회, 변호사조회 외에 추가로 외부 조회(예: 타처보관재고조회, 타처보관유가증권조회) 를 실시한 경우 해당 조회 내용을 적습니다.
  8) 지배기구와 소통을 실시한 횟수 및 날짜를 적습니다.(예: 횟수: 2회, 수행시기: 2014. 10. 14, 2015. 2. 12.)
  9) 외부전문가를 활용한 구체적 업무의 성격, 범위 및 내용을 적고, 외부 전문가를 여러 차례 활용한 경우에는 그 사실을 각각 구분하여 적습니다.

4. 감사(감사위원회)와의 회의 등 소통 실적

구분[1]	일자	참석자[2]	방식[3]	주요 논의 내용
1				
2				
3				
4				

주: 1) 회계감사기준에 따른 핵심감사사항 선정 회의 등 감사(감사위원회)와 실시한 회의 실적을 시간 순서에 따라 적습니다.
    2) 참석자란에는 회사측과 감사인측의 주요 참석자의 소속과 직위 및 총참석인원을 각각 적습니다.
    3) 방식은 대면회의, 서면회의 등으로 구분하여 적습니다.

5. 보조사업별 세부내용 및 보조금 증감내역

(단위: 원)

자치단체	세부사업	사업내용	수행기간	예산액	20□□년											차기 이월분 (D= A+B-C)
					전기 이월분 (A)	증가(B)						감소(C)				
						교부·지급			발생이자			집행			반환			
						국고	지방	자기	국고	지방	자기	국고	지방	자기	국고	지방	자기	

주: '국고'는 국고보조금을, '지방'은 지방보조금을 '자기'는 자기부담금을 의미합니다.

6. 보조사업별 유·무형 자산내역

자치단체	세부사업	면적	소재지	20□□년				
				기초	취득	처분	감가상각	기말

7. 보고자

담당자	공인회계사 등록번호		직위		성명	
연락처						

7 감사보고서 제출과 감리

보조사업자(특정사업자)는 감사인의 감사보고서를, 해당 회계연도 종료일부터 4개월 이내에 보조금지원기관에게 제출하여야 하며, 감사인은 감사결과를 기술한 감사보고서를 작성하여 보조사업자(특정사업자)의 감사보고서 제출일로부터 5일 이전까지 제출하여야 한다(보조금법 제12조의3, 지방보조금법시행령 제11조).

감사인은 감사를 실시하여 감사의견을 표명한 경우에는 보조사업자(특정사업자)의 회계기록으로부터 감사보고서를 작성하기 위하여 적용하였던 감사절차의 내용과 그 과정에서 입수한 정보 및 정보의 분석결과 등을 문서화한 서류(자기테이프·디스켓, 그 밖의 정보보존장치를 포함한다)를 작성하여야 한다. 이러한 서류를 「감사조서」라고 한다. 감사인은 감사조서를 감사종료 시점부터 5년간 보존하여야 하며, 감사인(그에 소속된 자 및 그 사용인을 포함한다)은 감사조서를 위조·변조·훼손 및 파기하여서는 아니 된다(보조사업자 회계감사 세부기준 제18조).

공인회계사의 감사보고서에 대해서 중앙관서의 장은 의무적으로 감리를 해야 한다. 이는 기존의 재량조항에서 의무조항으로 바뀐 것이다(2023.12.29.개정). 감리대상은 ①계량적 분석 또는 무작위 표본추출 등에 따라 감리대상으로 선정된 경우와 ②이해관계인 또는 기관의 통보 등에 따라 인지한 회계처리기준 위반혐의가 있는 경우이다(보조사업자회계감사세부기준 제19조).

[보조사업자회계감사세부기준 제19조]

2021.3.31. 개정	2023.12.29. 개정
제19조(회계감사에 대한 감리 등) ① 중앙관서의 장은 다음 각 호의 경우 제14조에 따른 감사보고서에 대하여 감리할 수 있다.	**제19조(회계감사에 대한 감리 등)** ① 중앙관서의 장은 다음 각 호의 경우 제14조에 따른 감사보고서에 대하여 감리하여야 한다. 1. 계량적 분석 또는 무작위 표본추출 등에 따라 감리대상으로 선정된 경우 2. 그 밖에 이해관계인 또는 기관의 통보 등에 따라 인지한 회계처리기준 위반혐의가 있는 경우

참고문헌

☐ **기획재정부**

보조금 관리에 관한 법률 (보조금법), 시행령.
국고보조금 통합관리지침 (기획재정부 공고).
보조사업 실적보고서 및 정산보고서 작성지침 (기획재정부 공고).
보조사업 정산보고서 검증지침 (기획재정부 공고).
보조사업자 회계감사 세부기준 (기획재정부 공고).
보조사업자 정보공시 세부기준 (기획재정부 공고).
국가재정법. 국고금관리법, 시행령.
회계관계직원 등의 책임에 관한 법률.
전자조달의 이용 및 촉진에 관한 법률 (전자조달법, 법률).
2024년도 예산 및 기금운용계획 집행지침.
물품분류지침 (조달청 고시).
국가를 당사자로 하는 계약에 관한 법률 시행령 (국가계약법 시행령), 시행규칙.
(계약예규) 정부 입찰·계약 집행기준 (기획재정부계약예규).
국세기본법 (법률).
법인세법, 법인세법 시행령.
조세특례제한법, 조세특례제한법 시행령, 조세특례제한법 시행규칙.
소득세법, 소득세법 시행령, 소득세법 시행규칙.
부가가치세법, 부가가치세법 시행령, 부가가치세법 시행규칙.
상속세 및 증여세법 시행령.
공익법인회계기준 (기획재정부 고시), 공익법인회계기준 실무지침서(2018).
e나라도움(edu.gosims.go.kr).

☐ **행정안전부**
    지방자치단체 보조금 관리에 관한 법률 (지방보조금법), 시행령, 시행규칙.
    지방보조금 관리기준(행정안전부 예규).
    비영리민간단체 지원법 (비영리단체법, 법률).
    2024년 비영리민간단체 공익활동 지원사업 집행지침.
    지방회계법, 시행령, 지방자치단체 회계관리에 관한 훈령 (행정안전부훈령).
    지방재정법 (법률), 지방재정법 시행령 (대통령령).
    지방자치단체 예산편성 운용에 관한 규칙 (행정안전부령).
    지방자치단체 예산편성 운영기준 (행정안전부훈령).
    정부조직법 (법률). 지방자치법 (법률).
    행정권한의 위임 및 위탁에 관한 규정 (대통령령), 시행규칙 (행정안전부령).
    지방자치단체를 당사자로 하는 계약에 관한 법률 (지방계약법), 시행령.
    지방자치단체 입찰 및 계약 집행기준 (행정안전부예규).
    지방자치단체 정수관리 대상 주요물품
    지방자치인재개발원, 지방자치인재개발원 강사수당 및 원고료 등 지급기준.
    보탬e(losims.go.kr).

☐ **한국공인회계사회 등 회계·조세 유관기관**
    한국공인회계사회, 국고보조금 세무 가이드, 2024.
    한국공인회계사회, 정부 보조금 검증 실무사례와 해설, 2024.
    역사적 재무정보에 대한 감사 또는 검토 이외의 인증업무기준.
    주식회사 등의 외부감사에 관한 법률, 시행규칙 (금융위원회).
    한국채택국제회계기준 제1020호(정부보조금의 회계처리와 정부지원의 공시).
    일반기업회계기준, 제17장 정부보조금의 회계처리.
    중소기업회계기준 고시 (법무부)
    회계감사기준 (회계감사기준위원회)
    공인회계사법 (금융위원회), 공인회계사 윤리기준 (한국공인회계사회)
    감사인 등의 조직 및 운영 등에 관한 규정 (한국공인회계사회)
    금융감독원 질의회신 2010-018.
    조세심판원 심판결정례 조심2023부3494.
    세법해석례 사전-2022-법규부가-1001(법규과-163).
    세법해석례 부가가치세과-129 (2014.02.17.).
    세법해석례 부가가치세과-135 (2010.02.02.).
    사전답변 법규부가2011-526.
    질의회신 서면-2021-부가-3765

□ **충청남도청**

충청남도 지방보조금 관리 조례.
충청남도 지방보조금 관리지침(2024).
충청남도 지방보조금지원 표지판 설치에 관한 조례, 시행규칙.
충청남도 사무의 민간 위탁 및 관리 조례, 시행규칙.
충청남도 공공기관의 출연금·전출금 및 위탁사업비 정산에 관한 조례.
충청남도 인재개발원 강사수당 등 지급기준.
충청남도 회계관계공무원 재정보증 조례.
충청남도 지역개발기금 설치 및 운용조례.
2025년 충청남도 생활임금 고시.
충남정보문화산업진흥원(2022), 천안문화도시 사업 보조금 운용지침.
충청남도감사위원회, (만화로 보는)지방보조사업 안내서, 2020.

□ **고용노동부**

고용노동분야 국고보조사업 관리규정 (고용노동부 훈령).
근로기준법, 시행령, 시행규칙(고용노동부령).
근로자퇴직급여 보장법, 시행령.
기간제 및 단시간근로자 보호 등에 관한 법률 (법률).
파견근로자 보호 등에 관한 법률 (법률).
민간위탁 노동자 근로조건 보호 가이드라인 실무 매뉴얼(2021).
국가인적자원개발컨소시엄 운영규정, 국가인적자원개발컨소시엄 운영규칙.
2024년 지역·산업맞춤형 일자리창출 지원사업 시행지침.
퇴직금 계산 (moel.go.kr/retirementpayCal.do).
최저임금법 (법률).
2025년 적용 최저임금 고시.
임금명세서 만들기 (moel.go.kr/wageCalMain.do).
두루누리 사회보험료 지원사업 (insurancesupport.or.kr).
대법원 2006. 12. 7.선고 2004다29736 판결.
대법 2014두45765, 2016.11.10.

□ **기타**

공무원 여비 규정 (인사혁신처 대통령령),
공무원보수 등의 업무지침 (인사혁신처 예규).
국가공무원인재개발원 학칙 (국가공무원인재개발원훈령).
공직자의 이해충돌 방지법, 시행령 (국민권익위원회).
공공재정 부정청구 금지 및 부정이익 환수 등에 관한 법률 (국민권익위원회)
민법, 상법, 상법시행령, 형사소송법 (법무부)
국가연구개발혁신법 (과학기술정보통신부).
국가연구개발사업 연구개발비 사용 기준 (과학기술정보통신부 고시).
과학기술정보통신부 국고보조금 관리에 관한 규정 (과학기술정보통신부 훈령).
한국산업기술평가관리원(2019), 산업기술혁신사업 R&D 정부출연금 회계처리 guideline.
농림축산식품분야 재정사업관리 기본규정 (농림축산식품부 훈령).
보건복지부소관 국고보조금 관리규정 (보건복지부 훈령).
사회복지법인 및 사회복지시설 재무·회계규칙 (보건복지부령).
영유아보육법, 교육공무원법, 사립학교법 (교육부).
국토교통 보조사업 관리규정 (국토교통부 훈령).
건설산업기본법 (국토교통부).
중소기업제품 구매촉진 및 판로지원에 관한 법률, 시행령 (중소벤처기업부).
국민체육진흥공단, 2024 국민체육진흥기금 보조금 사용 및 정산기준 안내서.
한글맞춤법 (문화체육관광부 고시).
개인정보보호법 (개인정보보호위원회).
서울특별시 행정사무의 민간위탁에 관한 조례.
서울특별시 행정사무의 민간위탁 관리지침(2023).
서울특별시 민간위탁 사무 예산·회계 및 인사·노무 운영 매뉴얼(2023).
2025년 서울특별시 생활임금 고시.
경기도 지역개발기금 설치 조례.
경기도평생교육진흥원(2018), -2018년 지역공동체 학습플랫폼 지원사업 운영 - 보조금 예산편성 관리기준.
광주광역시교육청, 2022 광주광역시교육청 지방보조금 예산편성원칙 및 집행기준 매뉴얼.
국민건강보험 (nhis.or.kr).
4대 사회보험 정보연계센터 (4insure.or.kr).
한국외국어대학교 통역번역센터(hufscit.com).

강봉준

[경력]
現] 동성회계법인 공인회계사
前] 충남강소기업인협동조합 이사장
前] 한국기술교육대학교 교수
前] KPMG컨설팅, 한아경영연구원, 한국IBM 경영컨설턴트
前] 산동회계법인, 성도회계법인, 회계사무소用活 공인회계사
前] 한국은행 행원

[저서]
(국고보조·지방보조·민간위탁) 회계정산실무, 충남강소기업인협동조합, 2022.
無極大道 東學論 註解, 충남강소기업인협동조합, 2020.
스마트폰과 함께하는 康선생의 자유여행, 충남강소기업인협동조합, 2020.
IFRS·NCS기반 현장실무중심의 회계원리, 신영사, 2018.
IFRS·NCS기반 현장실무중심의 공학회계, 신영사, 2018.
요모조모 뜯어보는 회계원리, 휴먼르네상스매니지먼트, 2013, 2015.
요모조모 뜯어보는 관리회계, 휴먼르네상스매니지먼트, 2013, 2015.
요모조모 뜯어보는 공학회계, 휴먼르네상스매니지먼트, 2013, 2015.
IT Governance, 생능출판사, 2009 (공저).
한국의 원가관리, 홍문사, 2005 (공저).
디지털시대의 경영관리기법, 박영사, 2001 (공저).

보조금·출연금·민간위탁 회계정산실무 2판

발행일	2025년 1월 27일 발행
저자	강봉준 (hanamgt@hanmail.net) (blog.naver.com/hanamgt)
발행처	충남강소기업인협동조합
주소	충남 천안시 동남구 대흥로 29, 3층 (구성동)
출판사신고번호	제2017-000027호 (사업자등록번호 361-86-00781)
연락처	cec@cecoop.co.kr
ISBN	979-11-969534-6-1
가격	23,000원

- 파본은 매입하신 서점이나 출판사에서 교환해드립니다.
- 이 책의 무단전재 또는 복제행위를 금합니다.
- 이 책은 저작권법에 따라 보호받는 저작물이므로, 전부 또는 일부를 사용하려면 저자 및 출판사의 서면동의를 받아야 합니다.